思想觀念的帶動者

文化現象的觀察者

本土經驗的整理者

生命故事的關懷者

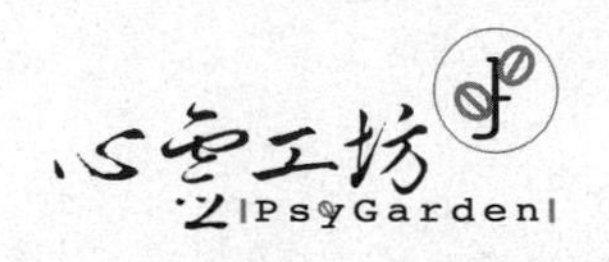

Holistic

探索身體，追求智性，呼喊靈性
攀向更高遠的意義與價值
是幸福，是恩典，更是內在心靈的基本需求
企求穿越回歸眞我的旅程

內行星：從水星、金星、火星看內在真實

The Inner Planets: Building Blocks of Personal Reality

麗茲・格林 Liz Greene

霍華・薩司波塔斯 Howard Sasportas——著

愛卡 Icka——審閱

楊沐希——譯

目錄

contents

序

擁有英雄靈魂的占星師

查爾斯・哈威（Charles Harvey）

在歷史長流中，當代觀點大多後來遭到推翻，並不可靠。然而如果有一件事是我們能夠確定的，那肯定就是作為西方文化構成力量的占星學再次復興時，霍華・薩司波塔斯將會在這個領域永遠占有一席之地。

我們實在無法用三言兩語讚頌這個人的生命、研究與死亡（霍華於一九九二年五月十二日英國夏令時間下午五點十一分，逝世於倫敦，當時冥王星行運經過他的天頂，而太陽經過他的天底），他是第一位在英國媒體上受到全文刊登訃聞致意的占星師。葬禮當天，五月十八日，這篇文章出刊在的《獨立報》版面上，還附上他的微笑的臉龐。在《宮廷公報》（*Court Circular*）上，他與其他兩位不凡的靈魂一起列名表揚，一位是聶榮臻（Nie Rongzhen）元帥，毛澤東最後幾位將軍之一，另一位是美國爵士歌手席爾維亞・賽姆斯（Sylvia Syms），法蘭克・辛納屈（Frank Sinatra）曾形容她是「全世界最偉大的沙龍歌手」。這三個人擺在一起，展現出人類的不同才華，也顯示霍華金雙子的幽默、火土冥在獅子座的啟發，都會受到眾人賞識。

霍華得到聲望與榮譽超越了相對封閉的專業占星圈子，這是因為他不甘於占星的處境尷尬，世人既忽視，不懂如何使用，也不當一回事。他決心將占星放進人類意識版圖，用來服務人類，達成靈魂的自我實現。他整個人以他的狂熱、生命力、勇氣、機智、愛、同理心及智慧投注於這項事業，認識他的人都對此念念不忘。現在，世界上有愈來愈多心理學家、治療師、諮商師及其他助人工作者將占星學視為一種診斷及治療的工具，這點與霍華・薩司波塔斯的努力、熱情與付出息息相關。

在這些事業裡，霍華最重要的成就莫過於他與麗茲・格林一起創辦心理占星中心（Centre for Psychological Astrology），時值一九八三年，正巧是土冥合相、木天合相的年代。該學院提供相當紮實的專業訓練課程，同時也深耕占星學以及深度、人本、超個人心理學領域，期許學員自我療癒，也是整體訓練的一部分。一開始，課程架構也包含深度的神話解析，並研習卡巴拉、塔羅牌卡的原理。這樣的學習架構讓霍華跟麗茲打造了一座重要橋梁，橫跨具備深度及高度的心理學，以及已然再次復興的占星潮流。現在我們已清楚看到這樣的匯流所帶來的肥沃滋養。在霍華及麗茲的啟發引導之下，心理占星中心日益茁壯，吸引心理學及占星學領域最精良、最有好奇心及想像力的人才加入。在過程中，中心也間接、直接地產出許多優異的占星心理學文獻，本書就是其一。

本書如同該系列的其他書籍一樣，讓我們能以又深又廣的目光窺見並理解擔任講師的霍華，是如何將生命力及熱情投注在講課及與學生對話的過程之中。我們也能看出他追根究柢、充滿生氣及直覺的頭腦，急切地想要展現出行星眾神的內在生命，將深刻的全新觀點融入占星學，同時引發學生思考出屬於自己的內在見解。

所以，咱們聊聊這個霍華到底是打哪兒來的吧。他於美東時間一九四八年四月十二日凌晨一點四十六分出生於康乃狄克州的哈福特。學子們從他的出生盤裡可以看到許多火象及土象元素的力量與生命力展現，身為一名先驅、承先啟後之人及滋養者，他的確活出這些角色，也享受其中。不過，一如往常，我們也能將這個人及其出生盤擺入他的家族脈絡之中再次觀察。霍華的父母麥斯與伊蒂絲來自虔誠的正統派塞法迪猶太人（Sephardic Jews）家族，雖然他後來對所有靈性生命的態度都非常開放，但幼年的根源無疑相當重要。塞法迪猶太人就是在西班牙的猶太人，以文化及智識上的成就著名，其中出過像邁蒙尼德（Maimonides）一樣的人物，將古老傳統智慧帶入歐洲。

舉例來說，多位阿拉伯及派塞法迪猶太天文學家及占星師在一二五〇年間在卡斯蒂利亞王國國王阿方索十世（Alfonso X of Spain）的協助下，編纂《阿方索星表》（*Alfonsine Tables*），此舉對占星學在歐洲的發展極為重要。一四九二年，猶太人遭到西班牙政府驅逐，他們前往歐洲及北美各地。其中一位塞法迪猶太人，雅各・薩司波塔斯（一六一〇年出生於摩洛哥的奧倫，卒於一六九八年）是霍華的直系祖先，他在一六六四年的時候成為倫敦的第一位拉比。後來薩司波塔斯家族又遷至阿姆斯特丹，最後落腳於美國。

無論霍華有無意識，這充滿創意的塞法迪傳統無疑在他的生命裡占有一席之地。也許是下意識受到這些古老輝煌根源的吸引，一九七三年時，霍華遷居英國倫敦。他很快就加入了以獨立的英國占星學院（Faculty of Astrological Studies）為主要背景而發展的占星運動。該學院建立於一九四八年的倫敦，創始人為查爾斯・卡特（Charles Carter）、愛德蒙・卡賽利（Edmund Casselli）、瑪格莉特・霍恩（Margaret Hone）及羅倫茲・逢索馬胡嘉（Lorenz von Sommaruga），使命為進一步瞭解占星傳統，且培訓出正直的執業占星師。一九七九年，霍華獲頒英國占星學院文憑測驗的金牌，這是學院最高的榮譽，同年，他也成為學院講師，在學院及英國占星協會裡，他都是被受推崇的教師與講者。

霍華相信教育是一種生活方式，在接下來幾年裡，他持續探索心理學及靈性研究，同時繼續精進占星知識。他畢業於以倫敦為根據地的心理綜合學教育信託（Psychosynthesis and Education Trust），這個機構主要研究義大利心理學家羅柏特・阿沙鳩里（Roberto Assagioli）的理論與方法，同時他還在伊恩．戈登—布朗（Ian Gordon-Brown）及芭芭拉．索莫斯（Barbara Somers）主辦的超個人心理學中心持續學習。霍華持續發展的寬闊、可靠內在靈性目光無疑也受到他長年的超覺冥想（Transcendental Meditation）影響，這是他從大學時培養的習慣。

霍華不只是位絕佳的老師與諮商師，同時，在他永無止盡的教學及諮商治療之間空檔，他也是一位作家。除了他在心理占星學院出版的演講集之外，他的其他著作，如《變異三王星：天王星、海王星、冥王星的行運、苦痛與轉機》（*The Gods of Change*）及《占星十二宮位研究》（*The Twelve Houses*），都是相當簡明的代表作，展現出他在課程裡的智慧及絕佳的清新與幽默感。《變異三王星》如他多數的作品，都是占星界的經典。該書討論天海冥行運週期對人類生活展開的轉化重要性，其中結合了他的個人經驗、研究、個案的分享，他也教導我們該如何學習應對必然的改變，在生命的痛苦與危機時刻，挖掘出背後更深刻的意涵與啟示。

霍華經常鼓勵學生成長、實踐自己獨特的潛能，他也在一九八七到一九九一年間替維京企鵝阿卡納出版公司編輯了許多當代占星書籍，他把握機會將真正的占星知識介紹給一般大眾，同時也負責鼓勵其他占星作家貢獻自己的占星長才，我個人也有幸獲得賞識挖掘。這個系列囊括世界頂尖占星師的各項佳作，這些作者包括麗茲．格林、茱蒂．霍（Judy Hall）、麥可．哈汀（Michael Harding）、梅蘭妮．瑞哈特（Melanie Reinhart）及珍．瑞德—派翠克（Jane Ridder-Patrick）。這一系列的作品可能已經扭轉了大眾對於占星的認知，展現出占星是一門值得好好研究的學問，能夠深刻理解人類靈魂以及我們與宇宙之間難以言喻的親密關係。

霍華是個充滿生氣、有趣、溫暖、愛表現的討喜靈魂，散發活力十足的光采，雖然有時瘋過了頭，但他總是謙卑入世，只要有人尋求協助與諮商，他總會全力投入。如同其他許多優秀的導師一樣，霍華同時展現了自己的陰性與陽性面貌，他能將這兩種特質同時注入工作中，因此能夠循循善誘，引出學子內心的智慧，他相信每一個真正的心理治療師及占星師最不可或缺的就是自身的智慧。

在許多層面上，霍華都是美國神話學家約瑟夫．坎伯（Joseph Campbell）所稱的英雄靈魂。他是前行的探索者，克服一路上的阻礙，只為尋求自我探索及自我實現。眾人都能見證霍華的成就，但大家無緣見到的是他在生命晚期持續與慢性疾病對抗的戰爭。他在生命的最後幾年裡勇敢接受兩次背部手術，企圖矯正他先天的脊椎問題。這兩次手術讓他不良於行，同時他必須面對無情的愛滋病侵害，他最後還是屈服於病魔掌下。然而，這些治療並沒有阻止他活出最耀眼的自我，他持續進行在學院及諮商治療的工作，還貢獻不少時間與精力擔任志工，陪伴倫敦北部綠洲中心的愛滋病患。

雖然過世前一年，他必須坐輪椅，他卻持續在世界各地往返、授課，善盡天職，讓世人瞭解古老行星與宇宙眾神仍然活著，且運作於每個人的生命。他最後一次凱旋式的授課是一九九二年復活節，在華盛頓特區舉辦的聯合占星年會，他坐在輪椅上，一邊接受輸血，一邊講課，晚上則在醫院度過，他榮耀且英雄式的生命在此達到高潮。他熱情投入生命、不屈不饒追求自我實現的態度振奮了許多朋友及學生。霍華的研究透過書籍及媒體流傳，持續啟發、感染後世的占星師。閱讀且學習他的生命與研究，你也能找到一個榜樣，一位朋友，一名知己，及終生獲益的睿智諮商師。

查爾斯・哈威

一九九二年八月十一日

導論

屬於我、獨一無二的「天界說明書」

人生的目標就是要賦與自己生命，成為符合自己潛質之人。

——美籍德裔人本主義哲學家、心理學家埃里希・佛洛姆（Erich Fromm）

提到『我』的時候，我指的是獨一無二的個體，不能與其他生命混淆之。

——義大利法官、作家烏果・貝帝（Ugo Betti）

許多學習占星的朋友及占星師多少都認為，包括水星、金星、火星的內行星（個人行星）本質上相當膚淺或無足輕重。內行星的威力不及其他較為巨大的行星，通常只會以「激進的衝動」或「對關係的渴望」之類的句子簡單帶過，它們的重要性似乎比不上土星、冥王星這種與個人內在發展息息相關的行星。畢竟，個人行星就是關乎個人，跟無意識情結、個體化歷程及靈性革命這些重要議題都沒有什麼關係。除了自我滿足外，內行星在深度心理星盤解析裡似乎也不是非常重要，其他更資深的同僚總告訴我們，自我滿足其實是個動機非常自私的目標。

對於重要事物來說，這個觀點非常奇特。然而專業助人工作者——心理占星師當然是其中一員——常常不假思考就套用這種觀點。如果一個人的需求非常私密，太過著重於一已之樂，這樣的需求在水瓶紀元[1]曙光下就不符合普世皆然的意義。個人實踐，特別是著重於拒絕將別人放在「第二」的個人實踐，也許與許多人深信不疑的各種生命使命互相違背。對於類似佛洛姆的言論：「人生的目標就是要賦與自己生命，成為符合自己潛質之人。」，大眾通常會理解與運用在關於自我認同及人生目的的核心議題，而不是追求個人品味及需求的時候。然而，這樣的解讀對於完整個體的價值來說，卻是錯誤的。

三顆內行星，象徵的是合乎人性的動機，它們的重要性並不亞於太陽系裡其他更巨大、密度更高的行星。說到底，內行星就是個人性格的本質，不只是象徵，調節著我們內在生命運作更深層、更普世的力量。大型集體能量所帶來的創造及毀滅潛能，必須通過你我這樣有如透照鏡片的一般人來投射出去，前提是，我們必須透過智能上的選擇來處理這些能量。一般常見的

1 審閱註：由於地球自轉軸會輕微搖晃（動進現象），導致春分點偏移，地球每年回歸春分點的位置約提早二十分鐘，大約經過兩萬五千七百七十六年到兩萬五千八百年後，會回到原來的春分點。占星學將此情況稱為一個「大年」、「柏拉圖年」、「歲差年」或「瑜珈年」（印度稱法）。若將一個大年劃分為十二個「大月」，大月的範圍為兩千一百年到兩千一百六十年，而占星學普遍以兩千年為一大月。公元前四〇〇〇到二〇〇〇年為金牛座時代；公元前二〇〇〇年到公元一年為牡羊座時代；公元一年到二〇〇〇年為雙魚座時代，爾後就進入水瓶時代。占星學家於水瓶時代的開始時間存在一些分歧，但大致開始的時間從公元二〇〇〇年到二〇五〇年，而一九九一年到二〇一二年，為過渡期。

小我載具，其組成包括了集體靈魂裡過時及邪惡的元素，或說，是這種元素席捲人類的小我。這種小我的力量與真實性，其性格本質是由出生盤上的太陽、月亮及上升點所描繪，唯有知道什麼東西能讓我們在平常週六下午愉悅、開心、平靜，我們才能紮根於實際的土地上。

許多占星諮商個案所提到的不愉快或「不公正」，並不總是反映了家族靈魂繼承的深刻不安，也不是全球性的結構議題，好比說正搗亂我們集體政治經濟結構的天海配置。有時或常常，讓我們不開心的原因可能反映著我們在瞭解三顆個人行星象徵的個人實像基石上，所付出重視與時間是不足的。在我們的成長過程裡，不見得每個人都能尊重我們原始的情緒、慾望及感覺。當我們想要替個案在面對他人要求之際建立起個人底線的時候，常常會聽到「放縱」這種字眼。這某部分也反映出一個巨大的難題，因為我們正要進入到下一個兩千年，從美國已故占星師理查·艾德蒙（Richard Idemon）說是很「普世」的雙魚座，進到也很普世的水瓶座。

就本質上來說，黃道帶上最後的這兩個星座都跟群體的福祉較為相關，比較跟個人層面無關。事實上，這兩個星座的價值系統各自以不同的方式對抗任何關於個人展現的努力。對於助人工作者，這樣的難題可能會以更強烈的方式表現出來。這種工作的本質關乎成長、療癒、緩和個人的苦痛，許多生命裡較為一般的面向，特別是內行星的領域，可能會因為表面上的以及更嚴重的問題而遭到忽略。顯然個案並不會花錢請分析師討論自己衣櫃或髮型的小變化。

我們的教養方式也要我們把社會擺在第一位。一般來說，這反映出了正面的文明本性，人類的生命因此變得更安全、更快樂、更有產值。但實際上，這種教條通常伴隨太多僵固的觀念，有時會造成反效果。我們必須適應、配合我們所處的外在世界規則；修身、齊家是奠定社會凝聚力的基石；我們必須照顧後代、關懷父母、敬愛伴侶、關心衣索比亞的飢荒及南非的種族隔離問題。對於我們自己的野心，我們必須謙卑一點，對自己的物欲則要有所保留，以自我犧牲來表達愛，必須一直保持「政治正確」的態度，若我們做不到上述幾點，我們就是自私、反社會、貪得無厭、自我中心，甚至是法西斯分子。

這樣的論點太強大、太普遍，導致很多人在成長過程裡完全不會去想自己喜歡穿什麼顏色的服裝，或聽什麼樣的音樂會感到開心，亦或是喜歡跟哪些朋友在一起，喜歡讀哪種書……這主要是因為，沒有人覺得這些事情重要，進而協助他們尋找答案，更別說讓當事人肯定自己的選擇了。就更大的層面來說，我們表達三顆內行星所象徵之事物的能力，其實大大決定了我們是生命的受害者，還是具有選擇能力、充滿創造力的個體。內行星所服務的對象是心理學上的小我，也就是個體自我的感覺。用占星的語言來說，內行星是為了替太陽與月亮效命。水星、金星、火星提供了太陽、月亮探索及表達其基礎本質的方法與途徑。

我手邊有個相關的個案。這位小姐的本命金星在巨蟹座，四分海王星，剛成年的時候，可能有過一、兩段失望的戀情，經過一陣子的心理治療，顯然解決了早期的問題，後來又踏入一段讓人較為滿意的婚姻，過了幾年家庭生活。接著，在天王星行運對分本命金星，四分本命海王星的時候，瞧瞧發生什麼事吧，她丈夫跟祕書外遇了，她女兒坦承自己吸食古柯鹼，她母親過世，她忽然以最糟糕的方式跟天王星近距離接觸。如果這位女士願意，她可以花上一段很長的時間想辦法去追蹤先前心理治療沒有揭露的問題。沒錯，她很可能會找到無意識的衝突，就是這些衝突造成了她現在必須面對的挑戰。如果當事人想逃避各式各樣的嚴厲指責，又忽略了自身情緒對於混亂場面的火上加油，這種內在深入探索的過程對於這危機來說也許就是必要的。不過，天底下還有一個同樣重要的因素，能夠讓當事人接受眼前無法改變的狀況，同時保有對自我的忠誠。

無論這位女士的家庭背景如何、心理上繼承了什麼樣的情緒，或社經地位高低，本命盤上位於巨蟹座的金星說明了她的個人品味：她覺得什麼是美的，能夠讓她開心、滿意的是什麼，以及她重視人我關係裡的何種價值，最後就是，她最需要學習重視自己的哪個部分。金巨蟹的存在很純粹，表現出能讓這位女性開心的基本面向，以及她對情感親密、愛情、幻想裡持續存在的需求，這些都是這種表現的其中一部分。她愈忽略這一點，愈不會重視這些議題，就只能在取悅丈夫、女兒的關係裡成為受害者，透過無意識的自毀，累積的怨懟肯定會使她走上疏遠伴侶與孩子的路線。更甚，若她持續背叛這些非常私密的品味及價值，她就沒有辦法好好接受目前所有幻滅的一切，這樣的自我背叛會逼得她鑽進更深層的謊言裡，好逃過可能再次發生的災難。事實上，因為她背叛了自己的金星，才可能是她遭到背叛的原因，天王星通常都飾演點出關鍵的角色，此時的天王星行運則點出了眼前這個急需改變，卻沒人想要面對的狀況。

因此，我們必須為自己的快樂而活，因為我們沒辦法透過「犧牲」這種可疑的武器控制或綁住別人，但我們到底是誰？內行星跟本命盤上的其他重點相比，更能呈現出我們在日常生活裡的樣貌。如果某人的金星位在巨蟹，卻因為伴侶或朋友不喜歡關係太親密而假裝成金水瓶的模樣，這表示，也許在這段關係裡，有人選錯了對象；又或者，也許當事人可以透過表達真實的自己及真正的價值觀來參與這段關係，而不是用操控的方式，如此一來，對方也能以同樣直接的態度回應，這樣才可能達到真正的調整及相互的尊重。無論我們的情結是什麼，無論我們挖掘了多深，我們都必須面對活出自我的挑戰。我們的情結也許能夠支配我們為什麼會背叛自己個人的基本需求與天性，但如果我們希望能夠掌握自己的人生，而不是像普契尼歌劇《托斯卡》（*Tosco*）第三幕一樣悲慘，光是認識這些情結，也無法減緩我們活出真實自己這項重責大任。

有時，「內在功夫」（inner work）需要的不是轉化的努力，而是忠於自己的行為，曉得什麼能讓我們開心（金星），將這點告訴他人（水星），面對反對聲浪時穩住陣腳（火星），這些也許看來與外界世界的深刻議題相互牴觸，不過它們所掌管的事物也同樣有其深刻的意涵，因為這些細小的自我肯定面向可以定義出自我，以及最終居中調停沉重行星毀滅及轉化潛力的能耐。如果我們沒辦法表現水星，我們該如何聽到別人的聲音？如果我們沒有自己的想法與態度，我們又該如何傾聽？如果我們沒辦法表現金星，不重視自己，我們又該如何在別人身上找到美善與價值？如果我們不能表現火星，我們該如何認識且尊重他人做自己的權利？或者，這麼說好了，當我們沒辦法重視自己的奉獻時，為什麼要假設另一個人或上帝會希望我們做出這種自我犧牲的高尚行為？

有人說，生命會模仿藝術，其實生命也會模仿電視節目。我們可以透過不同的頻道來收看生命，並透過各種不同的頻道畫面轉換來體驗現實世界。我們也許會在BBC1看新聞，而BBC2正在轉播足球賽。在iTV，我們會看到澳洲的《家有芳鄰》（*Neighbours*）跟《加冕街》（*Coronation Street*）這種日間連續劇，而在第四台，我們可以觀賞經典老片。因為每個人的品味不一樣，所感知到的現實與生命裡最珍視的事物也有所不同。而一個人的感知也會改變，端看當事人走到生命的哪個階段。無論在什麼階段，這些頻道都是可以轉換的，就算有人覺得《家有芳鄰》很討厭，也會有人無法多看一次《北非諜影》（*Casablanca*）的重播。

我們也可以透過不同頻道的概念來看占星。簡單來說，第一頻道是宇宙電視台。當我們透過這樣的鏡片觀看「生命藍圖」的時候，我們可以感知到更深層的意義和作為其基礎的神話，如何與更巨大現實的連結。這是外行星的電視台，也是木星、土星決定我們對生命信仰的條件，以及我們對未來與過去看法的頻道。起初內行星在這些更巨大的計畫、更高層次的事物中，看起來會微不足道。第一頻道瀰漫著緊繃與高密度，成長與進化及其所來的意義與潛能。我們大部分的人無法長時間收看第一頻道，因此改變意識的藥物非常風行，這些藥物能夠複製出這種現實感官，讓我們感受到合一性。歷史上持續「接收」這個頻道的人，可能會被視為某種高層存在的轉世化身（avatars）或瘋子，或兩者皆有可能。另一台則是我們最常收看的頻道，也就是日常生活。這一台都是立即的現實狀況。在這個頻道裡，我們會注意到每個人之間的差異、每個人的獨立性、每個人的自我。第一頻道的感知會帶領我們從身體漂出去，第二頻道則會啟動敏銳的物質現實感知，這意味著認同自己的血肉之軀。這一台屬於太陽、月亮，還有三顆服務日月的內行星。每個人的身體不一樣，情感需求不一樣，價值觀、能力、感受及能力通通不一樣。在第二頻道，我們不是一體，我們是許多個體，用丹恩·魯伊爾（Dane Rudhyar）的話來說，內行星就是帶領我們以最真實、最自然的方式，打造有所區別與獨一無二自我的「天界說明書」。

在這兩個頻道裡，喜樂都存在，不過是不同的喜樂，第一頻道的喜樂是小我瓦解的合一狂喜，第二頻道的喜樂則是自我實踐。也許在第二頻道裡會有更多受苦受難的機會，而當我們遭遇挫敗、不幸、寂寞的時候，也沒辦法立刻明白箇中的意義。第一頻道的死是一種重要的關卡儀式，第二頻道的死亡就只是死亡，既恐怖也可能充滿痛苦。生命的不公在第二頻道展現無遺，而我們在努力表達個人生命的內行星時，最容易敏銳感受到這份不公平。

內行星在家庭與社會壓力下最顯脆弱。但家庭或集體意識要壓抑如同太陽這種核心自我並沒有那麼容易，更不可能阻擋行星行運（transits）或推運（progressions）時啟動的外行星能量爆炸。不過，一位善妒的母親可以輕易打壓女兒尚在萌芽的金星，一位專制的父親可以在心理上閹割幼子還在發展的火星，而輕視努力及卓越的教育體制也會以讓學子輕鬆學習之名，迫害最活躍的水星發展，讓其走向駑鈍、平庸之途。就算面對第一頻道的宇宙訊息，出生盤裡高度宣示我們是誰的內行星仍最需要我們的忠誠與意願來支持自己的獨特性。靈魂本身也許有許多苛求，這話我們說了算，因為如果我們不能捍衛自己，那其他人也不可能保護我們。

內行星描繪我們獨特的人格基礎，而我們必須保有一定的獨立性來界定自己的價值，才能表達這種基礎。人類困境裡最基本也痛苦的經驗就是分離，而在第二頻道的節目裡，分離是固定班底。相較於在天堂花園裡與母親或上帝合一，具體身為人這件事無論在靈性或心理層面上似乎都相當辛苦。我們一旦表達內行星的能量，我們就開始分離且獨立了。某些占星師認為內行星「無足輕重」，但就是因為它們太重要，會成為人類合一幻想的永久威脅，這些占星師的舉動一點也不讓人意外。如果一個人要做自己，那其他人絕對不可能毫無條件地愛這個人，如同亞伯拉罕．林肯所言：「我們不可能一直取悅每一個人。」一次想要收看兩個頻道是可行的，記得我們屬於更大的生命共同體，同時享受內行星的樂趣，對於與占星相伴前行，這似乎是以較為理智且平衡的態度。不過，蓋房子不可能從上往下蓋，必須從地上的地基開始，然後慢慢往上實現最終的設計。內行星就是我們個人實像的建築基石，由此之上的建設才能讓我們睜開雙眼、打開心胸，遠眺地平線及無垠無涯的蒼穹。

麗茲．格林、霍華．薩司波塔斯

一九九二年四月於倫敦

第一部

水星

事物不會困擾我們，我們對事物的看法才會帶來困擾。

——古羅馬新斯多噶派哲學家愛比克泰德（Epictetus）

只要人類改變心態，生命也能隨之扭轉，這是每個世代最偉大的發現。

——阿爾伯特．史懷哲（Albert Schweitzer）

騙子、小偷、魔術師

水星在神話裡的不同樣貌

霍華．薩司波塔斯

一九六〇末、七〇年代初期，我在波士頓跟伊莎貝兒．希奇（Isabel Hickey）學習占星。她教了一個觀念，我至今還記得，那就是：如果一個人或一件事讓你困擾，那就請你改變你對這個人或事件的態度。她說，之後會產生兩個結果：一、就是整件事後來變得不一樣了，不再困擾你，或對你來說已經不是什麼麻煩了；二、這個問題自行退場消失。所以如果有人觸動你的神經，也許你可以試試看改變對此人的態度，用比較正面的方式及新的焦點看待對方。根據伊莎貝兒的說法，這個人會改變，不再惹毛你，或者，某種程度來說，這個人會默默消失，再也不用面對。總之原則就是：改變態度，就能扭轉整個狀況。這是心靈的力量、心智層的力量。如同玫瑰十字會[1]所言：「思想讓人飛翔。」

多年來，我在不同場合使用伊莎貝兒的方法，收效之快，令我訝異。當你遇到困擾的時候，不妨也試試看。只是我有一個但書，每次都迅速擺脫讓你困擾或麻煩的問題，到底是好還是不好？這些狀況也許藏著人生寶貴的經驗或見解，你卻成功逃脫？如果你能先花點時間探索，某人或某狀況為什麼會讓你不舒服或啟動你的情結，說不定會為你帶來有益的心理成長與發展機會。所以與其立刻阻絕煩躁來源，你也許應該要捫心自問：「我為什麼會有這種反應？這個人是否代表我討厭或覺得尷尬的層面，所以我看到才會覺得不舒服、有這種反應？」這些問題能夠協助你一探榮格所說的「陰影」，誠實觀察你對困擾對象或狀況的反應，能瞭解自己天性裡受到壓迫或否認的面向，這些特質需要攤在意識的光明之下好好解決。從這種角度來說，困擾你的人與狀況也能為你帶來寶貴的一課。

機巧而多面的荷米斯

立刻改變我們對於困難的態度可視為一種心理上的逃避。不過呢，我還是相信有些時候伊莎貝兒的方法既實用也合適，只是要先滿足上述的狀況。等等我會讓各位練習遇到困難時的狀況，看看你能否藉由改變態度，扭轉或轉化這個問題。如果你想不出自己有什麼困擾可以用來作練習，我很樂意出借我的煩惱。我真是個好人，借了不用還，歡迎留著。

1 編註：玫瑰十字會（Rosicrucians）是中世紀末期的一個歐洲祕傳教團，以玫瑰和十字作為象徵。一直保持神祕，直至十七世紀初，有人以匿名在日耳曼地區發表三份關於該會的宣言，外人才知道它的存在。

我的其中一個煩惱就是我該怎麼開始解釋水星。這顆行星有多面樣貌與象徵，實在很難開頭。今天早上的第一部分，我們會探討與希臘神祇荷米斯（Hermes）有關的神話，能夠讓我們更清楚水星原則運用在占星學及心理學上的展現。因為我對希臘神話最熟，我會聚焦在荷米斯身上，同時也會提到其他不同文化裡類似的原型。除了羅馬的墨丘利（Mercury），我們還有埃及「聖言之神」透特（Thoth）。北歐神話裡類似水星荷米斯的人物則是洛基（Loki）。北美信仰中與荷米斯能夠相提並論的是會欺騙的郊狼（Coyote），而在愛斯基摩文化裡則稱為渡鴉（Raven）。

荷米斯在希臘神話裡扮演各種令人不解的角色，這裡舉出幾個：小偷、魔術師、工匠、神明的信差，以及越境之神、商業之神、商人之神、語言跟文字之神。為了讓各位更瞭解這些封號，我想講幾個荷米斯的故事，然後以心理學及占星的原則來分析這些特質。各位都知道，天神宙斯婚外情不少，其中一位對象是山林仙女邁亞（Maia）。宙斯會趁天后希拉熟睡時，溜出門見邁亞。宙斯跟邁亞的戀情是唯一一段愛吃醋的希拉沒有注意到的關係，不然她肯定會找麻煩，或用詭計搞破壞。這段祕密戀情的結果就是荷米斯，我們可以說荷米斯是生於宙斯的謊言、詭計與狡詐。我們已經學到了一件事，在星盤上（這是水星讓人最不愉快的面貌），水星座落的位置也許是我們會騙人或用計狡詐的場合，我們也許會在此稍微扭曲事實，以符合我們的需求。

荷米斯出生在阿卡迪亞庫列涅山的山洞裡。他一出生，就覺得無聊難耐。根據荷馬史詩，荷米斯急著想要找事做，不肯乖乖躺在緊緊包裹他的襁褓布料之中。這點也符合我們在占星學上對水星的理解，特別是在探討水星跟雙子座之間關聯的時候。星盤上水星的所在位置就是我們容易煩躁不安的領域，是我們需要變化、改變及行動空間之處。荷米斯才出生一天，就出發探險了，完全不曉得要去哪裡，也不知道會遇上什麼事情，就出發了，讓事情自然發展。水星因此與不期而遇、巧合、共時性有關。還有一種狀況，事情看似意外，但也許之後證明意義深遠或背後有更大的目地。這點在天王星行運經過本命水星時更為明顯，也許書架上掉下來的書，翻到的那一頁剛好就是你需要的資訊；或電視頻道轉一轉，你根本不曉得這一台在演什麼，卻剛好看到你正在研究或好奇的主題。就連運行速度很快的水星行運經過你的上升點或金星時，你都會有不同的際遇，好比說買生活用品的時候巧遇某人，結果你們跑去咖啡廳聊天之類的，這種突然改變的行程、不期而遇都是水星的特色。

總之，荷米斯跟著自己的衝動離開了襁褓，跑去自家門前，意外遇見一隻陸龜。荷米斯欣賞著對方漂亮的殼，說：「你本身很漂亮，但我想到更好的方法，讓你不只是賞心悅目而已。」[2] 這裡他已經展現出創造力了，想要用雙手做點東西出來。星盤上水星的位置顯示出我

2 原註：本書引用之荷馬史詩皆出自諾曼・布朗（Norman Brown），《盜賊荷米斯》（*Hermes the Thief*）一書，美國版一九六九年由 Vintage Books 出版。

們天生具有創造力、玩心的場域，願意嘗鮮，不滿足現狀。我故意用「天生」這兩個字眼，因為我同意丹恩．魯伊爾的說法，認為行星的宮位配置及星座其實只是「天界說明書」，顯示一個人在該方面能夠如何以最自然的方式開展生命的計畫3。換句話說，行星星座的配置與宮位顯示出一個人最真實的內在本質，也就是以最自然的方式成長為你應該成為的模樣。所以為了要瞭解你的法（dharma）——蒼蠅嗡嗡嗡有其法，獅子怒吼有其法，藝術家創作也有其法。你天生就是要在水星座落的宮位範疇展現好奇心與創造力，水星守護的宮位也能套用這個法則。你在這個場域天生就是會開闊心胸，會保持彈性與赤子之心。當然如果這顆水星處在固定星座，或是受到土星的妨礙，狀況可能不同，如果你從小就受到大人制約，要求你坐好不要動、乖乖的，當個安靜的小孩，你的水星可能也會有不一樣的展現方式。

我們讓荷米斯獨自面對這隻陸龜。靈感一閃而過，他殺害了這可憐的生物，取下牠的殼，用牛皮包裹起來，加了幾根弦，最後做出了第一支里拉琴。這一切都是出於他的衝動，而他完全不曉得這台樂器在他之後面對阿波羅時能夠派上用場。在此我們也看到水星是個工匠，手很巧，技術高竿，雙手萬能。水星的這個面向與雙子座有關，但也許更貼近處女座。水星所在的宮位也許能夠展現出我們天生的工藝特質，我們會在哪些領域展現手藝，以及我們會在哪些領域裡展現出不同的文字能力。在這個段落裡，荷米斯也展現出魯莽，他想都沒想就殺掉了那隻陸龜。我遇過一些水星特質很強的人，他們的行為不是很磊落或友善，但就是很迷人、很妥當，你幾乎已經做好心理準備會無視他們不當的行為。

荷米斯彈了一下琴，馬上就無聊了，把琴扔在襁褓裡，去找別的事情忙。他經過一群屬於阿波羅的牛隻時，肚子就餓了，阿波羅是荷米斯的哥哥。接下來的故事，大家應該都很清楚。荷米斯決定要偷這些牛，帶牠們離開放牧的草原，不過是以倒退的方式離開。換句話說，這些牛的腳印跟牠們前進的方向是相反的。然後，荷米斯做了一雙特殊的涼鞋，這才好蓋過他自己的腳印，沒有留下痕跡（如同我認識的某些水星人一樣，你不確定他們到底是要來還是去。通常他們自己也不確定自己要去哪裡！）偷牛之後，荷米斯把兩根柴薪摩擦生火，事實上，某些資料來源說這是火第一次這樣升起。他後來選了兩條牛來烤，他將牛分成十二等份，每一等份用來獻祭給奧林帕斯山的主神，當然也包括他自己。

這裡值得我們停下來探討一下這樣的行為。拿一份牛肉獻祭給神，荷米斯展現出來的是無論這些神之間有多不同，他都已經準備好要榮耀且分享他們的特質了。這點就跟我們星盤上的水星能夠隨機認同其他行星原則的概念類似。所以當某天水星跟土星產生關聯的時候，他就會讚美遵守原則、努力及節儉這些美德，改天他又榮耀木星，熱切投入沒嘗試過的新事物，或者

3 原註：丹恩·魯伊爾，《星座宮位》（*The Astrological Houses*），美國版一九六八年由CRCS出版。第三十八頁。

瘋狂購物。如果土星在你的星盤裡占有重要優勢，你從禮拜一到禮拜三這幾天也許都會生活得像土星，到了周末，你想輕鬆一下，放下頭髮，在禮拜六晚上展現出金星或海王星的一面，但此時土星就會立刻出現，提醒你土星的規矩與規範。如果你天性是個木星人，在一個禮拜裡，你多少都會活出木星的原型。不過，如果你的水星特質很強，你的天賦（也許同時是你的詛咒）就是你的靈活性，也就是能夠模仿其他行星原型天性的才華。水星象徵的原型可能是任何其他行星的原型。水星就是水星，不是金星、木星或土星，但只要適合，有時其實不是那麼妥當，但水星都會接受其他行星的特質。水星不是其他行星，但可以短暫成為其他行星。水星是個模仿家，讓我想起曾在電視上看過的模仿家，他能一下模仿雷根總統，一下又扮演麥可．傑克森，等等又變成席維斯．史特龍。如果知名的模仿家星盤上有很強的水星或雙子能量，我不會感到意外。

除了向其他十二位奧林帕斯山上的神祇展現忠誠外，荷米斯最後也偷走其他神明的東西，他不只偷了阿波羅的牛。他有天偷走了宙斯的雷霆，他也偷了雅典娜的頭盔一陣子，甚至還沒有告訴阿芙蘿黛蒂的狀況下，借用她的腰帶（真不曉得他要這種東西幹嘛？稍微跨性別變裝一下？我是不覺得訝異啦，這件事也說明了荷米斯在神話裡帶著雌雄同體的特質，晚點會再討論）。偷其他神明的東西也象徵他能囊括其他神明的特質。不過，各位也看得出來這點是個詛咒，水星特質強的人可能到處瞎忙，一天搞一件事，改天又換個方式。因此，各位明白，別人可能會覺得水星人很煩。你以為這一刻你曉得他們在哪裡，在忙什麼，但等等就……

辯才無礙的說服力

當荷米斯完成牲口獻祭也吃飽吃後，他閒逛回家，根據荷馬史詩，他從鑰匙孔鑽進家裡，就跟「一陣煙」一樣，他爬進搖籃裡，把龜殼里拉琴夾在腋下，彷彿那是他的玩具，然後他睡得跟無辜的小寶寶一樣香甜。把自己變成一縷煙則是他的另一項把戲。總之呢，他媽後來回家，看到他一臉無辜的模樣，但他可騙不了老媽。母親比他精明，所以對他說：「哎呀呀，你爸生你的時候可是為凡人與神明添了不少麻煩啊。」這是他媽對他的看法。對了，如果你們的業力讓你們生出荷米斯原型特質很重的孩子，你們應該要接受他本來的模樣，但你們同時也要給他一點限制。荷米斯需要很強勢、能夠指引他方向的父母，這種父母會說：「你這次太過分了，冷靜點。」同理，在水星所在的宮位裡，我們也要學習訓練頭腦，或克制某些想法或行動，而不是肆意行事。如果水星可以依循一套準則來行事，或擁有自己的道德標準，這個人就會以最正面的方式來運作。荷米斯的媽媽指控他是個討厭鬼之後，他的回答可不簡單：

妳以為我只是個傻小孩，所以這樣嚇我嗎？我應該要選擇最好的機會，走上最好的路，因為我必須關照自己跟妳的利益。我們兩個不死之身住在在破爛小洞穴裡，完全沒有人獻祭、祈禱，實在是難以接受。我們跟其他神明一樣輕輕鬆鬆、養尊處優不是很好嗎？我要跟阿波羅一樣，在信仰裡占有重要地位。如果父親不讓我如願，我就會成為盜賊之王。如果阿波羅追捕我，我就會偷光他在德爾菲（Delphi）的神廟。那裡有很多黃金，等著看好了！

荷米斯想要跟阿波羅平起平坐這件事也值得深入探討。一開始，我們能以手足相爭來看這件事。阿波羅是荷米斯的哥哥，荷米斯所象徵的一個原型就是弟弟。阿波羅是宙斯最喜歡的兒子，擁有一頭金髮。宙斯敬重阿波羅的理性、智識及組織能力。我們很快就會看到宙斯也喜歡荷米斯，特別是他迅速的反應、討價還價的能力，以及他總是能夠從困境脫身的嫻熟手法。既然我們聊到這裡，順便說說宙斯完全不在乎他的另一個兒子艾瑞斯（Ares）。根據荷馬史詩，宙斯曾對艾瑞斯說，全奧林帕斯他最討厭的就是艾瑞斯。他指責艾瑞斯跟他媽希拉一樣討厭，換句話說，宙斯是在抱怨艾瑞斯跟他媽太像。艾瑞斯就是很粗魯、嗜血、蠻幹、情緒化，不符合宙斯這種人的口味。宙斯對另一個兒子，酒神戴奧尼索斯（Dionysus）的感覺也很矛盾，雖然宙斯替戴奧尼索斯提供了第二個子宮，因此滋養這個生命，他卻覺得戴奧尼索斯太陰柔，不討喜。

荷米斯想要跟阿波羅平起平坐這點也能放進政治或社會觀點之中來討論。在西元前五世紀的雅典，阿波羅代表的是上層社會的貴族，荷米斯則成了新起的商人階級與一般通稱的新貴（nouveau riche）。荷米斯象徵他們想要與擁有土地的貴族獲得同樣的尊重。阿波羅與荷米斯之間的競爭關係能夠投射成商人階級及上流社會士紳的衝突。

回到故事裡。要不了多久，阿波羅就發現他的牛不見了，他立刻懷疑兇手就是荷米斯。不過，當阿波羅對弟弟提這件事的時候，荷米斯（還蜷在搖籃裡）則辯護起自己的無辜：

阿波羅啊，口氣這麼差是為什麼？我從來沒有看過你的牛。我看起來像是會偷牛的人嗎？我才出生兩天，我只對睡覺、洗熱水澡及媽媽的奶水有興趣。你最好別讓別人聽到你這樣罵我，誰也不會相信一個新生兒能夠偷牛。我昨天才出生，我的雙腳還很柔軟，而土地太硬了。不過，如果你堅持我偷牛，我可以拿我父親的頭顱來打賭，我是無辜的，而且我從來沒有見過任何偷你牛的人，誰曉得牛長什麼樣子啊。這是我第一次聽說這種生物呢！

他很誇張，對不對？說完這一大串謊言以後，荷米斯還認真地眨了眨雙眼，揚起眉毛，吹起口哨，掩飾他的虛假。荷米斯是幽默之神，荷馬史詩裡把他的能力寫得非常好笑。

阿波羅也不是省油的燈：

你這個狡猾的騙子，講起話來就跟訓練有素的小偷一樣。山區許多牧羊人都慘遭你的毒手，你只要想吃肉，就會對他們的牲口下手。不過，如果你不希望這一覺就是你這輩子的最後一覺，你就給我從這搖籃裡起來，你這個暗夜的生物。這是你在不死之神之間的特殊榮光，你應該永生永世成為賊偷王子。

阿波羅一把將荷米斯從搖籃裡擰起，帶他去見宙斯，一勞永逸擺平這件事。荷米斯只是想要繼續激怒阿波羅，所以放了一個長長的屁，還詩情畫意地解釋這叫「邪惡的腸胃使者」。阿波羅聲稱自己能夠藉著牛隻的排泄物找到牠們。他走在前面，荷米斯在後面拖拖拉拉，跟個屁孩一樣，把拇指插在耳朵上做鬼臉，或在阿波羅背後亂比動作，同時還不斷強調自己的清白，一路咒罵全世界所有的牛。荷米斯讓我想到不顧一切想要引人注意的小孩子，就算行為很討人厭還是要繼續鬧。宙斯看到他們的時候，反而笑笑地問：「你帶了什麼好東西給我？」阿波羅解釋起來：「我可不是賊。這個荷米斯才是，還狡滑得不得了。」然後向宙斯解釋狀況。荷米斯立刻認真起來，想要博得父親的理解：

父親，你很清楚，我不能說謊。阿波羅跑來我們家找牛，然後開始威脅我，他是大人，我昨天才出生。我用天堂之門發誓，我絕對沒有把那些牛趕到我們家來，我從來沒有踏出我們家門檻一步。這傢伙這麼粗暴把我抓來，我肯定會討回公道。親愛的父親啊，你必須替弱者跟無助之人聲張正義啊！

我們只能讚嘆荷米斯這種睜眼說瞎話的能力。我先前說過，水星所在的宮位就是我們在生命裡可能會扭曲事實的領域，或是我們在此會非常具有說服力，已經到了為了說服別人不惜誤入歧途的程度了。在神話故事裡，我們曉得宙斯覺得這整件事太有意思了，他命令兩兄弟和好，成為朋友。荷米斯讓步，告訴阿波羅牛藏在哪裡。就算如此，他還是沒讓阿波羅好過，因為他用魔法把牛卡在地上。阿波羅現在真的很激動了。荷米斯則拿出里拉琴，開始唱誦神明起源的故事，以及每位神的職責。這裡我們看到的是荷米斯比較嚴肅、學習的面向。阿波羅很喜歡這把琴及其優美音色，便說：「你手裡的東西值得五十頭牛！告訴我這把樂器的祕密，我能保證你在神明之間能夠得到財富與榮耀。」荷米斯回口說：「我很大方。跟你分享這把琴的祕密是我的榮幸。不過你必須讓我分享成為牛隻守護神的身份。」於是他就開始討價還價。

同樣，水星的宮位配置也會展現出一個人最會討價還價的領域，而出生盤上水星特質強或具有荷米斯原型的人，天生就很會談生意。之後阿波羅跟荷米斯就成為朋友，雖然哥哥對弟弟還是不太信任。「因為宙斯讓你掌管地球上的交易藝術，我擔心你會把里拉琴偷回去。除非你發誓，不然我覺得很不放心。」

荷米斯同意，他發下守護神的誓言，然後還嚴肅承諾這項交易。當荷米斯發誓他絕對不會再偷牛隻或里拉琴後，阿波羅送給他一份禮物，也就是雙蛇杖（caduceus），一把神杖，上面繞著兩條緞帶或兩隻蛇，後來成為荷米斯最知名的象徵。

我把這則神話講得很細，不只是因為我覺得很有趣，更是因為這則神話解釋了很多荷米斯的原型，以及水星在星盤上作用的方式。我必須強調荷米斯是個賊，但不是強盜。這兩者對希臘人來說有很明顯的分別，強盜會攻擊人，光天化日，明目張膽，就跟搶劫一樣；賊則偷偷摸摸，手法比較細膩。荷米斯不是惡棍，也不是搶劫犯，但他是鬼祟行為的守護神。宙斯常常會請他去解救其他遇難的對象。在一個故事裡，兩名巨人抓住了艾瑞斯，把他關在一個罐子裡，荷米斯受命接下艾瑞斯的解救任務，過程裡有很多偷偷摸摸的行為。荷米斯也拯救小時候的戴奧尼索斯，不受希拉跟泰坦族的迫害。陪著年輕的波瑟芬妮（Persephone）從冥府回來的人也是荷米斯。各位有沒有看出其中的模式？每當神聖孩子需要拯救的時候，被宙斯選中出手相救的人都是荷米斯。

我想簡短介紹另一個相關的故事，因為這是一個很好的例子，說明荷米斯如何用計協助嬰孩希拉克勒斯[4]，同時展現出他的其他能力。希拉克勒斯是宙斯跟凡人女子阿爾克墨涅（Alcmene）的孩子，因此這孩子並不是全然的神。如果他要成神，他必須吸吮女神的奶水才行。荷米斯想要協助這個孩子，所以他佈了一個局，他把希拉克勒斯這個寶寶擺在樹林小徑上，然後問天后希拉要不要出去走走。荷米斯跟希拉散步的時候，荷米斯隨口稱讚起希拉的胸部很美，她受寵若驚。然後，就跟荷米斯安排的一樣，他們在路上遇到這個遭人遺棄且嚎啕大哭的孩子。寶寶包裹得很好，所以看不出身份，如果希拉曉得這是凡人或是她老公的私生子，她肯定會袖手旁觀。他們走到孩子身邊，荷米斯對希拉說：「可憐的孩子看起來餓壞了，妳有豐滿的乳房，肯定可以替他提供優質的乳汁。」希拉同意，開始替希拉克勒斯哺乳，直到她發現他並不是神子。她不想讓人子升格成神子，所以她立刻把乳房抽開。希拉克勒斯此時已經喝夠奶水，成為神一般的存在，能夠展開英雄之旅了。各位是否看到荷米斯有多精明？透過他的詭計，他能讓凡人變成神聖，這點很重要，我們晚點會再提。這裡有個小插曲，那就是在把乳房抽開時，有很多乳汁噴灑出來，因此形成銀河（the Milky Way）。所以，荷米斯間接打造出指引旅人、給人方向的滿天星斗。因此，占星學上的水星也能讓「神聖小孩」在我們內心存活下去。我們心裡都有這個孩子，也就是我們永保赤子之心、無論幾歲都能青春活躍的部分（如果各位參加過我的月亮講座，就會知道我們內心也有一個「受傷、憤怒的孩子」，但那不是我們今天的重點）。我要再次重申，水星所在的宮位就是我們在生命裡會保持年輕、跟孩童一樣開闊接納世界的領域。所以，要真誠對待三宮裡的水星，就要保持開闊的心胸，持續更新觀念，持續學習、跟上世界的脈動，就算你的同儕早就不關心新事物也沒關係。如果你的水星在五宮，就算你七十歲，你都需要創意作為出口，你會因此充滿活力，還能永保年輕，覺得生命充滿趣味。

4 譯註：希拉克勒斯（Herakles）原本在希臘文裡指的是「希拉的榮耀」，源由可見本段的神話故事。這個名字進入英文後轉譯為「海克力士」（Heracles）。本書忠於希臘原文原意，採譯「希拉克勒斯」。

水星能夠拯救我們內心的神聖孩童，善用這顆行星，無論你有多少皺紋，無論駝背有多嚴重，你的內心都能青春永駐。不曉得各位有沒有注意過雙子或處女上升的人看起來比實際年齡年輕？如果你的心靈是開闊的，那你的靈魂也會保持清新年輕。說真的，我蠻敬佩某些上了年紀的水星人，他們年輕或小的時候，可能會到處忙，靜不下來，來來去去的，試一件事，沒多久又拋去一邊，開始另一件事。這種狀況會讓人不安，但隨著水星特質強的人年齡增長，他們會放慢速度，比較穩定，他們大多還是會保有對生命的開放態度，對人事物還是覺得好奇有趣，但沒有年輕時那種討人厭的躁動不安。

思想是行動的根基

關於魔術師荷米斯，我也有幾點想說。我們都聽說過他展現的魔法，好比說，他把自己變成一縷煙，鑽進鑰匙孔裡；他用法術讓阿波羅的牛卡在地上；他用法術讓地獄犬刻耳柏洛斯（Cerberus）睡著，他才好偷溜進冥府；他還有讓消失物品的能力。他是魔法咒語與魔法配方的大師。我們不該低估語言的力量。箴言、禱告、持咒，無論是在心底默念，還是大聲唱誦，這些語言都能影響一個人的生理機能與生命，甚至影響全地球的意識。「太初有道」的道指的就是文字，文字是有力量的，思想也是。瑪哈禮師．瑪赫西大師[5]曾說：「思想是行動的根基。」各位也許熟悉愛麗絲．貝利（Alice Bailey）的奧祕占星學（esoteric astrology），守護星跟我們熟知的系統不太一樣。根據奧祕占星學的說法，牡羊座的守護星不是火星，而是水星。我總覺得這種說法很有趣。

從某些宇宙的角度來看，火星並沒有守護象徵行動的星座，我們反而發現水星是守護牡羊座的（這顆行星與思考有關），這點精確說明了「思想是行動的根基」，或太初有道。我相信如果你有什麼事情想要精通或達成，一開始先坐下來，想像你已經成功，這點會有所幫助。舉例來說，你想把鋼琴練好一點，那你就可以想像自己是鋼琴表演名家，讓你整個人浸淫在這個想像裡，覺得你就是鋼琴大師。感受你每個細胞及全身都有音符的流動。當然你還是要持續練習，磨練你的技巧，但如果你花點時間如我所言，想像一下，你會發現你有所進步。心理學家稱這種做法為「動覺思考」（kinesthetic thinking），也就是想像你想成為的模樣，不只是用你的心眼，還要用全身感官來感覺。心理綜合則將其稱為『心像練習』（mental rehearsal），或以建設性的方式使用想像力。我們許多人浪費大量時間與精力擔心事情的結果，但我們其實可以用更有建設性的方式轉移精力，靠的就是我現在告訴各位的動覺思考。與其一直擔心你即將上台的表演、講課、重要面談、會議或考試，你反而可以用心像練習來事先準備。運動員會用這

5 編註：瑪哈禮師．瑪赫西（Maharishi Mahesh Yogi, 1918-2008），印度靈性導師，全球超覺靜坐運動的創始者。

個方法改善比賽表現，藝術家用其來調整作品，我用這個方法來調節上課或寫書前的緊張，各位也不妨試試看。

我開始寫我的第一本書《占星十二宮位研究》時認識動覺思考。雖然我很享受創作的過程，但我常常會覺得書寫很辛苦，特別是一開始的階段。我不會一早醒來就想：「太棒了，今天我要寫書！」一坐在文字處理機前面寫書對我來說就跟跳進冰水裡一樣「迷人」。我曾差點打電話給出版社，取消合約，但我上升摩羯，這是很有責任感的星座，這種事我辦不到。我覺得自己跟卡在產道裡一樣，我必須生產這本書，但我動彈不得。然後，有個周末參加了一個研討會，聽到美國心理學家珍．休士頓（Jean Houston）的講座，主題是她正在美國對不同的族群實驗動覺思考。

我決定試試看。這是我起床第一件事，還有一天當中，我會執行很多次，我會坐在沙發上，想像自己待在打字機前面（那時我還沒有文字處理器），享受寫作的過程，文思泉湧。或者，我會幻想自己興高采烈把完稿交給出版社，或甚至想像成書擺在書店架上的樣子。我愈是練習這個技巧，意象就愈來愈清晰。因為我看到了，這些畫面變得很有力量，能夠促使我加把勁寫書。玄祕哲學早就說明能量會跟著思想前進。水星荷米斯有魔法，文字也是，意象也是，思想也是。話又說回來，完成一本書還是需要毅力與耐力，創作需要一分靈感，還有九十九分的努力，這句話不管是誰說的，我都覺得說的很對。

當然，動覺思考還是有個問題。我們的部分意志想要達成某個目標，但如果我們的無意識害怕達成或實踐這個目標，或是因為任何原因，我們覺得自己不配得到好結果，那麼我們就會遇上問題。當我們的意識目標與無意識產生衝突時，我們向宇宙送出的訊息可能是雙重或多重的，這不是達成目標的最佳途徑。而且，意識與無意識產生衝突時，勝利的一方通常都是無意識。無意識的目標與驅動會比意識版本更加有力，因為無意識是持續不斷運作的，所以我們在不知不覺的狀況下受到無意識的擺布。我要跟各位分享我的經驗。我一月份進行頸部手術後，復原得相當快，八、九天後，我的脖子就不痛了，可以準備出院回家。不過，我忽然因為術後藥物的副作用而引發嚴重的併發症。我最後演變成嚴重的肝、膽發炎，我的胃及其他消化功能通通受到影響，因此，我只能繼續住院。

我很清楚，我想好起來，我要回家，但我的狀況沒有改善。我幻想自己健健康康、體力很好，幻想我的肝膽恢復正常尺寸，但我還是沒有好。結果，一天夜裡，荷米斯喚醒我，啟發了我，原來我之所以好不了，是因為我認為康復、回家就要開始工作，而我內心因為責任與壓力還不想回到工作崗位。我想要的就是趁機休息，留點時間獨處。我明白我只是把疾病當作這種想望的藉口。所以我改變想法，告訴自己：「我可以好起來，但不用這麼快回去工作。」這個念頭的確加速了康復的過程。現在各位明白，我們的確需要探究無意識，理解無意識與意識慾望衝突的驅動力及目標。如果各位能成功達到這點，那各位的心靈就會百分之百支持意識的目標。

魔術師荷米斯跟工藝師荷米斯之間有關。在原始部落裡，工匠的技術通常帶有魔法的色彩。我想我現在可以舉類似的例子，使用心靈的力量及動覺思考這種技巧，正是一種魔法。水星的宮位（以及水星守護的宮位）也許是各位發現想像力能夠協助你展現工藝才華及目標的生命場域。古希臘人認為工藝師的精湛技巧來自荷米斯，因為荷米斯將工藝製作的榮耀與喜悅賜給全人類。在希臘文裡，「把戲」這個字跟「工藝技巧」是可以互換的。這讓我想到英文裡有「祕密的」（stealthy）這個字，除了帶了偷偷摸摸、搞把戲、詭計多端、圓滑狡詐之外，這個字也能作為精通擅長，譬如說，一個人靈活使弓（stealthy with a bow），這裡就是指其精通箭術的意思。

穿梭冥府的越境之神

現在咱們來聊聊荷米斯作為神的信差、傳令官，以及他可以上天下海，作為越境之神、門檻之神的身份。相較於其他的奧林帕斯神祇，只有荷米斯可以去最多地方。他是宙斯的私人信差，但所有的神都會請他幫忙傳訊。作為訊息的傳播者，他會替神傳話給另一位神，替神傳話給某個凡人，或替凡人傳話給另一個凡人。他是一個中間人，就跟星盤裡的水星象徵了溝通、旅行、資訊及想法的交換一樣。為了完成任務，荷米斯必須越境，他會飛上奧林帕斯山，回到地面，甚至還會喬裝成引魂人荷米斯（Hermes Psychopompos）進入冥府，這個身分有很重要的心理意涵，我等等會仔細討論。荷米斯這個名字的意思是指「石堆」。

我因此想到一九八八年，我跟一小群人去拉達克（Ladakh）旅行，那是喜瑪拉雅山一處佛教地區。現在我連爬上這講課廳的階梯都相當吃力，想想實在很難相信我那時一天可以背著重重的背包走十一、十二公里。當時行運海王星（妄想之星）四分我的本命水星，我想說這趟健行一定會讓我超健康，事實上，我相信這健走之旅肯定傷害了我的頸子。總之，爬升到海拔五千公尺的時候，我們偶爾會遇到石標（cairn）或石堆，傳統上是要再放一顆石頭上去。你實在很難抗拒佇足在這些石堆前面，跟其他人一起繞圈欣賞，順便等待落後的人跟上。許多石頭上都刻有六字真言。希臘的石標則不一樣，通常是一塊方形的石碑，在對應位置刻上陽具，然後上方是荷米斯的頭像，稱為方柱形胸像（herm），用來標記出旅行會休息聊天的地方。方柱形胸像的功能是作為陌生人之間交流的地點，最後演變成生意往來的場所。我們可以清楚看見邊境石頭之神是怎麼跟商業貿易之神扯上關係的，這兩者都是荷米斯的稱號。希臘文裡做生意的字是從「跨越」這個詞演變而來的，也有人在這些方柱形胸像的所在地進行魔法及儀式。

讓我覺得很感興趣的心理意涵是荷米斯同時是邊境之神，也是越境之神。我相信水星象徵能夠更上一層樓、跳一個階級、升級一個存在維度的心靈片段。我先前已經提過，荷米斯能夠飛上奧林帕斯山，回到人間，甚至潛入冥府。我會把奧林帕斯山跟天庭當作是超意識（superconscious）、靈性或超個人的國度；凡間則是意識，每天線性式的生活，世俗的層面，好比說去商店買東西、付瓦斯帳單、跟朋友聊天之類的；我會覺得冥府就是無意識，沒有整合的正面及負面靈魂內容通通深埋、壓抑在此。稍後，當我們討論水星的星座、宮位及相位時，各位就會瞭解該如何應用。舉例來說，如果一個人水冥產生相位，就代表冥王星召喚水星前往冥府，當事人必須探索、挖掘進無意識，找出情結與未開發的潛能。如果一個人的水星與木星或天王星產生相位，那這個人的思緒就會飛上天庭的星空，探索哲學或靈性的真相與智慧。這些之後會再討論。我現在要強調的重點是，荷米斯跟其他的神不一樣，他能自由進出這三個層面與國度。其他的神明大多喜歡浸淫在奧林帕斯山稀薄的空氣裡，而不是跟低賤的凡人混在一起，荷米斯卻不是如此，他顯然很喜歡自己扮演的角色，也就是作為神明與凡人之間的媒介。水星荷米斯擅長切換頻道，這點咱們可以好好討論。

荷米斯作為宙斯私人的傳真機或小信差，這點在心理學及靈性上來說都很重要。鷹眼宙斯住在高山上，可以看見遠方的事物，對於生命有非常宏觀的視野。荷米斯的工作是將宙斯的智慧及理解交付給地球上的人。同理，水星賦與我們更高的視野或靈性的視角，且讓我們在日常生活裡應用這項技能。或者，換句話說，水星（守護了神經系統）傳達了木星超意識的遠見、智慧及更高層的認知，而且讓我們意識的頭腦明白這些東西。如果我們沒有神經系統，我們根本無法連結或朝靈性前進。這就如同假使我們沒有語言文字（相傳荷米斯發明了字母），我們就無法理解木星所要表達的實際確切理念與概念。咱們用美國憲法作為例子，我可以把憲法這種東西的理念、理想與木星的遠見畫上等號，但遠見、理念及概念都是沒有用處的東西，除非我們能用文字體現它們，賦與形式與聲音。如同荷米斯協助希拉克勒斯得到神格一樣，水星所象徵的原則讓我們在文字及行動上能夠學習表達我們的靈性或哲學信念、靈感還有洞見。中國有句話：「知而不行，是為不知。」解釋學（hermeneutics）這個字，英文拼法跟荷米斯的名字很像，這是一門解讀《聖經》的科學與藝術，而《聖經》就是人類認為神聖、神授的文獻，這兩個字拼法類似也不是巧合。

荷米斯替宙斯及其他神祇跑腿，但他也會替凡人傳訊。除了扮演超意識及小我（ego）之間的橋樑角色外，水星也是小我及環境之間的連結。沒有水星，我就不能像現在這樣侃侃而談，現在我要繼續聊到荷米斯扮演的另一個重要角色，那就是引魂人，他會成為靈魂的嚮導，帶領他們進出冥府。我強力推薦艾琳．蘇利文（Erin Sullivan）在《行星》雜誌 6 上撰寫的〈水星〉一文，該書上還有其他占星師探討其他行星的文章。艾琳指出，荷米斯是唯一一位願意進入冥府的神，他會陪伴活人與死人進入幽冥世界，有些人會留在那裡，有些人會回到人間。她認為這就是水星的能力，能夠深探無意識，取出壓抑或埋藏的素材，然後以意識的光明檢視這些東

6 原註：《行星》雜誌（*Planets*），由瓊．麥克艾維斯（Joan McEvers）編纂而成，一九八九年由Llewellyn出版。

西。各位有沒有注意過，某些占星書會說雙子座輕浮，有點膚淺，說他們如同黃道帶上的花蝴蝶，很愛派對、聊天，不喜歡深度探索？某些雙子座的確符合這種描述，但我認識的雙子座都不是這樣。當雙子座（或更明顯的處女座，也是水星守護的星座）決定要藉由心理治療或其他方法探索無意識的時候，他們探索的深度不亞於天蠍座或冥王星特質強的人。有時，他們在這方面會比天蠍座探究得更徹底，因為心思縝密的雙子座或處女座會全心全意投注在這段內在旅程上，他們最後會找出就連最敏感的天蠍座都錯過或忽略的心靈死角。就這個原因，引魂人荷米斯與心理治療息息相關，而就我認識的幾個最成功也最傑出的心理治療師就是出生於水星守護的星座。

水星掌管反身自我意識（reflective self-consciousness），就是人類特有的行為，能夠反思自我及自己的行為。人類配備了高度發展的大腦皮質，讓我們有能力檢視自己，權衡自身行為是否符合「正確」的理想及理念。所以，也許我們想對某人發脾氣，但我們知道要考慮了一下，決定用不同的方式處理這個狀況。動物沒有這項能力，引導牠們的純粹是刻板印象裡的本能衝動及先備行為（preprogrammed behaviour）（不過某些人類飼養的寵物會從主人身上學習到對錯的觀念）。我們有更多選項可以選擇，這是祝福也是詛咒，任何曾為了重要決策而經驗天人交戰及壓力的人都會同意這個說法，我們在以本能回應及用「文明」方式回應之間拉扯。

心靈鍊金術

在鍊金術上有一個名叫墨丘利烏斯（Mercurius）的人物，兩個形容他的說法非常不一樣。他是「創世的靈」，也就是創造世界的靈魂，但他同時也是「囚禁且隱匿在物質裡的靈」[7]。他不知怎麼地創造了這個世界，然後發現自己困在這個由他打造出來的世界裡。咱們思考一下這點，因為許多心理學家跟哲學家相信我們跟墨丘利烏斯一樣，我們根據自己對「真實」的信仰、準則、認知形塑生命，然後困在自己創造出來的世界裡，意即：我們囿於自己的認知之中。這就是我一開始說，如果你想改變狀況，首先要改變你的態度、信念跟看待這件事的方式。各位也許都聽說過維爾那・海森堡（Werner Heisenberg）的不確定性原理（uncertainty principle），這個原理說明了觀察的行為本身也會影響被觀察的實驗。我們的心智（水星）扮演決定我們周遭世界的重要角色。舉例來說，假設你是個胖到不能再胖的人，而你努力瘦身，這樣很好，但如果你對自己的內在形象還是個胖子，那你最後只會復胖。

還有另一個概念要跟各位分享，那就是心向（mental set），這是我們用來評估世界的方法。如果你認為地球會受到重大災害或大滅絕，你就會傾向注意到一切都往你預期的方向前

7　原註：出自莎莉・尼可斯（Sallie Nichols）一九八〇年出版著作《榮格與塔羅》（*Jung and Tarot*），美國版由Samuel Weiser出版，第五十二頁。

進，大概會無視甚至根本看不見狀況朝另一邊發展的跡象。我們的心向決定了我們如何解讀知覺資料的方式。如果我的心向認為自己不夠好、沒有用，那我就會從這個方向來解讀事件，好符合這個信念或生命陳述。就算人家告訴我，我多擅長某件事，我都會覺得還有進步的空間，或說服自己，是他們太笨了，居然喜歡我這種人，或是他們只是客氣而已。美國喜劇演員格魯喬．馬克思（Groucho Marx）那話是怎麼說的？好像是「就連我都不想加入接受我這種人成為會員的俱樂部」。如果自我感覺不良好，我會專注於沒做好及缺乏之處，不會注意到自己的優點，我也會相信別人批評之言，而聽不進讚美及恭維。我們的心智就像墨丘利烏斯，我們的思想、信念、心向、生命陳述都會限制我們，讓我們惹上麻煩，但也是透過心智及思想，我們才能從困境中解放自己，靠的就是用新的方式看待事物。

我有一個簡單的練習可以讓各位瞭解這點。我現在要你們睜開眼睛，向左或向右轉頭，記住轉到不能再轉的地方，在牆上或任何地方找個記號，這就是你的頭能夠轉到的最遠之處。現在，將頭恢復原位，花一分鐘想像你的頭能夠轉上三百六十度，在腦袋裡想像，看到你的腦袋轉了整整一圈。好，時間到。現在睜開眼睛，重複剛剛的動作，讓你的頭轉到最底。你們看看結果如何？你的頭的確轉得比之前遠了。真的，這個方法真的有效。再說一次，水星掌管我們的思想及感知，這些東西會限制我們，但水星也能賦與我們新的思想與感知，因而讓我們解放且擴張，除此之外，水星就是讓我們能夠注意到自己能夠如此改變感知的關鍵。這是大致的概念。在鍊金術裡，墨丘利烏斯同時代表轉化者以及需要獲得解放且轉化的對象。他象徵了原初素材（prima materia）（鉛或可以轉化為黃金的其他殘渣物質），同時也象徵了大業的目標。拉丁文裡有句話用來形容墨丘利烏斯：「Mercurius duplex, utriusque capax」，直接翻譯出來的意思就是墨丘利烏斯具有二元性，陰陽兼備。心智可以困住我們，卻也能夠替我們打造出新的世界。榮格認為墨丘利烏斯具有超越功能（transcendent function），這個概念很難解釋，榮格自己有一派說法：

> 鍊金術的祕密在於超越功能，人格的轉化透過融合且混合高貴及基本的元件，加上次等的功能，搭配上意識與無意識。[8]

我相信水星是最接近超越功能的行星。我們已經談過，水星荷米斯可以飛上奧林帕斯山，前往超個人、超意識的國度，水星荷米斯也能下探到冥府，挖掘深埋在無意識裡的一切，水星荷米斯也能回到日常的意識之中，或帶著他在上天下地過程中學到的所見所聞進入我們的意識人格。

8 原註：尤蘭德．雅柯比（Jolande Jacobi）引用榮格，《榮格心理學》（*The Psychology of C.G. Jung*），美國版一九七三年由 Yale University Press 出版，英國版一九六八年由 Routledge & Kegan Paul 出版。第一百四十二頁。

水星只要願意，我們就試著在自己身上進行鍊金術。今天一開始的時候，我請各位想一個你想改善的問題。想到了嗎？好，現在捫心自問這些問題：「這個問題逼著我學會什麼？我必須發展、解決、精通什麼能力，才能更恰當地面對我的問題？」請花幾分鐘好好思考這個問題。你也許需要用紙筆記一下，你相信個問題要你學習或發展什麼能力，這些能力能夠協助或紓緩困擾你的問題。現在看看你的筆記，問你自己：「這個問題要我學習的能力是不是對我有益？這個問題要我發展、精通的是不是對我有益的特質與資源？」通常在這種狀況裡，答案都是肯定的。而如果這些特質或資源對你有益，你又怎麼能說這個問題是個問題呢？只有你最好的朋友才會希望你學會這些對你有益的事情，對吧？因此，你的問題就是你最好的朋友。舉例來說：如果我的問題是不理性的過分嫉妒，那我也許就要學習發展出更宏觀的客觀性、抽離與距離感，不然我就要去做心理治療，把自己好好整頓整頓，且希望我在過程裡能夠瞭解自己。所以，這樣的嫉妒到底是麻煩，還是幫我成長的「朋友」？這個練習有點不舒服，但我很喜歡。這就是煉金術的概念，讓你能夠把不喜歡或覺得很基本的東西（原初素材、鉛或殘渣），轉化成黃金，用不同的目光觀看，將這個問題視為一個墊腳石或催化劑，讓你發展出正面的特質，要不是這個問題，你也發展不出這些特質。

各位也能看見好與壞之間的二元對立就這麼模糊，甚至轉化了，因為如果問題能夠帶給我們正面的結果，那這個問題就不全然是壞事。各位已經超越一端的偏頗，恭喜大家，這不是每天都會發生的事情。如果你覺得在水星所在的宮位或守護的宮位「卡住了」，沒有活出水星能量或不舒服，那你肯定是做錯了什麼。在這種宮位，你可以學習改變信仰、認知、期待的智慧，進而改善該領域的經驗。我要再次提醒各位，首先必須清理無意識的阻礙（無論你有無意識到的負面、自我打壓生命陳述），這些阻礙會妨礙你追求意識上的目標。我記得曾協助一位女性，她的水星在二宮，與十一宮的冥王星產生四分相，但六分四宮裡的木星。她希望事業有成，賺很多錢，但當我請她想像自己富有又成功時，她卻辦不到。結果是她的無意識害怕其他人因為她的成功而討厭她，她害怕別人羨慕，以及因此招致的一切。而她如果要達成目標，她就得先清除這份恐懼。

跨越門檻，邂逅不同視野

荷米斯忽然扔了一件事出來，我本來要講，但我忘了。我先前提過他是門檻之神、越境之神。各位在走到人生十字路口，或走到下一個門檻時，就會遇到荷米斯。想想站在門檻上的意象，你還沒進去，但也不算待在外面。事實上，你在過渡期，而荷米斯多少也算是過渡期之神。我覺得這點很有趣，因為只要你處在過渡期，在一個青黃不接的狀況，荷米斯的原型就啟動了。青少年時期算一個，荷米斯（在藝術作品裡總是以年輕人的形象出現）跟青少年息息相關，你不是小孩，卻也還不是成人。中年則是另一個時期，這段時間，荷米斯會陪伴你尋找後半生的意義與使命。其實只要你卡在不同身份認同，或正在改變生命的角色，這種時候，荷米斯都不會距離你太遠。

舉例來說，你剛結束一段長達十年的婚姻，你還沒有投入新的關係。你正在十字路口上，你才剛抛下舊有的生命，但下一步還沒啟程。你已經不認為自己是某人的伴侶，你也許會在不上不下的階段裡待上好一段時間，哀悼「過往的你」，不再站在堅實的土地上，不再確定你是誰。閾（liminality）（這個字源自拉丁文的limen，就是門口或門檻的意思）用來形容舊的階段已經結束，但接替的新經驗還沒正式展開。在吉姆．路易斯（Jim Lewis）尚未出版的《中年彼得潘》（*Peter Pan in Midlife*）手稿裡，文中引用莫瑞．史丹[9]的話，他說：「閾就是進入……內在的失落經驗或埋葬過往的自我……心理連貫性斷裂，自我及他人會產生不一樣的感受，彷彿曾經踏實的過往，現在變得不真實一樣。」路易斯進一步在探討閾的段落提到：「當事人肯定像乘著小船的奧德修斯，航在一片充滿各種可能性的大海之上……意外、夢想、邂逅不凡的陌生人，且走到（可能是抽象也可能是實際的）十字路口上，結果將會引發當事人認同與同化全新、前所未料的潛力。」你也許會想休息一下，但這個門檻遲早都會跟荷米斯扯上關係，無論是透過他的把戲，意料外的事件或與某人不期而遇，這些相會都是荷米斯的安排，你會遇上帶領你前往人生下一階段的機會。荷米斯會給你跨越門檻的力量，但你需要開闊心胸接受他，且願意冒險。艾琳．蘇利文寫道：「當狀況看似凝滯不前、困在原地時，荷米斯就會帶著流動性、靈活性及全新的可能出現。」各位到目前這邊有沒有什麼問題？

觀眾：荷米斯結過婚嗎？有孩子嗎？

霍華：如同大家的預期，荷米斯從來沒有在一段關係裡定下來，他是獨身之神。當然，就算如此，他還是有孩子。在神話故事裡，我們可以將神祇的後代看作神性的延伸。他有個名叫奧托里庫斯（Autolycus）的兒子，這孩子不幸遺傳到荷米斯某些最糟糕的特質，他是出名的大賊，還是大騙子。另一個兒子米提羅斯（Myrtilus）則有反社會傾向，用計殺死了其駕車的主人。

在某些版本的神話裡，荷米斯也是牧神潘安（Pan）的父親，潘安下半身是羊身，還有羊角跟大鬍子。他是森林與草原之神，躁動不安，脾氣暴躁，性慾還很強。潘安繼承了荷米斯淘氣的天性，他特別喜歡躲在樹林裡，跳出來嚇膽敢進森林冒險的旅人。英文裡的驚恐（panic）這個字就是從潘安的名字延伸而來。（荷米斯還有特別邪惡的一面，他很愛開玩笑。我在一些水

9 編註：莫瑞．史丹（Murray Stein, Ph.D.），榮格分析師，其著作《榮格心靈地圖》一直是華文世界研讀榮格心理學重要的入門書籍之一，另著有《英雄之旅》、《中年之旅》、《轉化之旅》、《靈性之旅》等書。

星特質強的人身上看過這種傾向，這些人為了好玩，曾經說過這種話：「我告訴我的好朋友，我見到她老公跟別的女人一起出門，看看她有什麼反應！」）

赫馬佛洛狄忒斯（Hermaphroditus）則是荷米斯的另一個孩子，很有趣的人物。他是荷米斯跟阿芙蘿黛蒂的孩子，他的名字不只是父母雙方的名字湊在一起，他還繼承了爸爸媽媽的性徵。英文的雌雄同體這個字就是從他的名字演變而來。某種程度來說，他代表的是我們每人內心都有的雌雄混合體。某些星盤裡水星或水星守護星座特質比較強的人，心理的狀況很可能是雙性的。他們也許不會在肉體上直接表現出來，但他們的性別認同有時會困擾他們，因為他們對男對女都能感受到愛及吸引力。畢竟荷米斯對什麼都感到好奇，他的確喜歡到處湊熱鬧，且實驗不同的生活方式。麗茲說過上升就是日月原則的結合，我相信水星也有同樣的功能。我們先前已經討論過榮格超越功能的概念，能夠透過兩極調和來轉化一個人的性格。我說過，水星跟一個人的反身自我意識有關，就是這種心智讓我們能夠退一步，以客觀的目光看看周遭的一切，這點能夠協助我們在不同狀況中作出抉擇。也許在某個時間點，你覺得自己必須展現「陽」的能量，也就是強硬、果斷，這樣的特質傳統上都會套用在陽性原則上。也許在其他時候，你決定展現「陰」的能量比較好，就是接納、耐心、允許，這些特質我們也許覺得比較陰性。判斷情勢、決定以陰性或陽性應對的行星就是水星，因此，你的腦袋總是可以視情況選擇陽性態度或陰性態度。要結合兩者也是沒有問題的。

這麼說好了，假設你是一位女性，跟你同居的男人在工作上遇到瓶頸，結果就是整個家都氣氛慘淡、毛躁不已。沒多久，這種氣氛讓你覺得緊張。你其實可以告訴對方，你明白他為什麼脾氣不好、為什麼看什麼都不滿意，而你很同情他正在經歷的一切，但你還是可以堅持，你沒有心理準備要繼續接受這樣的生活。在這個例子裡，你展現出了關愛與同情（陰性原則），但你也以阿尼姆斯的方式表達出堅定的立場。有時你會困惑該以哪種能量行事。如果我在一個我無法決定要堅硬或體諒的狀況時，我就會問神、問宇宙、問高我或我的內在智慧（反正就是你用來稱呼指引生命的創世或更高智慧），請求指引。答案也許不會立刻出現，也許會花上幾天，也許會以夢的形式，也許會在我洗碗時靈光一現。這就好像是請水星荷米斯去向木星宙斯請益一樣，但你需要靜候佳音。伊莎貝兒·希奇曾說，有些人會打電話給高我，然後在電話還沒接通前就掛斷。我猜我做的就是去請教我的直覺或「更高」的智慧，請求指引。我有時會向我的高我請教，我把車鑰匙扔哪兒去了。詢問結果成功機率之高，讓人訝異。

觀眾：這些原型是一直存在於我們體內嗎？然後在不同時機啟動？

霍華：對，我是這麼相信的。不過，每個人內心都會有特定的原型，能夠造就你的核心自我，就是這個核心自我整合了你最真實、最內在的身份，以及其他比較沒有那麼重要的面相。我們內心都有宙斯，都有阿芙蘿黛蒂，但也許我比較像宙斯，你比較像阿芙蘿黛蒂。當一個人扭曲自我的時候才會產生問題，可能是受到家人或社會文化的制約，也可能是一個人天性的矛盾及以原型為基礎的次人格（subpersonality）衝突。咱麼這麼說好了，有個男孩的核心自我認同的原型是戴奧尼索斯，他感受力強，多愁善感，具有創意，也許有點丟三落四。如果他的父親不接受這些「沒有男子氣概」的特質，這男孩也許就被迫要展現出有如宙斯的一面。他也許可以成功模仿宙斯，但如果他斬斷或否定內心的戴奧尼索斯，那他永遠也不會快樂，沒辦法活出真正的自我。不過，如果他夠聰明，他就可以中年造反。

至於你的第二個問題，我同意在生命不同時期，我們可以啟動不同的原型，這點勢在必行。也許在星盤上的行星行運及推運盤上可以看出一點端倪。不過，核心自我的色彩還是主要來自其中一、兩個最重要的原型，且永遠如此。

觀眾：水星守護雙子座，也就是雙生子的星座。可以請你多聊聊水星的二元性嗎？

霍華：我在白板上畫了一個圓，請問我創造了什麼樣的二元性？

觀眾：裡面與外面。

霍華：對，在我畫這個圓之前，這兩者都不存在。我在白板上畫圓之前，二元性不存在，也沒有什麼裡面與外面的分別。你覺得水星造成二元性，這點沒錯，水星（加上土星的協助）的確是我們能夠畫出邊界的特質，還能讓我們透過測量、比較、計算區別二元。不過，別忘了，水星也是帶領我們超越二元性的關鍵，超過兩極，跨越邊界的範疇。美國超個人心理學學家肯恩．威爾伯（Ken Wilber）對二元性有相當好的見解，我推薦各位看看他的《事事本無礙》（*No Boundary*），特別是第二章。威爾伯相信我們所做的每一個決定與行為都會構築出邊界與界線。

我們一做決定，就是在我們選擇及沒有選擇的選項之間畫出一條分隔線。我們不斷畫線，所以處在一個充滿對立的世界裡。拿買賣來舉例好了，如果你買一台吐司機，代表有人要賣你一台吐司機。買與賣不可能獨立存在，所以這兩個看似對立的行為，其實只是一體兩面。威爾伯的結論是我們在生命裡遇到的困難都跟界線有關。我愈想把握或尋求樂趣，我就愈害怕痛苦。我愈想追求美善，我就愈執迷於醜惡之中。我愈渴望成功，我就愈害怕失敗。我們活在追求進步與改善生活品質的先進科技世界之中，但看看我們的星球吧，我們已經走上破壞地球的自毀之路，跟我們的目標完全背道而馳。

語言文字（水星）會助長建立界線。我們替邊界兩邊各自命名，於是我們有了光明與對立的黑暗，我們有上方與下方，有善與惡。舉例說善惡好了，很多人都相信達到善就是要驅邪避惡，只要我們能把世界上的邪惡通通殲滅，那留下來的都是美善了。威爾伯相信我們對天堂的概念有點扭曲，因為我們以為天堂就是只有美善這一邊的世界，而地獄就是邪惡的那一邊。這是真的嗎？我同意威爾伯的看法，他說他相信天堂是超越兩極的世界，那裡沒有兩極造成的問題，回想一下鍊金術金科玉律的超越功能。所有的神祕傳統都認為啟蒙之人是已經看透二元兩極幻象的人。與其分割兩極，只求美善的那一半，我們更該探尋能夠超越且包含所有二元對立的內在心理空間。

解讀水星

星盤裡的水星

霍華．薩司波塔斯

水星與十二星座

現在我們要來仔細討論十二星座的水星展現。我們會開始思考水星的星座配置，各位可以參考表格（見表一）。第一點是水星的星座配置，代表我們的思維運作方式：我們如何思考、學習、覺察與體會經驗。我們會從水牡羊開始，如果星盤裡沒有其他壓抑或影響水星的因素，最純粹的水牡羊會如何學習？

觀眾：可能會學得很快，因為牡羊是開創的火元素星座。

霍華：對，學習快速，思緒敏捷，當然前提是這顆水星沒有與土星合相或產生困難相位，或四分海王星，或有其他可能會影響其表達方式的因素。火元素與直覺有關，所以水牡羊的人大多是直覺思考，也就是說，他們可以「咻」地迅速掌握事物全貌，且容易以象徵意涵來思考。

第二點則是水星的星座如何描繪出我們溝通、交流想法與資訊的模式。這點該如何應用在水牡羊身上呢？

觀眾：想法可能比他們表達的速度還要快，或是脫口而出，當事人不太能夠控制自己想說的話。

霍華：對，星座代表不同狀態。每個星座都有自己的風格、獨特的存在方式。行星的作用像動詞，展現出當下進行的動作。例如：月亮「需要」與「回應」。水星「思考」或「交流」，金星「找關係」，火星「執行」等等。星座則像副詞，用以形容做事的方式。行星根據所在星座，展現自己的風格。所以月牡羊會以牡羊座的方式反應，月金牛會以符合金牛座一貫的風格或風度反應。我知道這很基本，但我總覺得將行星當作動詞、星座當副詞，這種概念用來解析星盤配置很好用。第三點顯示水星讓一個人關心的特殊議題，同時也能顯示出你會注意且挑起環境裡的哪些狀況。這只是大概，但水牡羊通常會在乎什麼？

觀眾：牡羊是跟開始有關的星座，什麼都要搶第一。也許他們會尋找任何能夠搶第一的機會，好比說第一個發言，第一個學習，搶先告訴其他人某個消息。

表一：水星詮釋原則

十二星座的水星展現
(1) 水星的星座配置，代表我們的思維運作方式；我們如何思考、學習、覺察與體會經驗。舉例來說，你是直覺思考（水星在火象星座），還是腦袋較為冷靜、抽離、客觀（水星在風象星座）？你能夠迅速捕捉到重點（水星在開創星座），還是僵硬侷限（水星在固定星座）？
(2) 水星的星座如何描繪出我們溝通、交流想法與資訊的模式。你講話是脫口而出（好比說水牡羊），還是小心、謹慎、偷偷摸摸（好比說水天蠍）？
(3) 水星的星座顯示出佔據一個人腦袋的特殊議題，同時也能顯示出你會注意且挑起環境裡的哪些狀況。舉例來說，水天秤會立刻注意到關係的可能性，水摩羯會注意到一個人作為野心與目標的議題。
十二宮位的水星展現
(1) 水星的宮位展現出我們在生命裡躁動、好奇、具有創造性、靈活性、變動性、詭計多端，甚至欺騙或善於討價還價的領域（需參考水星位於什麼星座及相位）。理想上，這裡就是我們保持新鮮、開放態度的地方，而不是用狹窄、僵固的思想困住自己。記住，只要改變想法跟態度，我們就能扭轉局勢。
(2) 水星所在宮位也能展現出我們在意、關心的議題（好比說，水星在六宮的人也許會很在意健康，在九宮的人會對哲學、旅行及生命的意義感興趣。）

(3) 水星的宮位也許會展現在親人、鄰居與同事上。舉例來說，令人苦惱的八宮水星也許反映出手足為了遺產的衝突，水星在十宮意味著我們和親人、手足一起工作。水星在八宮代表親人、同事及手足間暗流洶湧。

水星在不同相位裡的關係

(1) 水星很容易受到與其產生相位的行星影響（特別是產生緊密相位的行星）。水火相位代表思緒與言語速度很快，水海相位會讓人充滿直覺與創造力，但也會模糊、混淆當事人的思緒。我們的學習經驗及教育系統也會反映在與水星產生相位的行星上。

(2) 與水星產生相位的行星也會影響我們溝通與交流資訊的方式。水金相位通常代表我們會想說悅耳的話，創造和諧的局面。水天相位則想到什麼就說什麼，就算會影響他人也沒關係。

(3) 我們天生會關心、感興趣的事物也會展現在與水星有相位的行星上。水海相位會對海王星主題的事物感興趣，好比說藝術、治療或通靈現象。水冥相位意味著深度探索，以及在心靈及意識底下的隱藏作用。

(4) 水星的相位描述我們對親人、手足、鄰居及同事之間的關係。

(5) 水星的相位可以展現出我們在旅行時的際遇（通常是短程旅行，國內旅行）。

霍華：對，也許會有競爭心態跟鬥爭的心情。他們也會尋找以言論或行動影響、引導、激勵他人的機會。《千面英雄》（*The Hero with a Thousand Faces*）的作者喬瑟夫．坎伯（Joseph Campbell）就是水牡羊的好例子。他熱愛神話與象徵的直覺世界，還啟發無數學子與跟隨者依循他原創的思想，滋養想像，他也將純粹的熱情灌輸到他鍾愛的研究領域之中。我覺得各位抓到重點了，除非在場有些水金牛的朋友，還需要更多時間？抱歉，我必須對金牛座好一點。各位想要討論水星分別在十二星座的狀況嗎？要喔？這樣不會很無聊嗎？好吧，你們贏了。水金牛的腦袋會怎麼運作？

觀眾：他們的想法穩定、深刻。他們徹底理解某件事情的速度也許比水牡羊慢，但只要他們瞭解，就深刻透徹。他們在不確定的時候不會發表意見，換句話說，在他們確認某件事情之前，他們不會輕易開口。

霍華：水金牛的人會注意到環境裡的什麼狀況呢？

觀眾：能夠提供安全感、舒適及保障的東西，好比說，賺錢的方法，買新家，或添購任何能夠取悅他們，或美化生命的東西。

霍華：對，換句話說，他們也能敏感注意到環境裡威脅他們保障及安全感的一切。我很高興你提到美化的議題。金牛座是金星守護的星座，很多藝術家跟工匠都是金牛座。水金牛能夠讓一個人深刻欣賞藝術或美，也許也會喜愛大自然。雖然我認識一些水金牛，感覺很像瓷器專賣店裡的牛，粗手粗腳的，但還是有別的水金牛擁有悅耳的嗓音跟歌聲，動作也優雅得多。我想到瑪格．芳登（Margot Fonteyn），無論是她個人還是她作為一名舞者，她都風姿綽約，顯然妥善利用了她的水金牛特質。

我必須跟各位分享某次我開水星講座的故事。那是在倫敦的時候，那堂課大概有五十人出席。我請他們依照自己的水星星座分組討論。所以我請水牡羊待在一起，水金牛在另一個地方，依此類推。他們的任務是要按照成員自己所屬星座，討論水星的特質。結果非常有趣，因為結果也表現出了每一組的水星特質。舉例來說，水牡羊就是第一個討論完畢的小組，要不了多久，他們就列出一張清單，記錄下他們水星的意涵。我等等再講水金牛。水雙子是人最多的，他們的清單比別組長了四倍。水巨蟹寫完清單後，還互相按摩了起來。水獅子只有一個人，所以我安排他跟水水瓶一組，看會發生什麼事。他們覺得還好，但我感覺他們之間有角力競爭。有一組因為小摩擦而起了爭執，水處女那組跟其中一個成員吵了起來，這位小姐最後還哭了，因為其他人不斷攻擊她的論點。水天秤乖乖的，認真面對這項任務，在列出完美列表前，的確理論了一下，他們寫得超整齊，這點是一定要的。我想不起來水天蠍的表現，我肯定打壓了他們的意見。水射手一下就討論完畢，然後分心去聊跟占星有關的哲思討論。水摩羯也表現良好，雖然他們一直叫我過去看他們進行的方式是否正確。這項任務對水雙魚來說似乎很困難，他們對於他們的水星有很多衝突的想法。最後，我們發現他們意見不同是因為小組裡其中一人日水瓶，兩人日雙魚，剩下都是日牡羊。水星跟太陽是否同星座的確會造成不同的特質。我們聊到相位的時候，我會多提一些水星跟太陽的關係。至於水金牛那組呢，呃，讓我告訴各位，其他小組都結束半個小時後，水金牛還要求更多時間。這是實際發生過的事情。所以我過去看看，發現他們連一點都還沒寫出來。這麼說不對，他們的確打了些草稿，但通通劃掉了。我問他們怎麼了，他們說他們要很確定那是真的，才會寫進列表裡。一個人能夠正確到什麼程度？這些人彷彿要全身細胞都感覺到真實，才會說或做某些事情。對他們來說，真實幾乎是活生生的東西一樣。他們跟水牡羊真是天差地遠，牡羊那組十分鐘就討論完了，因為他們一想到，就把內容通通寫上去了。

水雙子人通常同時會有很多想法跟意見。如果他們忠於自己的天性，他們會對生命感到好奇、充滿實驗性質，敞開心胸接受新的想法跟經驗。他們的腦袋轉得很快，你會覺得他們是充滿活力的溝通者。九個月大的嬰孩，慢慢從爬行發展到站立、行走，這就是水星的階段。這段時期，孩童會慢慢喜歡上探索周遭環境，學習新字眼。雙子座的天性就是喜歡活動、探索周遭的世界，且在語言裡尋找樂趣，替事物命名很有趣，也能讓人感受到某種力量。如果你的水雙子相位不錯，還有一位能夠讓你覺得安全、有保障的母親，你在練習的階段大概會有比較正面的經驗。「噢，那裡有電視機，這邊有貓，可以玩球，那是我哥哥在拉妹妹的頭髮。他沒有拉我的頭髮，為什麼呢？」水雙子當事人很喜歡探索且認識環境，跟物品連結，或比較東西的不同。如果這個階段發展得很好，他們這輩子都會世界保留這份好奇心與興趣。不過，我也認識很多水雙子一點也不好奇，沒有冒險精神，不喜歡溝通，他們反而信念堅定，想法跟興趣都很固定，目光相當狹隘。他們的水雙子能量遭到阻塞。彷彿他們在練習階段的時候，沒有得到足夠的自由跟空間（這個階段有時也稱作「猴子階段」）。他們受困於嬰兒圍欄之中，沒有機會活動、探索。所以，如果一名水雙子的成人沒有好奇心、思想不開放，也許就是因為孩童時期經歷過壓抑天性的制約，這點在星盤上的呈現方式也許是水雙子與土星、凱龍星、海王星或冥王星產生困難相位。我可以給各位看一個例子，這個人是三宮的水雙子合相土星。顯然這位先生想不起來自己九個月大的時候發生過什麼事，但他想起後來發生的一個事件，能夠說明他為何後來成為思想狹隘、心胸狹窄的人。不知什麼原因，他很討厭他的二年級導師，但當他跟媽媽講的時候，媽媽卻責備他過分、沒禮貌，還要他發誓再也不能講這種話。結果，他不只自信低落，同時還學到最好要隱藏甚至否定自己稍微的負面想法或感覺。換句話說，在媽媽的協助下，他穿上了一件心靈束縛衣。當想法跟感覺遭到壓抑或否定，就會造成心靈阻塞，永遠沒有機會能夠改變或發展成其他想法跟感覺。相反的狀況是，你跟媽媽說老師的不是，而母親卻問你為什麼？跟你一起探索你的心情。她沒有讓你感覺這樣的行為是好還是不好，相較之下，她鼓勵你探究自己的內心，搞清楚你為什麼會有這種反應。這樣的行為允許你的心智活動，也許你會抵達一個境界，跳脫了最原始的想法與感受，進入到全新層次，能夠理解或欣賞老師或整體的狀況。（心智或實際的）活動就是經驗，能夠提供大腦更全面發展的機會。不過，如果活動受到限制，你的發展也會遇上挫折，你的想法就容易變得受阻僵固。我們該聊聊水巨蟹了，巨蟹座的特質會如何影響水星的運作？

觀眾：他們的想法會受到感覺的影響或左右。

霍華：對，水巨蟹可以非常主觀，他們以為自己是理性思考、理性評估，但實際上，如你所言，他們的感覺與情結左右了他們的觀點。舉例來說，他們小時候與母親之間的連結不順，就會讓他們相信世界不安全，沒辦法符合他們的需求。這種根深蒂固的情感模式會影響他們看待生命的目光，他們會預先注意到人家的冷淡或冷漠，甚至不會注意或發現其他時候，別人對他們的溫暖與關心。所以，他們會根據心情跟情結，選擇關注身邊發生的某些事情，而錯過或無視其他事實與狀況。他們的想法也許會受到環境影響。他們造訪寧靜、歡愛的家庭時，也許就會有正面、歡樂的想法。如果身處黑暗、負面的環境，他們的想法也會隨之黑暗、負面。巨蟹是很敏感的星座，他們可以「感受」別人的感受，「搞清楚」這些人的需求與弱點。因此，水巨蟹可以成為具有說服力的演說家、企業家，或銷售人員，他們懂得該如何觸及人心，用對的話術及重點觸動他人。他們有種本能，曉得說什麼樣的話能夠讓人感覺良好，或傷害對方，看他們的目的為何。榮格將他的水巨蟹感覺與直覺運用在分析工作裡。《追憶似水年華》作家普魯斯特用水巨蟹回憶童年與早期生活。他因為對環境相當敏感，而飽受不明過敏之苦，這點很符合他水星的星座。除了回憶、跟家與家庭有關的一切，水巨蟹還會在乎什麼事物？

觀眾：與生存需求有關的事物，好比說食物。

霍華：還好我們剛剛才吃過午餐。咱們繼續聊水獅子吧。獅子是火元素的固定星座，有全神貫注的精神，應該可以協助我們專注或集中精神。我其實覺得水獅子的心智層很有力量。如果他們對某件事有強烈想法，通常都有能力讓事情發生。如果他們對你有負面看法（無論你知不知道），在他們身邊的時候，你都會覺得很不舒服，就算你努力想要做正確的事情，但最後大概還是會失敗或冒犯到他們。這是我所謂水獅子在心智層很有力量的意思。水獅子也會提供當事人開朗的心態，增加心靈自信及演說能力，雖然他們的確會有太過主觀的風險，會讓當事人相信他們所知的真相就是唯一的真相。水星要麼會跟太陽同星座，要麼就是前後一個星座。如果日巨蟹、水獅子，水星的配置就能增加巨蟹座的自信與勇氣。若日水都在獅子，當事人可能會過度仰賴自己的想法及意見，絲毫沒有空間容忍別人相左的看法。日處女、水獅子會替太陽星座增添活力與溫暖。

觀眾：水獅子會有誇大的傾向嗎？

霍華：我相信他們不會故意扭曲事實，但會稍微美化一下，編出比較好聽的故事，所以，沒錯，這個配置的確有戲劇化的才能。水射手也是如此，他們必須編點故事，或把小小的插曲搞得跟什麼重大事件一樣。

我先前提過，在團體討論的時候，水處女那組把一個女性惹哭了，因為其他人攻擊起她的看法。我還是覺得水處女是個不錯的位置，有其絕佳的辨識能力，注意細節，嚴謹看待人與狀況。他們明察秋毫。我跟大家分享一個祕密，不要說出去喔。某個跟我一起教這堂課的人就是水處女，從她認知的深度及解釋概念、理論的精準手法看來應該不意外，她的詮釋精確詳盡，就跟飛魚反艦飛彈一樣正中目標。

觀眾：麗茲的太陽是什麼星座？

霍華：我已經透露了很多了，但管他的。她日雙魚，跟水處女、金射手形成大三角。我相信你們一定猜中她月亮逆行。好啦，上頭都是玩笑話，真的想知道嗎？我這就說囉，她的太陽是「請勿打擾」，這樣知道了嗎？

水處女需要時間消化、理解資訊。就跟水星在任何土象星座一樣，有這種配置的人會想要確保思想或話語的正確性。理解經驗跟消化食物是平行的。攝取食物的時候，首先要充分咀嚼，這個建議也可以運用在理解周遭事物或讀到的內容及別人告訴我們的話語上，不要囫圇吞棗，最好先再三咀嚼接收到的資訊，充分思考日常生活的事件意義。咀嚼能夠協助分解代謝的消化過程，這樣我們才能得到營養，去除廢物。水處女當事人有能力看清分析事物的優點及缺點。如果運用得宜，水星能夠讓他們聚焦在經驗裡正面、有建設性的面向上，而不會一再沉溺於眼前的負面狀況之中。如果你一直注意到玫瑰的銳刺，也許就會忽略美麗的花瓣跟甜美的香氣。你必須注意到銳刺的存在，但不要耽溺在其中。而且，水處女是實際的思想家。抽象理論過的概念必須要能夠實際執行、使用才有研究的意義。水處女大概會在乎什麼事情？

觀眾：健康與工作問題。

霍華：我認識的幾個水處女會看見手臂上最微小的斑，就衝去看醫生。他們也是第一個注意到天花板開始龜裂的人，他們家裡會有很多自己動手做的書，好比說房屋裝潢、園藝或修東西的書。好了，我又犯蠢了，咱們接著聊水天秤吧。

水天秤對人際關係及別人腦袋裡在想什麼很感興趣。水星在這個星座的人都會想要追求平衡的心靈，我指的是思考跟感覺的平衡，以及實際現實跟思考抽象理論間的平衡。水天秤的重點在於，如果他們沒有達到平衡的狀態，就會嚴重失衡。水天秤看人或解析事件的目光非常精準，但當感覺卡在理性頭腦前面時，他們的觀點就扭曲了。他們有時可以相當客觀、公正，其他時候，他們的觀察力會出亂子，通常都是在啟動複雜的情感情結，或某人沒有符合自己的理想及期待時發生。我看過巨蟹座行運四分水天秤的時候會發生這種事，舉例來說，月巨蟹四分水天秤，本命盤或行運木巨蟹四分水天秤，本命盤或行運冥巨蟹四分水天秤時都會有類似的狀況。在多數狀況裡，水天秤擅長展現出來的是一個人或事件的另一個面向。所以，我也許會跟水天秤說：「你看，這東西很棒吧？」他們也許會回：「對，但你有沒有看到這裡的瑕疵跟問題？」或者，也許我會說現在狀況好糟，而因此激發出他們看到優點的火花。他們喜歡充滿活力的理論與辯論，永遠都會分析不同的面向，最後才理出結論，卻也因此得到中立的稱號。然而，他們最終的目標通常都是想要公正不阿，其實並不害怕為了信念而戰，為了理想中的真實、美善與正義起身。一九五〇年代的性感尤物碧姬・芭杜（Brigitte Bardot）後來成為動物權利提倡者，她的水天秤與木星緊密合相在十宮。有這組配置的人能夠以天秤座的方式表達創意，好比說作家阿嘉莎・克莉絲蒂（Agatha Christie），就是以編織複雜的犯罪小說情節聞名，她本命日處女的定位星就是水天秤。

說到犯罪，我們可以無縫接軌到水天蠍。如果你的水星在天蠍座，你的「天界說明書」似乎顯示你注定要探索進生命的底層，進而以最深刻的方式檢視自己、他人、事物與想法。有人稱這是偵探思維，總是在探討，總是在尋找動機。所以，如果你送水天蠍的人一份禮物，他們也許會說：「謝謝，你人好好。」但他們內心會懷疑你送這份禮物是不是有什麼其他的企圖。就跟水星在其他水象星座一樣，水天蠍可能會隱藏自己的想法，再三思索後才向人展現出他們自己，彷彿他們的內在本能說，不要透露太多比較安全。話一出口，你怎麼能確定別人會有什麼反應？水天蠍跟水獅子一樣，心智層很有力量，他們會捍衛自己的信仰與看法，力道之大，聖女貞德都為之讚嘆。

觀眾：他們也曉得該往哪裡補刀。

霍華：對，我發現的確如此，他們的本能曉得別人的弱點在哪裡。大家都愛引用的奧斯卡・王爾德（Oscar Wilde）就是一個絕佳水天蠍案例，他聰明尖銳，雖然水星與九宮的天王星對分，讓他站在當時法律的另一邊。水天蠍可以造就偉大的謀略家、策略家，以及棋士的思維。因此讓我們回想起引魂人荷米斯，這個形象能夠深入靈魂無意識的深處。各位對水射手有什麼想法？

觀眾：他們應該對哲學、宗教、宇宙法則及旅行感興趣。因為射手座是火象星座，水射手應該可以算是直覺思想家。

霍華：對，如你所言，水星在這個位置的人都有活躍的願景與啟發。如果水射手受到土象星座、行星影響，或與天蠍座行星產生相位，或星盤裡的土星與冥王星能量很強，他們也許會深刻透徹思考。射手座通常會看到整體狀況，見林不見樹，惦記的總是遙遠的目標及崇高的理念。各位熟悉左右腦的功能嗎？左腦是理性腦，講求線性順序思考，能夠收集事實，分析且分類，呼應水雙子或水處女。相反的，右腦關乎整體與綜合思考，看的是圖像與模式。這種思考方式更像水射手跟水雙魚。瑪麗蓮．費格遜（Marilyn Ferguson）在其著作《寶瓶同謀》（*The Aquarian Conspiracy*）裡出：「左腦拍快照，右腦看電影。」水射手通常天生的傾向就會尋找事件裡的意義，事件不只是隨機發生，更是巨大布局的一部分，可以在一個人生命藍圖的展露架構下檢視。

觀眾：我認識幾個水射手，他們似乎都很愛講話。

霍華：整體來說，這點應該沒錯，但其他行星相位可能會壓抑水射手愛講話的面向。不過，沒錯，他們興奮的時候，腦袋裡會充滿對於未來各種可能性的想法與願景。通常他們願意公開分享這份熱情與信念，不像水天蠍，守著自己的想法，或當成祕密。相較之下，牡羊座是開創的火象星座，會點燃一開始的火光。固定的火象星座獅子座則會發光發亮，專注在燃燒的核心。變動的火象星座射手座則會散發火光，擴散到空中，因此水射手的概念就是散布理念，或讓其他人對某個願景、計畫或信仰感到欣喜萬分。有時，話多是他們保持思考，對抗情緒的做法。你可以在諮商對談裡講個不停，聊你的生活，卻完全沒有觸及你內心真正的感受或情緒，因為講話這個行為已經霸佔了所有的空間。

水摩羯讓我們再次腳踏實地。他們的思緒非常實際，所以在生意上可以果斷精明，經營管理及組織決策。摩羯座的象徵是山羊，我喜歡這樣想，這隻山羊小心翼翼爬上高山，確保一路上，每一步都踩得踏踏實實。水星在這個星座能夠提供有方法的思考，還能充滿決心、毅力與力量，也許還有超越世人或超越自身目標及野心的卓越眼光。多數情況中，水摩羯容易擔心，常常會幻想最糟糕的結果，或擔心一轉身就遇上麻煩。這點讓他們戒慎恐懼，雖然摩羯座是開創星座，但他們通常不會盲目投入某項行為之中。他們反而會困在對於未來的負面想像之中，我會建議他們認清自己的恐懼，但不要耽溺於其中，他們可以害怕、可以擔憂，但同時也可以運用動覺思考，想像自己成功達成目標，沒有阻礙，一帆風順。

如果你認識的水摩羯常常看起來很困惑、搞不清楚狀況與風向，也許是因為水海的相位影響了這顆水星原本的樣貌。如果你覺得水摩羯帶有革命、激進的色彩，大概是因為水天相位。我想到兩個例子，一是西蒙・波娃（Simone de Beauvoir），法國存在主義作家，強調人必須在沒有絕對的世界裡創造出自己的道德價值，她的水摩羯就跟天王星合相。歌手瓊・拜亞（Joan Baez）也是人權活動鬥士、反戰抗爭者、終生的和平主義者，她影響了整個一九六〇年代的世代，她日水合相在摩羯座，三分位於金牛座的天王星。我們不該遺忘摩羯座善變或異想天開的一面，我常觀察到水摩羯（水土相位也會有這種表現）常常帶有幽默與小聰明，通都是乾乾的嘲諷及自我貶抑之詞。活潑但土象特質很重的格雷西・菲爾茲（Gracie Fields）是英國最成功的喜劇演員，她有摩羯星群，日、水、金、火通通都在摩羯座。

某些教科書會說水水瓶是象牙塔裡的思想家，就某些個案來看，這種詮釋說得沒錯。水瓶是固定的風向星座，在遼闊抽象的思想智慧國度裡最為自在，能夠分割身體與情緒感受。換句話說，水水瓶主要活在腦子裡。你也許會想稱讚某些水水瓶表現出來的客觀與抽離，但你也會氣他們一直否認自己的內在情緒。他們也許直覺知道或能夠設想出神聖的烏托邦系統及騙局，在理論上來說非常完美，但運用在人性基本的本能與利己面向上卻變得不切實際，無法應用。也許我的口氣聽起來像是在打壓水水瓶，並沒有，我們的確需要這些人激發我們看到未來更好的新願景及新的可能性。引用作曲家羅傑斯與漢默斯坦（Rodgers and Hammer-stein）的歌詞，有夢才能美夢成真。水水瓶能夠展望更理想的世界與社會，我們才有目標能夠前進。在最糟糕的情況裡，他們無情的安排及完美的功能狀態會類似阿道斯·赫胥黎（Aldous Huxley）筆下的《美麗新世界》（*Brave New World*），或喬治·歐威爾（George Orwell）的《一九八四》那種恐怖的噩夢場景，在這著作中，一個人的個人特質及人性都遭到否決，只能屈服於更巨大的群體之下。

我不希望這堂課聽起來好像水水瓶滿腦子都是抽象的系統跟烏托邦的科幻夢。許多水水瓶其實很在意社會及人道議題，也會努力改善周遭的環境。對於很多水水瓶而言，真相比社會的接納觀感還重要。而且，這個位置讓人腦袋清楚，有能力退後一步，用敬畏的客觀性觀察整個情況。我在幫水水瓶個案解盤時（水星三分或六分天王星也適用），常常覺得他們很能談論自己的問題，看透且分析自己，這點讓我刮目相看。我有時會想，就算他們對占星認知有限，他們解讀自己星盤的本領還是比我強。接下來要說水雙魚，大家有什麼想法？

觀眾：想像力豐富，但思考很混亂。

觀眾：我就是水雙魚，我覺得我可以輕鬆講出別人的想法跟感受。

霍華：沒錯，你現在就捕捉到了我的想法。我正要說水雙魚也許會舉手，提出群體裡多數人的疑問。水海有相位的人也有這項特質。雙魚座跟海王星都代表模糊或消融的邊界。如果水星跟海王星或雙魚座產生關係，水星就很難分辨自己與周遭其他人的想法。你會得到變色龍般的結果，根據當時身邊有哪些人，進而改變自己的想法。所以這個配置帶來很多矛盾，好比說水雙魚通常具有充滿創意的想像力及高度直覺或心電感應能力，但他們也會體驗到巨大的心智困惑與混亂。我有個好朋友，他是水射手在十二宮逆行（有時我會笑他好像根本沒有水星一樣）。從許多角度來看，他是我認識的人中腦子最清楚的思想家，非常敏感，能夠準確解讀其他人與狀況。不過呢，他家卻亂七八糟，常找不到車鑰匙。他來我家，每次都把鑰匙扔在不同地方，每次要離開時，總會花上火氣很大的一個小時找鑰匙。各位也許可以說，某些水雙魚沒辦法整理好他們的環境。跟水巨蟹一樣，水雙魚會透過滲透、吸收、直覺來學習資訊與概念，而不是純粹以邏輯理論來學習。他們也跟其他水象的水星一樣，很難捉摸他們到底在想什麼，他們也許會偷偷摸摸的，可以成為很好的策略家或撲克牌玩家。他們不見得能夠把混亂的想法或感受訴諸語言文字，但也許能夠透過詩歌、音樂、舞蹈，或以其他具有彈性的藝術型態表現。爵士女伶比莉．哈樂黛（Billie Holiday）就是水雙魚的絕佳例證，她的嗓音無人可敵，生活完全是一團亂。我也替不少水雙魚解過盤，有人有嚴重的偏執變態幻想，這是因為他們把深刻的恐懼、焦慮及情結通通投射到環境之中。

在我們繼續討論水星的相位前，各位有沒有什麼問題？

雙子座與處女座

觀眾：可以聊聊水星同時守護雙子座跟處女座嗎？

霍華：我可以大致區分守護雙子座跟守護處女座水星有何差別，但各位不要死守這些規則，我的解讀只是提供你們一個比較宏觀，可以說是帶有原型色彩的看法，來解析水星在這兩個星座的不同功能。守護雙子座的水星喜歡到處跑，雙子座就是一下在這，一下去那，不斷一一探索相關的東西，作出比較，想要把事物歸類。處女座呢？通常會深入研究一個主題。雙子座對許多話題都略懂略懂，處女座則對一、兩個特定主題進行深入剖析。守護雙子的水星會為了知道而喜歡知識，因為這樣就能瞭解新知，能夠替事物命名，讓其更有趣。守護處女的水星喜歡知識，因為這些知識可以實際運用。雙子座的水星在腦袋裡接收、處理資訊；處女座的水星則透過感官及身體取得資訊，以身體的感官或感覺來評斷某件事。雙子水星喜歡看見事物融合，成為一體；處女水星則喜歡拆解、剖析、解構整體，成為更小的元件。

除非水星遇上什麼具有挑戰性的相位，不然處女座通常都是穩定可靠的星座。雙子呢？則是善變起伏比較大的星座。想想神話故事裡常與雙子座扯上關係的雙胞胎卡斯托耳和波魯克斯（Castor and Pollux）。規矩是，一個兄弟在天上時，另一個就要待在人間。他們不能同時出現在同一個地方，所以他們不斷對調位置。雙子座（及所有位在雙子的行星）都能夠一下飛得老高，一下又回到地面。瑪麗蓮・夢露（Marilyn Monroe）跟茱蒂・嘉蘭（Judy Garland）[10]都是日雙子，她們生命與演藝生涯的起起伏伏強化了雙子座的溜溜球效應。當代的例子是喬治男孩（Boy George），他達到流行音樂巨星的高度，然後因為濫用藥物而重摔落地。最近他又要再次崛起了。雙子座有很多特質遠超過許多太陽星座解析書所言，雙子座有深刻的一面（處女座也有），回想一下，荷米斯能夠帶領靈魂進出冥府這個身分。

水星逆行

觀眾：你能聊聊水星逆行嗎？

霍華：可以，我正想要聊水逆。請問今天在場有多少人天生水逆？還不少呢。某些書籍會說水逆難以表達出你在想的事情，但我發現，在我解過的星盤裡，不見得全然如此。我很好奇，想要聽聽當事人怎麼說，當然，前提是，如果你說得出來啦。

觀眾：有時我覺得我很難跟人溝通，其他時候又不會。

霍華：對，我也會有這種感覺，但我的水星是順行的。其他人呢？我看到有人點頭，在你們的個人經驗裡，不見得每次都是這樣。水星逆行不見得會跟溝通障礙有關。我相信逆行的水星會要求你探進自己內心，也許在出口前，先檢查一下你要說的話，同時也要求你再三思索某個想法或思緒，或任何資訊，然後才將其編入你的系統之中，或確定這種感覺。怪的是，我解讀過兩名新聞播報員的星盤，他們是英國全國新聞的主播，而且兩個

10　編註：瑪麗蓮．夢露（Marilyn Monroe, 1926-1962）美國知名女演員、模特兒，是二十世紀五〇年代最流行的性感象徵之一，標誌著那個時代對於性的態度。茱蒂．嘉蘭（Judy Garland, 1922-1969）美國女演員及歌唱家。一九九九年被美國電影學會選為百年來最偉大的女演員第八名。主演的著名電影有《綠野仙蹤》及一九五四年版本的經典電影《星海浮沉錄》（*A Star Is Born*，即《一個巨星的誕生》）等。

人的本命盤都是水星在處女座逆行。我一開始覺得很怪，替千萬人播報新聞是以很公開、很外在的方式使用一個人的水星。後來，我想了想，他們在播報新聞的時候其實不能加上自己的意見，只能單純報出事實，而且他們會隱藏自己對事物的看法，因為他們的工作讓自己成為目光的焦點，各位曉得，播報員某種程度也成為小有名氣的名人。其中一位女性來找我解盤的時候，堅決要求我不能把這件事講出去，免得報紙捕風捉影，說她居然會相信占星這麼詭異的東西。

觀眾：很有趣，水逆在處女，代表溝通時必須精確、精湛使用文字語言。

觀眾：請問你有沒有注意過一個人出生時水逆，但之後在推運時順行的狀況。

霍華：有，我還研究過。通常在逆轉順的時候，這些人才開始比較有自信一點，能夠敞開心胸接納新事物，整體來說好像變得比較外向。各位天生水逆的朋友要看看推運上有沒有這種展現。另一種狀況是，出生時水星沒有逆行，但在推運上逆行了，各位也可以觀察看看這樣對你有什麼影響。比較好的狀況是，年輕時順行，因為你需要自由流暢的水星來學習、適應學校環境。年長之後逆行也還好，因為這樣你才有機會讓思緒向內，自我反省。不過呢，真正讓我覺得有意思的是行運過境的水星逆行又順行的時候，這樣的過程對我們每個人都有影響。艾琳．蘇利文在《行星》雜誌的〈水星〉一文中寫到我覺得寫得最好的行運逆行解析，我參考了她的觀點。水星逆行，似乎是重新執行、重新思考、重新評估、重新考量的好時機，只要把行為加上重新兩個字都很適合。水逆期間很適合進行先前停下來的活動，完成先前沒有做完的計畫，寫完你之前想寫的信，或把積欠已久的帳單付清，且重新整體評估已經退步的家裡或生活環境問題，計畫你在該領域的下一步。這段時間不適合實際執行，但適合計畫順行之後的未來動向。你也許會在這段期間內遇到故人，跟對方解決一些先前沒有了結或圓滿的未竟之事。水星逆行的時候，你也許會發現你的注意力與覺知都自然向內探，讓你進入到更深層的意識層面，讓你探索且整合至今埋藏或隱藏的情緒。對了，水星每四個月會逆行約二十二天，會依照元素來走這個週期，好比說這兩年裡，水星都會在土象星座逆行，之後會在火象星座逆行，如此類推。水星在火象星座逆行的時候，你也許會想重新評估生命的走向，或是考慮該怎麼應用你所擁有的創意才華，但這段時間不是冒險或進行重大改變的時候。水星在土象星座逆行時，你也許會想把注意力擺在還沒處理的實際事務上頭，好比說看牙醫或一直拖延沒去掛號，也許是為了滴水的水龍頭終於買了墊圈，也許是終於能夠整理衣櫥或打理急需關照的後院。水星在風象星座逆行則是我們重新思考、重新評估你與家人、朋友、整體社會連結的時候。如果水星在水象星座逆行，你的思緒也許會轉向到過往的關係，也許也適合重新檢視舊習及情緒反應。相信各位都注意到，水星逆行的期間通常會掉信、延誤、聯繫困難、遇到更多口語誤傳及誤會問題，行動交通比平常更容易誤點（我相信英國鐵路公司建立的時候一定水逆）。我同意大家的看法，水逆期間不適合簽訂合約，也許會出什麼亂子，或遭遇到意料之外的麻煩。我在猶豫要不要跟各位分享今年（一九九〇年）一月水星在摩羯逆行時的趣事。

觀眾：你這樣很吊人胃口。

霍華：好吧，你們說服我了。醫院安排我一月十六日進行頸部手術，我必須在前一天住院。我一聽說這個日期的時候，就趕緊打開我的星曆表，我很不滿意。水星這個時候還在逆行，且跟位於摩羯座的海王星合相，這組行運的相位出現在我的十二宮，且四分我的本命海王星。各位知道，十二宮就是守護醫院這種地方的宮位。而且，手術進行會在月空（the Moon was void）時進行，根據時辰占星的說法，意味事情不會按照計畫進行。這一切都嚇死我了，我擔心會有什麼錯置或迷糊的狀況，他們可能會拿錯東西，或外科醫生手滑，或他們把我跟別人的身分搞錯，結果害我腿被截肢或摘除膽囊之類的。不過，我決定不要延期，因為我是用國家健保手術，這一延可能就是十年後了。再說，我想如果醫生曉得我是因為十六號的星象不適合手術而要延期，他們可能會覺得很無言。所以我乖乖在十五號早上入院，當場就碰到延誤跟一堆問題。我等了三個小時才有床，他們在看電視的康樂室替我進行術前驗血等檢查。最後，我終於上床，等著外科醫生來看我，討論隔天手術的細節。最後，有位外科醫生來找我，但他不是要幫我操刀的醫生。因為原本要幫我進行手術的醫生去美國科羅拉多州的亞斯本度假滑雪，回來的時間延誤了，所以他們決定讓這位住院醫生幫我手術。我覺得很難跟上這位住院醫師的手術解說，他講的東西跟我之前對步驟的認知完全不一樣。各位可以想像，我真的覺得很擔心，但還是沒膽取消手術。我反而換了一種心態，覺得不管發生什麼事都是我的命。晚餐送達，我吃了不怎麼樣的一餐。我到處打發時間，跟護士分享心情，跟他們聊水星逆行跟我其他的行運相位倒是沒什麼關係。我告訴他們我是占星師的時候，他們大多希望我替他們稍微解讀一下太陽星座，他們一直問我能不能順便解手相或牌卡。不過，他們很貼心，也很照顧我，替我按摩雙腳，還用芳療讓我感覺好一點。晚上七點半的時候，住院醫生又出現在我的床邊，一臉歉意，他說：「薩司波塔斯先生，很抱歉，醫院裡每個部門我們都找過了，但我們似乎不曉得把你的X光片跟就醫紀錄擺去哪裡了，這代表我們明天沒辦法進行手術。你可以下禮拜一再來嗎？」我太開心了，隨即出院。下禮拜一水星就恢復順行，月亮的配置在新的手術日也好多了。這整件事讓我覺得冥冥之中有股力量在看顧我。我甚至禱告了一下，感謝荷米斯把我的檔案藏起來。說到這個，兩天後，回來上班的看護默默將檔案放回原位。這是真實發生的事情。

水星與太陽、月亮

我們最好快點進行水星的相位。水星距離太陽不會超過二十八度。如果太陽跟水星的合相距離在十七分內，則稱為核心區（cazimi），也作日核，在八度內稱為焦傷。據說太陽跟水星距離太近，太陽就會灼傷水星，因此不客觀，反而會更主觀。在這個概念之下，其實有點像水獅子，一個人會過度依附且認同自己的想法與信念，沒有空間容納他人的意見與觀點。思想偏頗，且當事人常常會覺得超載或心靈燃燒殆盡。然而，有些占星師卻認為日水緊密連結是好事，因為這意味兩顆行星能夠結盟合作，活躍思想，促進溝通及表達自我的能力。隨著太陽跟水星之間的距離愈拉愈遠，一個人也會跟著客觀起來。在太陽前一個或後一個星座的水星通常夠提供比較好的心智平衡，及對生命較為宏觀的觀點，因為日水位於兩個不同的星座，然而，這種情況也會引發自我認同危機，因為你的思想及表達（水星）與核心自我的本質（太陽）有所不同。這兩種看法我都可以接受，只不過，我覺得水星距離太陽愈遠，當事人客觀的能力就愈強。這麼說也沒錯，一個日牡羊的人，水星也在牡羊，那他就會比日牡羊，搭配上水雙魚或水金牛的人更具有冒險精神，更外向且更能勇敢發言。日水都在金牛座的人，會比日金牛、水星在牡羊或雙子的人更沉默、謹慎。對了，如果一個人的太陽或上升在雙子或處女（水星守護的星座），我們就要更加留意水星的相位。同樣都是日處女，水海合相與水土合相的結果就會大相逕庭。所以在說處女座都很有效率、井然有序之前，你最好看看本命水星的相位。同樣的道理也能應用在太陽或上升雙子的人身上，水星的相位會左右當事人是邏輯思考的雙子座，還是輕浮無腦的雙子座。

也有一說，如果水星位在太陽前面（按：以順時鐘方向判斷前後），你就會先思考後行動，但如果太陽在水星前面，你則會先行動，之後才為行動找理由。在南希．海思汀斯（Nancy Hastings）的著作《二次推運：憶起時刻》（*Secondary Progressions: Time to Remember*）中，作者分享了她對日水關係的見解，她指出，如果一個人出生時，水星是在太陽後面的一個星座，水星很可能會是順行，或至少正要從逆行轉為順行。假設如此，等到當事人進入青少年時期時，水星就會快速前進。她認為這樣代表當事人能夠迅速吸收新知，也願意嘗試以不同的方式看待生命。不過，如果水星在太陽最前方，也許出生盤上的水星就會逆行，或在推運時逆行，當事人也許就會專注在自己的內在。

我們已經在我的月亮講座裡討論過月水相位，但我還是簡單解釋一下。三分、六分或和諧的合相象徵情感與情緒（月亮）與溝通（水星）關係良好。你應該可以輕鬆溝通自己的感覺。順暢的相位也暗示了腦子跟心裡的一致，你的智識與情感、直覺層面是沒有那麼緊張的。無論你身處何方，月水的連結也能增加一個人對環境的認知及敏感度。這代表你會比較能夠看清楚且正確解讀周遭的狀況，你對別人的情緒會相當敏感，能夠設身處地與人連結。月水之間的四分及強硬相位會讓當事人經歷腦子與心靈的衝突，腦袋的智識要求你做的事情，可能會違背你的感受。因此，你的腦袋可能會要你結束一段關係，但你的情緒會要你留下來。所以，強硬的月水連結可能會表達出對自己的質疑，對於自己在不同狀況的定位也不太確定。月亮跟水星都跟記憶有關，所以遇到衝突的時候，深刻烙印的情感情結就會在你解讀環境的時候增添色彩或變得模糊。當你戴著情結扭曲的鏡片看待週遭事物時，你的反應也許會太過敏感或尖銳。打個岔，月水相位在星盤比對裡也很有意思。你也許會遇到某個第一眼就很喜歡的對象，但如果彼此的月水關係是強硬相位，你們也許會在口語溝通上遇到障礙。反之，如果月水之間是柔和相位，通常都代表你與另一人馬上就熟絡友好，你似乎有馬上就知曉且理解對方感受的直覺，而他們也能立刻接收你的想法及出口的話。

水星與金星、火星

水星與金星之間永遠不會超過七十六度，所以水金主要的相位不外乎是合相、三十度、四十五度、六十度、七十二度（有人跟你說他水金四分或對分時，請抱持懷疑的態度）。水金之間的連結大部分都是良性的。我想聽聽各位會怎麼解讀。

觀眾：擁有水金合相、三十度或七十二度的人，通常能以悅耳、和諧的方式溝通。

霍華：對，水星（溝通的行星）能夠跟金星（風格、品味及美好的行星）同樣頻率。這樣的組合可能是說話聲音動聽，能夠用語言娛樂他人，或擁有藝術家的頭腦及具有創意的想像力。當事人會善用水星，加強自己與其他人之間的互動，所以這個人不太可能會惡意攻擊或挑戰別人，反而會「姑且」與他們和平相處。這種人天生就能欣賞美好的事物，也會對任何金星範疇的領域產生好奇與興趣，好比說藝術、關係、金錢等等。多數的水金相位都和藹可親，舉止也大多很優雅。水金合相或四十五度的時候，當事人跟別人相處時，可能會太客氣、太慷慨，營造出一種膚淺、油滑的迷人，但沒有實際的內涵（也許也假假的）。我一直忘記提水星跟手足、鄰居跟短程旅行的關係。水金之間的和諧相位也許會讓當事人跟兄弟姊妹、鄰居處得很好，不過星盤上其他相位及配置也會影響這點，造成問題。當我們將水金相位獨立出來的時候，和諧的相位預言了愉快的短程旅行。如果行運觸及到水金相位時，你可能一早跳上電車上班，結果就遇到了此生真愛，或者，至少是能夠跟你短暫調情的對象。我忘了，我們是在瑞士，這種事會發生在蘇黎世的電車上嗎？在紐約，和諧的水金相位代表你在地鐵上不太會被搶。

觀眾：我認識一個水金合相的人，他兼職幫人家寫情書。

霍華：這樣使用這組相位也太適合了。感覺有點怪，但很真實，這個人是真實展現出星盤的能量。

水火相位會讓心靈、溝通之神與戰爭之神湊在一起。這兩顆行星最不舒服的組合展現顯然就是合相及強硬相位（我會把一百五十度歸納在這裡）。水火相位的當事人會激動發言，無論他們有意無意傷害他人，他們的想法及話語都會脫口而出。水火相位會跟頭腦作戰，然後迅速反應。腦袋是個雙面刃，能夠透過批判、惡意、挑毛病的態度切割我們與他者，卻也能夠透過洞見與認同連結彼此。我們可以利用文字撕裂、摧毀別人，或者，我們也可以用文字來連結、療癒、接近他人。你們有沒有體驗過長時間不講話？一九七〇年代的時候，我加入了一個冥想組織，參加了一次避靜營，一個禮拜都跟其他的人一起冥想，但沒有言語交流。各位可以想像我一個禮拜不講話嗎？老實說，真的很不簡單，但我內心卻覺得更有活力、更朝氣勃勃，因為我省下了很多講話的能量。水火相位的當事人也許會引發與親戚、鄰居或同事之間的戰爭與角力。如果行運觸及到水火相位，你也許會想多花點時間關照自己與其他人的互動，在這段時間裡，你可能會忽然就跟別人爭執起口角。水星與火星產生連結，旅行時可能會與火星相遇，所以建議當事人這組相位啟動時，最好小心為上。你從這裡前往那裡的途中可能會遇到意外，也許會燙傷自己，或用刀子切到自己，特別是當你覺得激動或懷抱著某種負面想法的時候。內在不和諧總會想辦法呈現出來。好了，就算是強硬相位，火星總能讓產生相位的行星活潑起來，所以這組相位通常能夠刺激健談之人，或思想活躍的人，這種人喜歡腦子的出擊與辯論，或以挑戰、挑釁的想法與發言對人交火攻擊。各位覺得水火三分或六分會有什麼樣的表現？

觀眾：腦子會更有力量，且當事人的言語會很強勢，具有說服力。有這種相位的人也許是說服力極佳的演說家。

霍華：對，我同意，不過水火之間的和諧相位不見得保證當事人會說真話，或有憑有據。在水火三分銷售員的三寸不爛之舌下，買這輛車你可能要三思再掏錢。

觀眾：那你覺得水火合相在雙魚座呢？

霍華：跟所有的合相一樣，我們必須考慮這個配置在整張星盤裡的表現，但我會說，天生就有這組相位的人想像力豐富，他們必須尋找有創意的方式表達自己的想法、願景與感受。他們有強烈的溝通需求，這點可以透過舞蹈、音樂、攝影、繪畫或詩歌表現（對於水雙魚來說，文字不見得是他們唯一的媒介）。

水星與木星、土星

和諧的水木相位大體上來說都很不錯。因為當事人看得見細節與部分（水星），同時也能看見整體與全貌（木星），你的腦袋可以自由在第一頻道及第二頻道間轉換。良好的水木相位可以媲美宙斯、荷米斯的合作無間，你的頭腦開放，能夠接收木星的高層啟發，但你也有水星的能力，能夠將靈性智慧或認知應用在每天的生活之中。這樣的相位也顯示出當事人能以文字及理想激發別人的熱情，只不過當相位能量流動時，這些人的心智活動可能會太活躍，也可能會話太多。因為我們是透過水星來認識木星，良好的水木合相、三分相或六分相通常都暗示著幸運或良好的親屬關係，也許手足會帶領你冥想，或者，也許對方會在財務上資助你，或是以其他實際的方式協助。鄰居也會帶來同樣的益處。水木能量流暢時，旅行就能刺激心靈，在旅程上非常走運，剛好在嘉年華會或類似的活動時抵達該地。

水木四分相或對分相（或困難相位）還是可能具有正面意義，但有些問題要留意。合相或四分通常會讓當事人的心智躁動、過度活躍，也可能話匣子打開就關不起來。當事人可能會小題大作，把小事吹噓得好像什麼天大的事情一樣。有時，當事人會判斷錯誤。如果行運跟推運觸及到有問題的水木相位，當事人也許沒辦法清楚分析他人或狀況，所以對於投機事業要特別小心，對人也要多瞭解，才信任對方。你大概很會跟別人推銷你的「旅程」，但你也要小心不要因為過度狂熱及過頭的態度而敷衍其他人。水木對分跟四分相、合相的困難都差不多，很容易與其他人就政治、信仰及哲學議題爭執。

能量通暢的水土合相、三分相或六分相能夠穩定且讓心靈聚焦，增進注意力，且讓人以實際層面及邏輯來思考。就算水土能量順暢，當事人也許還是會對自己的智能、心智力量感到不安，但你還是願意努力耕耘，下定決心要學習或精通某個項目或能力。你對出口之言及對象都會再三顧慮，這也許是件好事。水土之間的強硬相位暗示了你對自己智識能力的質疑，或者暗示了學習、寫作及說話的緩慢與困難。不過，我們不該忘記土星就是天上的嚴師，也是促使我們更有成就的鞭子。想想德國大文豪歌德吧（Goethe），他可能是德國最知名的作家，他日處女，土天蠍靠近上升點，土星與水星（太陽守護星）形成寬鬆的四分相。他花了超過六十年才完成《浮士德》，多有毅力。他也說過一句非常土星的話：「在自我限制之中，大師才逐漸展露頭角。」

觀眾：水土有相位的人會不會需要一些世俗的認可，好比說學位或認證，這樣他們才會覺得自己的狀態與知識達到某個標準？

霍華：沒錯，通常都是這樣，因為土星會用世俗的想法束縛住水星。舉例來說，有水土相位的人來學占星，他們還沒有得到英國占星學院證照或其他占星機構的的相關資格時，他們會覺得以占星來執業不太好，怪怪的。這就跟水天有相位的人很不一樣，他們很可能自己學了幾堂課就跳下來解盤，根本不在意證明他們價值的這張證書。水土相位可能會讓一個人帶有憂鬱或冥思的氣質，你也可能會執著在某個人或狀況的負面或黑暗面上，或是不斷擔心未來。不過，水土相位通常能夠增加心靈的重量與深度，穩住水星花蝴蝶般的特質。在場有沒有水土的朋友想分享？

觀眾：我水土四分相，我常會質疑自己。我學習速度很慢，但當我要學會的時候，我都學得很好。

觀眾：我水土合相，我家有七個兄弟姊妹。當然，我要對他們每個人負責。

霍華：對，如果水土產生相位，手足也可能是讓你辛苦的重擔與責任。事實上，這種組合也會出現在獨生子的星盤裡。這暗示了他們在成長時的孤單，或父母將過多的期待與未竟的可能通通寄託在這名獨生子身上。今天下午的時候，我聊到一個水雙子有困難相位的人，可能從小就穿上了心靈束縛衣。水土相位可能會帶來類似的童年經驗。這組相位與旅行或短程旅程的關係如何？

觀眾：他們也許會遇到延誤、阻礙或困難，或是為了學習或工作而前往異地。

霍華：這點我敢打包票。土星碰觸的行星也可能是一個人選擇的職業。所以旅行社承辦人員很可能就有水土相位，兩地運輸人或物品的工作也可能跟水土相位有關。同理，作家、記者及老師，也許出生盤上也會有水土相位。我覺得這樣是運用土星相位的好方法，把土星碰觸到的行星轉化成你想要磨練的職業。

水星與天王、海王、冥王星

好了，繼續前進到水天相位。天神烏拉諾斯統治浩瀚、掛滿星斗的天空，水天相位會促使水星進入更高層的心理國度，在這個地方，願景、洞見與直覺都非常豐富。可以這麼說，相較於強硬相位，能量流暢的相位、三分相或六分相通常較為可靠，較能消化理解社會現況，彷彿是當事人能夠接收集體的脈動、直覺，提倡新的想法與潮流，而這些是世人或社會還沒有廣泛接受的概念。水天有相位的人能夠展現出心智的魔法、原創性，某些人還心靈手巧，甚至是天才。他們是心靈體操選手，能夠迅速連結起一個個話題或想法，腦子轉得慢的人根本無法理解。他們通常配備抽離的清明頭腦，能夠一一解答問題，找到答案，讓周邊的人恨得牙癢癢。換句話說，高速雷射光束精明天王星腦袋能夠穿刺問題的核心，或者，恕我直言，就是免去那些狗屁倒灶的東西。

那些天生就有水天困難相位的人也許會說出或想著別人覺得太怪異、太超過或不能理解的事情。舉例來說，在這個團體裡，水天相位的人也許會表達出我無法立刻回應或連結的發言，但當我有時間抽離開來，多想想他們的話，我通常就會理解他們的意見或結論其實很有道理。話雖如此，我必須坦承，我解過很多水天對分或四分個案的盤，我常常無法接受或無法理解他們在說什麼。我現在就想到一個例子，有個水天對分的男人告訴我，他每天都會跟另一個太陽系的存在對話，這些存在給了他建議跟資訊。這種事也許是真的，但誰知道呢？當然啦，我的摩羯座特質也會讓我對這種想法稍微存疑。

如果你天生就有水天相位，就算你的想法令人不安、驚嚇或甚至會傷人，你都會直接說出自己的想法來。這跟水金與水海相位的人很不一樣，擁有這兩種相位的當事人通常只會分享他們覺得世界喜歡聽的話，或不會引發別人不舒服的話。對水天人來說，「真相」比社交和諧還重要。強硬相位通常都代表手足及親戚間的疏離或緊張。當事人也許來自複雜的家庭，有同母異父或同父異母的兄弟姐妹。這組相位也象徵手足之間有天王星型的人。各位有沒有觀察過水星或三宮的配置可以看出親戚間的狀況？如果一個人本命盤上有水天合相，其手足的盤上也許就會有強烈的天王星特質，或者，如果你水海四分相，你妹妹的海王星很可能就在天秤座的上升點，亦或是有個毒蟲或音樂家哥哥，說到這個，瓊．拜亞跟珍．芳達，兩位才華洋溢的藝人都支持反戰及人權運動，這點大家都知道，她們的水星都三分天王星。相較於命運多舛的奧斯卡．王爾德，他是水天對分相，兩位女明星的「激進」信念似乎比較沒有給她們惹出什麼大麻煩。

我們先前提過的水雙魚特質，大多都能套用在水海相位上。因為水星與天性就會模糊邊界的海王星扯上關係，我實在很難分辯柔和與強硬相位有何明顯不同。水海相位都會放大心靈的敏感程度及接收能力，所以當事人會擁有高度直覺，甚至可以通靈，這種人通常能夠透過感召及具有詩意的方式表達自我。

沒錯，強硬相位可能會引發心智困惑與不確定感，但我認識一些水海四分相或對分的人，他們跟水海三分相、六分相者一樣能夠運用這組相位。也有水海三分相、六分相的人，生活是一團糟，因為他們精神狀況不好，或有藥癮、毒癮的問題。所以提到水海相位的意義時，除非有特別的條件，不然我都會一起介紹所有的相位。

海王星會讓水星擴散，這種人的想法似乎模糊不清，事實上，他們沒有辦法專注在一個版本的真相或任何單一的理念或理論上，因為他們內在的天性就是能夠以多面的觀點看待狀況與他人。因此，他們才會有逃避心態及變色龍般的特質，也就是說，他們也許會同意一方對於某件事或某個話題的看法，然後在同一個議題上，等等又翻盤，相信完全不一樣的理念。水海產生相位的時候，要約束水星可不容易。這些人通常對靈性或巫術感興趣，他們的心靈能夠接受上帝、神啟或靈光，通常也能欣賞藝術、音樂及美好的事物，甚至是任何能夠鼓舞讓人脫離自我的一切。

這些人的同理心很強，到了能夠讀人心思的程度，且能高度認同、接收別人的感受，有點像是伍迪．艾倫的電影《變色龍》（*Zelig*）演的那樣，他在電影裡飾演人類變色龍，希望人家接納他，所以他在這些人身邊時，就活生生變成對方。水海相位者是天生的靈媒，能夠隨手拾起飄盪在空氣中的思想與感受。海王星會要求我們放下跟它有關連的行星，相較於替自己發言，這些人有時更會替別人講話。無論是不是處方藥，他們對藥物敏感的狀況十分常見，通常使用少量就能達到理想中的效果。某些擁有水海相位的人會濫用藥物，其他人則對藥物、酒精避之唯恐不及，彷彿他們的本能曉得其中的危險。就算是水海對分或四分相，他們都很會說故事，這組相位也顯示當事人能夠輕易撒謊、欺騙或扭曲事實。這些人讓我想到荷米斯厚顏薄恥地告訴阿波羅，他完全不曉得哥哥的牛在哪裡。也許是因為他們得到的事實就不正確，或是下了錯誤的結論。如果你有水海相位，你必須再三檢查你的事實，特別是行運出現的時候。舉例來說，如果行運的木星合相你的本命水星，而木星也在推運上與你的海王星產生相位，那你也許會發現自己非常沉醉、著迷某人、某個計畫或投資，但你後來會發現，這只是訊息錯誤或受騙的結果。這種時候，如果有水土對分或三分相的可靠朋友能夠盯著你，那就再好不過了，他們會讓你知道，你是不是有什麼改變，或是吹出了一個注定要爆破的空虛泡泡。

觀眾：我曉得水海有相位的人可能有學習障礙、不能理解實際的狀況、搞錯約會的日子，或常常弄錯人家的地址。

霍華：對，我看過這組相位與學習障礙、聽說障礙、識字障礙等等相關的情形。這些人大概是右腦人，而不是理性的左腦人。偏執或其他妄想等精神不穩定狀況也會出現在水海相位之中。在眾多案例裡，水海相位代表充滿想像力的心靈，因此需要創意的出口來解放心靈。如果你天生就有水海相位，你也許會有「療癒之手」，能夠散發出震動或存在，讓別人感到舒心療癒。你也許需要替親戚、手足犧牲，好比說放棄自己的時間，照顧弟弟或妹妹，也許手足間有人生病或殘疾。我在獨生子的星盤上也看過同樣組合，這些孩子想念從未擁有的兄弟姊妹。某些孩子還會藉由想像出來的朋友及玩伴排解寂寞。

我可以舉例幾個水海相位的名人，好比說梵谷，精神耗弱、飽受傷害的天才藝術家，他是水雙魚四分雙子座的海王星（及冥王星）。還有天賦絕佳的表演型歌劇女伶瑪麗亞・卡拉絲（Maria Callas），雖然沒有正確出生日期，但她的水射手及海獅子形成緊密的三分相。我已經提過瑪格．芳登的水金牛，四分海獅子，她是水海四分的絕佳例證，就算是強硬相位還是能夠擁有不凡的儀態、優雅且曼妙的身段。最後還有吉姆．瓊斯（Jim Jones），瘋狂、偏執、躁鬱、妄想，他是一九七七年蓋亞那瓊斯鎮集體自殺事件背後的「首腦人物」。他出生時，水金牛與海處女緊密三分。所以各位明白，我說就連三分相都會有點「怪」的意思了。

我們討論的水天蠍特質也能套用在水冥相位上。同理，柔和相位及合相與強硬相位一樣棘手，雖然三分相跟六分相比較容易從典型冥王星有關的創傷中學習、合作、走出來。所以跟水海相位一樣，我也會把所有的相位一併討論。在多數案例裡，水冥相位意味著銳利、具穿透性的心靈，能夠刺探進事物的核心。當水星與其他行星產生相位時，水星會讓對方帶領前進。在這裡，冥王星會召喚水星進入地府，看穿生命表層之下的一切，深探進藏匿在無意識國度裡的東西。水冥的腦袋很適合進行調查或研究工作，通常暗示某人偷偷摸摸、狡詐或會騙人。我相信水冥相位者需要某種創意出口，來表達他們深層的思緒與感受，我不是暗示他們一定要成為專業藝術家，但找到方法溝通與宣洩壓抑的情感對他們來說具有療癒效果。如果他們讓太多負面情緒及挫敗感瘀積化膿，最後這些人健康就會出問題，也許會精神崩潰，染上疾病。水冥相位，特別是不流暢的相位或強硬相位，有時會產生根深蒂固的恐懼症、強迫症與耽溺，必須挖掘出這些混亂的根源，才能開始療癒。水冥的強硬相位通常會以極度緊繃的態度對狀況做出反應，這種心靈受到心理創傷與折磨，類似莎士比亞筆下的悲劇主角哈姆雷特、馬克白及李爾王。某些不會影響他人的事物，也許會對水冥相位者產生巨大的哀傷或不適。

擁有水冥相位意味你有強烈的心靈能量，加分的一點是，你會深信自己的話語思想，你所寫出來或說出口的東西能對他人產生轉化效果。就跟水天蠍一樣，天生水冥有相位的人，特別是強硬相位，對於他們出口的話及訴說的對象都特別小心。他們不太喜歡透露太多，免得對方用這些資訊反過來對付他們。而且，他們一語中的，如果他們想用語言攻擊你，他們會知道什麼話傷人最深。然而，我們先前討論過了，力量大的心靈乘載的是更多的責任。如果你對一個人有負面想法，那個人在你身邊會感覺不自在，注定要捕捉到你的投射，展演出來，讓你覺得更討厭、更生氣。

一九七三年，我剛到倫敦的時候，我在一間小小的健康飲食餐廳工作，老闆是個水冥四分相的小姐。所幸，她看我很順眼，她覺得我做的一切都很好。有時我會犯錯或手滑摔盤子，但事發當時，她永遠不在現場。相反地，她看我一個同事很不順眼，每次他摔盤子的時候，老闆就一定在旁邊。水冥頭腦能夠創造魔法，但這種魔法有白有黑。與其詛咒他人，用負面態度嚇得別人動都不敢動，你也許可以想想如果你選擇正面的光譜，你能做多少好事。想想你對別人能有多少療癒及轉化的效果。我不是說水冥相位者能夠輕易改變他們的態度，通常這種事不會一夜之間發生。時間與誠實反省是瞭解一個人為什麼勾起你的陰影，引發負面反應的必要步驟，但試圖改變你的負面態度或觀點肯定是值得的，這樣你與他人就不用繼續關在你親手打造出來的監牢之中。這組相位對鄰居、手足有什麼影響？

觀眾：我猜會有很多角力鬥爭、爭風吃醋跟競爭，甚至還有檯面下的性關係。

霍華：對，我覺得也可能。而且，也有可能是手足或親人的過世，對當事人有深遠的影響。如果你的母親在你出生前就流掉一個孩子，照顧你、將你拉拔長大肯定會讓她回想起那次經驗。或在你出生後，弟弟妹妹死掉，你的無意識就會產生罪咎感，彷彿你做錯了什麼，造成他們死亡。這些情緒都要關照，不然它們就會一輩子糾纏、折磨你。

我今天的結尾可能有點奇怪。各位曉得馬基維利[11]出生時是五宮水雙子四分八宮冥處女嗎？他就是把背信忘義及密謀詭計提升到高檔藝術層次的人。還有法國作家安德烈·紀德（André Gide），膽敢揭露當代人認為是禁忌的主題，他的水冥對分在二八宮。法國科學研究者

11 編註：馬基維利（Machiavelli,1469-1527），義大利哲學家、歷史學家、政治家，是文藝復興時期的重要人物，所著的《君王論》一書提出了現實主義的政治理論，其中「政治無道德」的權術思想，被人稱為「馬基維利主義」。

路易·巴斯德（Louis Pasteur），他不顧眾多反對聲浪，努力研究，終於證明細菌引發疾病的理論，他水冥四分。我忽然想到美國作家希薇亞·普拉斯（Sylvia Plath），她大半輩子都在冥思死亡，最後終於在出版《瓶中美人》（*The Bell Jar*）後一個月成功自殺，這是一本廣泛閱讀的自傳性作品，事關她曾經歷過的一次崩潰經驗。她是水天蠍緊密三分冥巨蟹，這個案例證實了就連水冥之間的三分相都會讓人對黑暗及死亡著迷。不是很好的結尾，但今天真的講很多，有很多資訊跟輸入。好了，水星，退到我背後去吧！

第二部

金星

沒有焦慮與恐懼的愛，如同沒有溫暖及焰心之火，如同沒有白晝的日，如同沒有蜂蜜的蜂房，如同沒有花朵的夏季，如同沒有冰霜的冬天。

——克雷蒂安．德．特魯瓦（Chr é tien de Troyes）《克利傑》（*Cliges*）

若我不為己，誰會為我？若我不是獨一無二的自己，我又是誰？

——大希勒爾拉比（Rabbi Hillel）

偉大的妓女

金星的神話與心理學

麗茲・格林

我今晚的障礙是不想讓課程變成軟調的色情片。也許我該在投影片裡加點圖片？很有品味的情色片其實是討論金星神話精髓的好方法，但我不想引發瑞士政府當局的關注

我們必須先來看看「妓女」這個字，這是我精心挑選的標題。在英文裡有好幾個說法，可以用來形容這種女性中心原型的不同面向，但我擔心同樣細緻的概念無法翻譯成德文。

聖妓蘊含的深意

觀眾：德文裡只有一個單詞。

麗茲：可惜了。英文裡有妓女（harlot）、娼妓（whore）、流鶯（prostitute）、雞（hooker）、名妓（courtesan）。還有一些比較偏鋒的詞，比如說娼婦（slut），諸如此類。這幾個字眼都有些許的不同，娼妓就是單純出來賣的，妓女也是，但這種詞彙都暗示了性專業及解放。流鶯比較像是在描述這份工作的內容，雞則是俗語的表達方式。名妓則暗示了在

情色藝術裡較有文化素養、格調跟技巧的一面，好比說日本的藝伎。她是出來賣的，但價錢很高，只為了那些有品味、有鈔票的人存在。

所以妓女可以是狂野不羈的，她也許不用出賣自己，但如果需要，那也不是冰冷算計的出賣。這個字在字源學上的意思也很有趣，「妓」可以用在男人身上，用來形容遊手好閒的人，跟古法文的harlot或herlot有關，意思是漂泊浪子，也是盎格魯─撒克遜語言裡的loddere，意思就是浪子。從這些語言文字的起源，各位可以看出妓這個字本來是跟放蕩不羈有關，而不只是為了金錢出賣肉體而已。因此我才會選擇這個字眼來形容金星，因為她的神話形象遠遠超過出賣肉體。

蘇美、巴比倫、埃及與印度文化，曾將廟妓或聖妓視為神聖的人物。這些女人工作的方式與我們現今對妓女的認知很不一樣。一些在塞普勒斯帕福斯島阿芙蘿黛蒂神廟的女子就是阿芙蘿黛蒂神聖狂喜與喜悅的「載具」，她們帶領男人走進女神的神祕國度。芬蘭小說家米卡．瓦爾塔里（Mika Waltari）筆下的《伊特拉斯坎》（*The Etruscan*），主角就是這樣的女子，雖然這本書早就絕版，但值得去圖書館看看。這些女子的美貌及性愛技巧在遠古世界遠近馳名，如果面目姣好又有天賦，這個工作還算不錯。其他神廟，好比巴比倫文化裡的聖妓，通常都是平凡女子，會將此生的貞節獻給前來神廟為她捐獻的第一個陌生人。當時的女人要在替女神服務過後才能結婚，如果沒有男人為她捐獻，這位聖妓就會相當屈辱丟臉。聖妓的角色相當於女神的

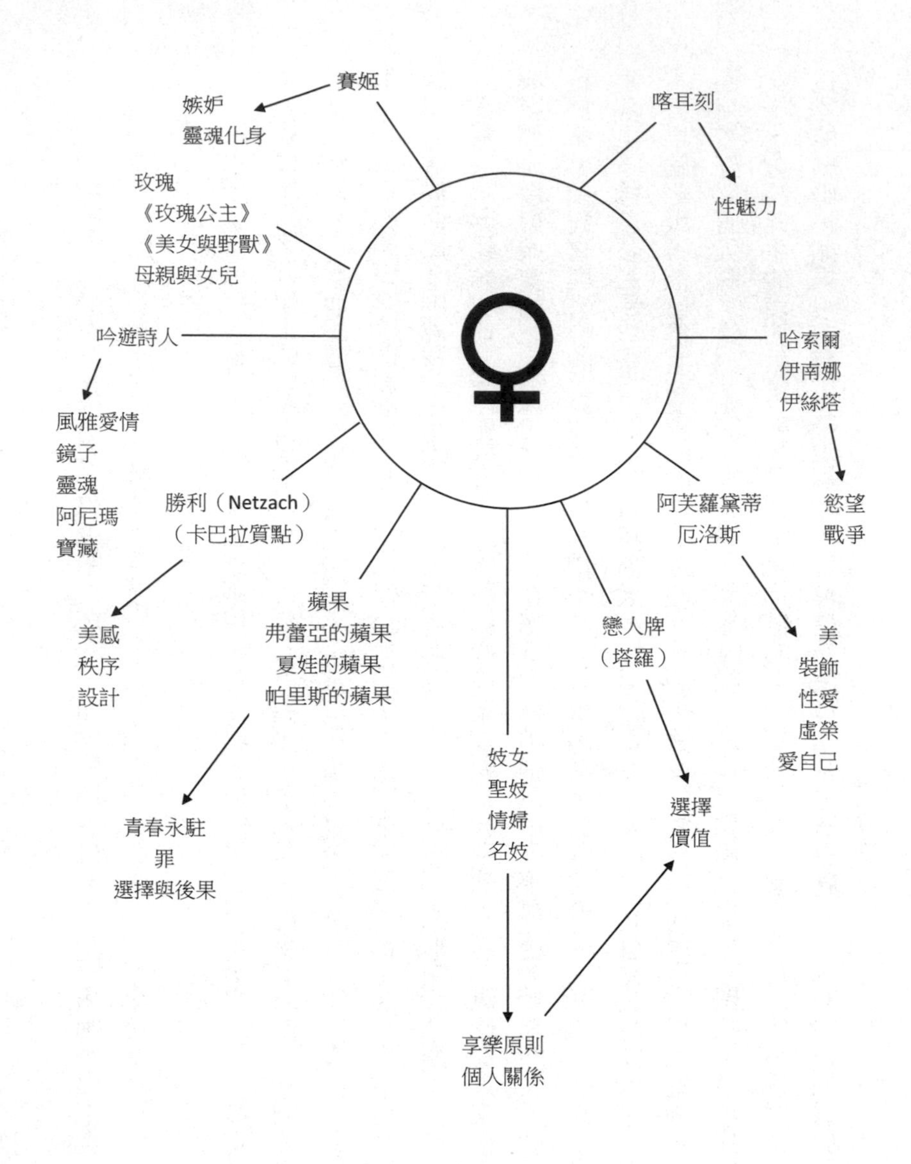
賽姬
嫉妒
靈魂化身
喀耳刻
性魅力
玫瑰
《玫瑰公主》
《美女與野獸》
母親與女兒
吟遊詩人
風雅愛情
鏡子
靈魂
阿尼瑪
寶藏
哈索爾
伊南娜
伊絲塔
慾望
戰爭
勝利（Netzach）
（卡巴拉質點）
美感
秩序
設計
阿芙蘿黛蒂
厄洛斯
美
裝飾
性愛
虛榮
愛自己
蘋果
弗蕾亞的蘋果
夏娃的蘋果
帕里斯的蘋果
戀人牌
（塔羅）
青春永駐
罪
選擇與後果
妓女
聖妓
情婦
名妓
選擇
價值
享樂原則
個人關係

圖一　金星的神話表現

載具，如同國王的作為太陽神在地上展現力量的載具原型一樣。各位可以參考圖一，埃及稱為芭絲特（Bast）或哈索爾（Hathor），蘇美稱伊南娜（Inanna），巴比倫稱伊絲塔（Ishtar），希臘稱阿芙蘿黛蒂，後來變成羅馬的維納斯。

聖妓因此成為體現、連結情慾本質的女性，這是神祇給人類的厚禮。她是為了服務女神而神聖，榮耀她所執行的行為，她也象徵了我們在金星裡看到的奇異矛盾，結合了神聖及有違一般道德解讀的褻瀆性行為。我們也可以探討巴比倫的儀式，要求處女獻身給陌生人，我們可以推測，這也許象徵了性行為的原型及超個人天性。其中沒有婚姻約束，沒有情感羈絆，之後也不會有任何所求。這點說明金星的特質，她不在乎時間加諸的承諾（土星），她也不會緬懷我們在海王星經驗到的「浪漫」愛情與理想。從金星守護的金牛座看待這一切感覺可能有點怪，但金牛在關係裡最出名的忠誠並不是基於抽象的道德承諾或社會符碼（這是希拉的管轄），而是必須得到長遠的樂趣、滿足及自我價值。

聖妓同時也會啟蒙男性，啟發男人的生殖能力。這點跟月亮的母神力量相差甚遠，月亮對男性來說是一種依賴，因為月亮象徵母親，賦予他生命，從小滋養他長大；金星扮演的是阿尼瑪或靈魂意象（soul image）的角色，帶領男人透過認清自己的力量、愛人的能力與不帶情感束縛的喜悅，進而從母親的掌握中解放出來。聖妓作為男性創生力量的催生者，成為慾望的聖物、享樂的源頭，她的角色不會打壓男人，卻也在過程之中得到力量及重要性。女性在任何時刻，只要認同金星，她就成為伊南娜、伊絲塔、阿芙蘿黛蒂代言者，藉此找到自己的陰性自我價值。

如果你碰巧是嚴肅的道德主義者，或甚至是極端女性主義者，你也許會覺得這種話題不太舒服，但若將金星的聖妓神話（及歷史）人物看作貶抑女性，你其實就搞錯重點了。聖妓的某些力量與神聖性來自她不願受到世俗家庭生活的狹隘法則束縛，她可以放蕩不羈，有能力享受樂趣，而不擔心柴米油鹽醬醋茶的瑣事。丈夫無法藉恐嚇削減她的氣勢，兒子對她的依賴需求更無法綁住她。伴侶的喜悅與樂趣來自她的喜悅與樂趣，她也不怕獻出自己，因為她就是最完整的自己。

我覺得各位可以從聖妓身上感覺到金星的精髓。現代社會裡，我們跟這樣的女性原型已經斷裂，因為性愛不再是神聖的，而妓女僅僅只是為了生理功能而存在。當代最接近的類比是自給自足的「情婦」（類似希臘的藝伎〔hetaira〕），她們寧可獨立生活，友人或一位以上的男士性伴侶就能滿足她們。這叫性解放，在一九六〇年代相當風行，最近卻因為愛滋病而飽受道德批判（希望各位研究一下「性傳染病」這種字眼），猶太基督教的罪過與懲罰還是籠罩在這種議題上，通常會抵觸維多利亞時代流傳下來的道德觀，而無法復興金星價值。在所有擬人化的內行星中，金星阿芙蘿黛蒂也許是最難整合進現今社會的行星。

我們現在要來仔細研究阿芙蘿黛蒂這位女神，雖然她在希臘神話裡嫁給了赫菲斯托斯（Hephaestus），但他們的婚姻是個笑話。她到處給丈夫戴綠帽，只屬於她自己。更早期的女神伊南娜跟伊絲塔都沒有結婚，她們有時會被形容成處子妓女，處女（virgo）這個字眼在拉丁文裡是指「未婚」或「自重的」。我覺得必須在這個脈絡下強調金星與月亮的不同，因為這兩顆行星的確在心理學意義上是相反的，同時也是陰性力量互補的兩個面向。月亮必須屬於某人，可能是屬於一個家庭或族群。月亮渴望加入某個群體，可能是想要加入孩子、國家、家鄉或種族背景，成為一份子，重點在於渴望歸屬及擁有根源。不過，金星是自主的，毫不在意過去與未來，雖然在神話故事裡，她偶爾會成為人母（好比說她生下埃涅阿斯〔Aeneas〕），但她顯然不符合賢妻良母的形象。金星阿芙蘿黛蒂在繪畫中，也從來沒有抱過小孩。她把自己交給任何她喜歡的神明或英雄，而不是需要或想要她的神明或英雄。換句話說，她並不會拿自己去交換別人的愛。阿芙蘿黛蒂在神話故事裡常會陷入情慾渴望之中，然後全然投入，與某位情人的瘋狂愛戀，她會引誘且對這位戀人施展魔咒。她顯然不會感到不安，反而能夠表達出純粹的吸引力，不是因為她能提供什麼（滋養、照顧、依賴），而是因為，她就是這樣的人。對於被愛，她毫無作為，因為她就是被愛的本質。

這又是金星與月亮之間的另一個不同。月亮的天性就是同理心，隨時準備好要回應另一個人的感受，反觀神話裡的金星，她可不是以同理心著稱。事實上，金星可以透過不恰當而且放肆的熱情，在道德上造成冷酷、解放的毀壞。月亮也許會用同理的天賦，進而打造出別人對她的義務，也就是「我幫你燙襯衫，我幫你煮飯，把你照顧得好好，你就屬於我」的症狀，結合無微不至的照顧與對情緒安全感的聲討。所以，金星象徵全然地愛自己與自我價值，可以大方分享，但不仰賴其他人得到價值感。阿芙蘿黛蒂不會跑去附近的酒吧「勾搭」男人。她就是她，而男人會來，這個「來」也有射精的意思。抱歉，警告過你們了。

現在，如果按照一般占星教科書的討論，把金星定義成渴望愛與關係，這一切該怎麼解釋？先說，我一直很不滿意那種定義。我覺得霍華在《發光體：太陽月亮在占星上的心理意涵》（*The Luminaries: The Psychology of the Sun and Moon in the Horoscope*）一書講的很好，他覺得月亮與「初戀」有關。不過，金星呢？與他人的關係互動是一個人逐漸形成自我價值的載具，能夠支持中央自我人格的發展，這個自我人格會受到太陽的返照。我等等會講帕里斯（Paris）的神話故事，各位就能一窺，我們在愛裡的「選擇」，其實就是我們對於價值的無意識陳述，也就是我們第一個感受到的外在狀況，也會依此產生渴望。柏拉圖認為愛是受到美所刺激撩起的熱情，我們就是要在自己覺得美好的事物中，才可能定義自己的價值。月亮尋找的是讓情緒有保障且安全的關係，金星尋找的卻是一面鏡子，這樣才能在情人眼底看到反映出來的自己。

阿芙蘿黛蒂的一項強勢特質就是她極度虛榮。現在的教養讓我們相信虛榮很糟糕，一個人不該常常照鏡子，或花太多金錢在打扮自己上頭。這樣太「自戀」、太「自私」、太「放縱自我」，我們應該要考慮到其他人。在《白雪公主》的故事裡，邪惡的皇后動不動就對著魔鏡說：「誰是世界上最漂亮的女人？」阿芙蘿黛蒂的虛榮心讓她具有高度競爭意識，也會嫉妒其他女神，甚至是挑戰她美貌的凡人女子。後者出現在厄洛斯（Eros）與賽姬（Psyche）的神話故事裡。賽姬是個凡人美女，大家都拿她跟阿芙蘿黛蒂相提並論，女神忠於自己的性格，決定讓這可憐的女孩下場淒慘。對許多男人，甚至女性來說，這就是陰性「陰險邪惡」的一面，讓許多人覺得不安、備感威脅，因為這樣的心態非常自我中心，也很不道德。

但在土星的社會觀感下，阿芙蘿黛蒂永遠都不可能具有道德良知，就算在木星的宗教觀感下也沒有。她的道德來自美，因此具備的是自我內在的邏輯。我們如何覺得一個人、一棟建築物甚至是一首曲子優美？這是個謎，但似乎背後就存在著美的絕對法則，能夠定義美與和諧，不僅限於一段歷史期間，或特定風格。舉例來說，無論當今建築潮流為何，雅典娜女神的帕德嫩神廟怎麼看都是美的，也會一直保持這份美感。在場也許有人聽過威廉·布雷克（William Blake）的這首詩：

猛虎！猛虎！燃如焰
存於森林暗深夜
何等不凡手與眼
方能構其對稱美？

布雷克想像裡的老虎是俊美的，雖然致命也不道德。快到詩末的時候，布雷克終於問出：

造羊之主是否也創造你？

阿芙蘿黛蒂的虛榮是她天性裡不可或缺的一環，就跟她魅力萬千，讓人難以抗拒的魔法腰帶一樣。她用黃金裝飾自己，因此她是金色的，這點讓我們曉得她與太陽及太陽特質之間的重要關聯。她的丈夫是醜陋、跛腳的工匠之神赫菲斯托斯，永遠忙著打造裝飾她的黃金物件。她的膚色如金，秀髮似金波，事實上，她跟太陽一樣閃閃發光。她會在光天化日下色誘男人，當她對埃涅阿斯的特洛伊父親安科塞斯（Anchises）興起欲色的時候，她一早就眾目睽睽的在山邊跟他親熱。沒有什麼月亮黑暗底層之下的偷偷摸摸。這不知廉恥的日光般閃耀就是阿芙蘿黛蒂虛榮心及「自戀」的創生面向。

帕里斯的抉擇

阿芙蘿黛蒂金光閃閃的神話主題讓我想要聊聊她最普遍的象徵物，也就是金蘋果。蘋果和性愛女神息息相關，出現在很多不同的文化之中。在古日耳曼的條頓（Teutonic）神話中，愛神弗蕾亞（Freia）擁有能夠讓其他神祇青春永駐的金蘋果。華格納把這個主題運用在歌劇《尼伯龍根的指環》（*Der Ring des Nibelungen*）裡，為了建造英靈神殿（Valhalla），眾神用弗蕾亞交換巨人的協助（為了謀權而犧牲愛），這也是造成最終諸神黃昏（Götterdämmerung）各種災難的原因。蘋果也出現在《聖經》的亞當夏娃故事中，成了性知識的象徵，亞當與夏娃吃了蘋果，就意識到男女有別，也就因此遭逐出伊甸園。換句話說，性慾甦醒讓我們在心理及生理上，與父母親一刀兩斷，人因此成為凡人，也是自由人。

金蘋果也出現在帕里斯的故事裡。帕里斯是年輕帥氣的特洛伊王子，在女人面前很吃得開，相關經驗非常豐富，卻也因此不幸被宙斯選上，成為評斷三位女神的裁判，這三位女神分別是希拉、雅典娜跟阿芙蘿黛蒂。這次比賽的獎品是一顆金蘋果。帕里斯帥歸帥，卻也很聰明，他曉得無論選誰，其他兩位女神都會展開報復，所以他用獨具特色的裝傻方式避免選擇，一開始，他不想參與，後來又建議把蘋果分成三等份。眾神當然不接受這種典型的人類逃避方式。三位女神開始對他遊說起來，前兩位女神依照自己掌管的內容，對他做出承諾。天后希拉提出了無盡的財富及霸世的權力，處女戰神雅典娜提出戰爭藝術上的策略與力量。阿芙蘿黛蒂什麼承諾都沒有說，只有解開她的腰帶。比賽的結果因此成了必然的結局。

在得到獎品金蘋果之後，阿芙蘿黛蒂提議將世界上最美的女人送給帕里斯，也就是斯巴達的海倫，偏偏海倫已經是人妻了。這點當然無法阻止女神。海倫與帕里斯私奔，因此釀成特洛伊戰爭。熟悉塔羅牌的人就會知道，某些系統的大阿卡那戀人牌，畫裡的主題就是「帕里斯的評判」。這個故事要說的並不是愛，而是選擇，宣告一個人的價值。這是一則金星的神話，不只是因為阿芙蘿黛蒂贏了選美比賽，更是因為帕里斯跟我們所有人一樣，必須面對選擇及其後果。因為帕里斯是多情的年輕人，肉慾之愛對他來說最有價值。如果他年長一點，成為歷盡風霜的戰士或統治者，經歷過婚姻失敗，也許就能抵抗愛神，轉而選擇希拉或雅典娜。因此，在與金星扯上關係的時候，我們就要捫心自問：對我來說，什麼最有價值？我們沒有辦法平等愛人，沒有辦法覺得一切事物價值都一樣，雖然某些水瓶人也許會這麼想，但我們也會尋找「契合」的夥伴與朋友。這些朋友代表的是我們至少擁有能夠分享某些重要價值的人。

金星象徵了我們能夠組成且認同自己價值的能力，也就是我們忠於個人選擇的誠實態度。帕里斯的故事同時也強調了另一個重要的心理議題，那就是，我們無法一直逃避，不做選擇，也必須表達出自己的價值觀。在故事裡，是諸神堅持帕里斯必須決定，也許，當我們在生命裡遇到重大事態時，也是我們內心的神明讓我們陷在兩難之間，必須在兩個選項中選擇其一，且承受選擇的後果。對我來說，這代表了兩個由金星守護的星座，金牛座跟天秤座共有的意涵，對天秤來說，事關學習如何選擇的過程，對金牛來說，則要發展出內在的力量與資源，才能不計後果，發展出一個人永恆的價值。

許多人是依據智識習慣或其他人的看法來做選擇，或者根本不選擇，結果就被無意識的飢渴或恐懼牽著鼻子走。這叫被迫，不叫選擇。我遇過很多人，他們完全不曉得自己想要什麼、重視什麼，他們也許也沒有注意到他們因此有多貧乏。一個人什麼都不想要，很可能就已經斬斷了與金星的關係。因此帶來空虛，甚至冷感，這個人只是行屍走肉，而沒有感受到生命的任何深層喜樂。如果一個人處在這種狀態，顯然不具任何個人價值。也許他們會有裝飾用的價值，但這種價值通常只是複製家族或社會認可的內容，或者，也或許他們會用意識形態或哲學思想，作為缺乏個人慾望的藉口。不過，在上述狀況裡，當事人的核心人格好像都少了很大一塊，結果就是內心覺得自己不是個紮實的存在。

所以，阿芙蘿黛蒂追求鍾愛之人事物的「狂熱慾望」是會自噬的，最終，從狂熱中發展出來會是深刻強大的自我價值感。這裡沒有海王星，沒有融合的渴求，不用消融自我的界線；也沒有月亮，不用為了減少不安全感，逼自我加入集合單位之中。我們透過喜愛之物的倒影探索自我、看見美麗，因為嚮往之物就是投射，能夠勾引一個人內在最美、最高的價值。我想各位看得出來為什麼金星其實在乎的不是關係本身，而是透過關係所帶出來的自我定義。柏拉圖的《斐多篇》（*Phaedro*）有一段很美的話，他說，看著愛人臉上的倒影，就是窺探了一個人靈魂所屬之神。這是金星最深刻的意涵，摯愛，無論是人、物、理想，都是一個人靈魂的鏡子。

現在，如果我們要繼續忠於在占星上稱為金星的這種靈魂面向，我們顯然遲早會在集體價值與道德上遇到瓶頸，因為，就算一個人的價值多數時候能順應集體，難保哪天就不是這樣了。通常在行運或推運的行星與本命金星產生張力的時候，這種事才會發生，宣告此時你必須更有意識地注意到自己重視的一切。最容易產生衝擊的場域是婚姻與家庭，因為這是多數人身邊最接近的集體範疇。

也許就是因為這種基本的人性動力，神話裡的阿芙蘿黛蒂動不動就在凡人之間引發出軌行為。有些人習慣被出軌，有些人則困在不恰當的激情之中。比較可怕的例子就是克里特島的米諾斯國王，他老婆帕西菲（Pasiphae）卡在阿芙蘿黛蒂的「狂熱慾望」中，瘋狂愛上一頭公牛，最後生下了半人半牛的彌諾陶（Minotaur）。覺得好笑沒關係，但以人的角度來看，就是渴望「不適合」的對象（無論是因為種族、階級、年紀、社經狀況，或其他會衝擊家庭與社會的關係），通常這種關係能夠反映出當事人沒有辦法認可自我發展上極度核心的價值，因此投射到外界，造成不妥的結果。

阿芙蘿黛蒂淘氣玩弄人類時，經常出現的夥伴是她兒子厄洛斯。厄洛斯會在老媽選擇的受害者背後放箭。箭的意象非常適合，因為會讓人「卡在」深刻的慾望之中，通常體驗到這種感覺，都是在重要的金星行運或推運時期。這種慾望與社會學家口中的「成熟之愛」很不一樣，這種愛應該會在我們長大以後安頓下來。阿芙蘿黛蒂的受害者通常都會打破婚姻的誓言，不是因為冰冷的計算，甚至不是一般「想偷吃」的貪婪，僅僅只是因為他們無法把持自己，就是這種出現在詩歌及戲劇裡的「燃燒熱情」，讓人覺得自己從來沒有如此有朝氣過。怪的是，這種燃燒熱情並不會自行結束，而是作為一種載具，那些事後清醒的人太清楚了，無論關係是否長久，無論行運或推運是否離境，這種載具會讓人挖掘出更深刻、更真實的價值。

各位可見，阿芙蘿黛蒂深刻威脅的集體意識，如同她對其原型上的敵人希拉來說是個謎一樣。就世俗標準來看，阿芙蘿黛蒂是位不道德的神，凡人會因她的熱情所苦，家庭破碎、拋夫棄妻、孩子陷入醜聞之中，諸如此類的事情。每當阿芙蘿黛蒂出動，玩得很愉快的時候，通常都有人陷入情感糾葛。然而，如果我們不要以這麼教條的目光檢視她，我們會發現她其實能夠確立一個人的自我，靠的就是用個人價值的情感議題，挑戰集體意識中所謂「對的」關係。我每次在講座裡提到因為「不對的」熱情與三角戀惹出傷害的這個層面時，台下總會有人生氣。沒錯，總是有人會在這些狀況裡受苦。不過，真正的問題在於，我們想要受哪種苦，因為抗拒金星的結果不是一樣慘就是更慘。三角戀是典型的金星主題，沒有人能毫髮無傷，全身而退，但得到的成長也無比巨大。

當金星失聯

當我們與金星失聯的時候，會有幾個典型的後果。一是在非常基本的層次上失去自我的價值，不管透過多少來自他人誇獎或否認自我意識形態來補償都沒有用。如果本命盤的金星遭到挑戰相位的壓抑，或金星消失在十二宮，或有任何暗示生命該面向遭到壓抑的父母模式，當事人就無法感受到阿芙蘿黛蒂象徵的自發喜悅、樂趣或輕鬆的自信。

許多人會過度補償這種失去自我價值的感覺，他們可能會過度發展頭腦；不顧一切代價，瘋狂追求世俗價值；一股腦投入靈性世界，罔顧肉體存在；或是，很可能變成大家都喜歡的人，因為他們就是「人好到誇張」。不過，金星的自我價值是更關乎私己及身體中心的，與太陽的自我表達不一樣，是其他行星的禮物無法取代的。太陽能夠提供生命的使命感，但如果我們不能感受到快樂與滿足，使命感又有何用？這就是金牛座及二宮的基石，由愛自己的身體開始，身體就是樂趣、美感與滿足的源頭。這裡的樂趣不只是床笫間的樂趣，更包括屬於此一範疇的簡單物質生活，也就是食物、床鋪及洗髮精，以及我們是否會依照個人品味費心裝飾所住的公寓。我當然會提到，最平凡的基礎上，我們是否覺得自己值得享有這些樂趣與享受。如果出生盤上的金星有障礙，這種事可能會變得非常痛苦，因為當事人常常會覺得醜陋、沒有價值、沒人愛、不值得幸福快樂。而這種負面的個人形象通常都有父母一方或雙方的根源連結，也許父母也同樣有金星的議題。我發現金星的困難相位，好比說金土、金凱、金天的組合，常常會在家族星盤上不斷出現。因為在我們無法重視自己之處，我們也無法重視他人，甚至是我們的孩子。

金星的困難相位經常在童年時期引發虛榮及嫉妒的金星主題。某種程度來說，母女或父子之間同性嫉妒難以避免，且非常自然，這是分割也是形成個人自我的部分過程。如果我們要找到自由的價值與愛，就得學會競爭，不然，就會一直回到有什麼、拿什麼的階段，而不是探索我們到底想要什麼。不過，有時這種典型的金星兩難局面會駕馭一切，這樣的模式會一而再、再而三出現在成年後的關係之中。

通常出生盤上的月金衝突會產生強烈的母女競爭意識，特別是跟牡羊座、天秤座有關的時候（這兩個星座最容易產生競爭的三角關係）。通常女人在生完小孩後，會與阿芙蘿黛蒂失聯，內在所有與這位女神相關的形象都會消失。這也許是因為她自己母親的模式，雖然這也可能來自集體意識對於身為人母的壓力，她們不能「自私」，不能「虛榮」。我記得曾在女性雜誌上看過一篇文章，有人抱怨她媽跟她穿同尺碼的衣服，看起來像她姊，過去那些替孩子烤餅乾、不會跟女兒男友眉來眼去的白髮蒼蒼過胖和藹母親都去哪裡了？

不過呢，如果一位母親徹底認同女性裡慈母的形象，而她生的是女兒，阿芙蘿黛蒂很可能會偷溜進無意識之中，等到女兒成長到青春期（或早一點），一切就會變調。母親天生的嫉妒遭到強烈壓抑，也許會以幽微隱密的方式，暗中打壓女兒的女性自信，或想辦法避免女兒及父親之間產生任何親暱的關愛關係。這樣的女兒，不能親近父親，被迫加入一場她註定不會贏的競爭，也許長大之後，也會成為她母親那樣的人，對自己的女兒做一樣的事。因此，在家族女性之間，看到一再出現的月金四分相位，大概也不用太訝異。

家族之間的情結會遺傳。家族情結也許會反映在與金星有關的特定配置上，特別是母女之間的議題。因為月亮跟金星是相對的，也許我們在某些特殊的狀況下，比較適合活出其中一顆行星的能量，但整體來說，兩者都需要表達，兩者都難以拋下。未婚的年輕女性比較能夠接納金星的面向，但如我所說，婚後生子的母親及老女人，可能就會用集體意識裡，有如希拉般的壓力看待金星。雖然在歐美國家，這種僵固的期待已經開始瓦解，但很多人還是難以接受女方比男方年長的戀情關係，但他們對於老男嫩女的老少配卻不會多想。不過，老女人為什麼不能享受自己天性裡的阿芙蘿黛蒂？阿芙蘿黛蒂是永恆的，是靈魂的特質，她並不侷限在年輕的肉體及毫無皺紋的臉龐上。我們對於這種事情有根深蒂固的偏見，我們希望母親就是母親，不要跟我們競爭。我們害怕與女兒競爭，就跟我們害怕與母親競爭一樣。不過，就是因為女性拋棄了阿芙蘿黛蒂的原型，所以才會快速顯老、憂鬱。還記得條頓神話裡，弗蕾亞是擁有青春永駐金蘋果的神吧？

各位看得出月金對立關係所牽扯出來的對象及兩難的本質。女人該如何平衡母性及情慾需求？月亮，對於時間的必然循環如此精確，能夠犧牲、優雅在歲月之前低頭，然後站去一旁，成為老一代，而女兒成為新的一代。不過，阿芙蘿黛蒂完全不會犧牲，這不是她的本性。她會魚與熊掌通通兼得。同樣的狀況也會出現在月金衝突的男性身上。他受到滋養的需求也許會衝擊他的阿尼瑪、他的靈魂伴侶，因此產生妻子與情婦間永遠的典型三角習題。同時，月亮與金星象徵了他本身陰性層面的兩個面向，也就是「愛家男人」跟情郎。月金之間的緊張也不僅限於女性身上。

父子之間的競爭關係也可與金星有關。在先前的霍華的場次裡[1]，我們探討了一家人的星盤，父親比爾跟兒子保羅的星盤之間有根深蒂固的太陽議題，反映出父子間太陽與土星的相位，以及家人之間星盤比對與組合中點盤的獅子特質。這樣的競爭關係是基於自我展現、力量及男子氣概。不過，有時我們會看見一位父親深深嫉妒自己的兒子，因為兒子健康精壯長得帥，又能吸引女性，而老爸已經開始為啤酒肚及稀疏的頭髮煩惱了。如同你們想的一樣，男人也會虛榮。所以白雪公主與壞皇后之間的動力關係不只侷限在女性，也許也會施展在父子的無意識層面上。

親子之間的競爭關係因此成為一種關卡儀式，在發展金星面向的天性時，這樣的關卡等待著我們碰觸，產生或重或輕的影響。我們在生命的過程中一定會遇到，因為只要有慾望與吸引的地方，競爭肯定也在；我們以智慧、正直與自信處理這種人生難題的能力，仰賴兒時學到的一切，一直到我們能夠帶著自我理解，承受這種狀況的影響為止。童年時期的伊底帕斯三角習題要我們輸，也要我們贏，透過這兩種經驗，我們才能發展出更為強烈的自我認同感。如果孩童不被允許表達競爭心，那長大之後，當事人無疑就會出現金星的表達困難。小女孩總會穿著

1 原註：這裡的討論可以參考《發光體》一書第三部分。

媽媽的衣服打扮，這不只是具體化展現出女性的模範，更是要在女性魅力上贏過母親。小女孩在晚餐餐桌上，總想擠在父母之間，也會想要以清純的親暱方式引起父親的注意力，也許半夜會因為「肚子痛」而敲起父母臥房的門。父母必須對孩子展現出有力且健康的親子關係，讓孩子「贏」得夠多次，足以讓他們發展自信。不過，許多母親常常無法接受女兒的第一次嘗試與人親密接觸，也許因為父母的關係本質上已經變質，或是因為母親自己也沒有自信。

體驗阿芙蘿黛蒂

也許我們該仔細看看其他的金星象徵，這樣才好多瞭解這顆行星。我已經講了蘋果，相關的還有石榴，在比蘇美及巴比倫更早的時代，認為石榴象徵性成熟及多產，因為它有很多籽跟紅色的汁液。女神也與花朵有關，特別是玫瑰花，因為花朵本身的意象極度挑逗，絲絨般的花瓣緊密包裹著一個祕密核心。在上古及中世紀，玫瑰花主要作為女性的象徵，中世紀有很多詩，好比《玫瑰傳奇》（*The Romance of the Rose*），其中有很多猥褻的雙關語。百合花也與愛神有關，長長的漏斗形花朵跟甜味也帶有性暗示。玫瑰與百合的香氣是阿芙蘿黛蒂一部分的精華，而她的成熟則以蘋果或石榴作為意象。

當我們看到諸如此類的神祕意象時，必須記住，這些象徵是以詩意的方式來表達人類情緒與感官經驗的方法。第三種與愛神有關的花是罌粟花，這也很明顯，因為它的汁液會讓人進入陌生的恍神境界。玫瑰濃烈的香氣及質感反映出情感與肉體，百合跟罌粟則反映出金星所掌控的強烈性愛享受。如果我們無法放手來體驗這些狀態，金星會怎麼樣呢？

在所有的鳥獸動物中，阿芙蘿黛蒂及更早之前在中東的相關神祇都與鴿子有關。妙的是，近代承襲鴿子傳統的女神是聖母瑪莉亞，因為基督宗教裡的鴿子是象徵讓她受精的聖靈。這邊就請各位自己研究了，因為我不想引發神學的討論。不過，作為愛神的象徵，鴿子是非常溫馴親人的鳥。牠不是掠食者，遇到敵人的時候，總會選擇飛走，而非戰鬥。鴿子會發出來很細微可愛的聲音，充滿暗示，其他鳥類的叫聲沒有鴿叫這麼帶有感官色彩。想想雞鴨的叫聲，或嘯叫的大鳥，也許有音樂感，但沒有感官色彩。摸鴿子也很舒服，因為牠們的羽毛很軟，很好摸，牠們溫馴到可以睡在你手上。各位看得出來這些意象，水果、花香、鴿子，都是在描述愛神本質上的感官特色，以及人性上與情慾有關的層面。

阿芙蘿黛蒂迷人歸迷人，但她可不是蠢蛋。她是最狡詐的神，顯然也會背叛。這位女神結合了高度美感與智慧，並不討厭策劃計謀（她的天秤面向）。這在希臘眾神之間是很特別的組合。她同時也是帶來文化涵養的人。智慧、策略及美感讓她與講究天性本能的月亮女神有所不同，因為阿芙蘿黛蒂傳授的是愛的藝術，而不是將慾望作為懷孕及生子的前奏。我們提到藝術，就把想像的質量及工匠的訓練結合在一起。阿芙蘿黛蒂的情色衝動能夠把原始的生理性慾轉化成完全不一樣的東西，可以透過舞蹈、詩歌這種媒介表達出來。

阿芙蘿黛蒂守護希臘的藝伎情婦，這種女性在古希臘是重要的社會階級。她們提供了婚姻之外的出路，與希臘妻子的嚴厲月亮角色完全不同。這種情婦教育背景很高，還要嫻熟政治、哲學與藝術，同時也要美麗，精通性事。她也會接受社交訓練，深諳人情世故，提供智識及美感上的陪伴更是她的絕活。這種情婦的世界非常專精，非常有品味，完全體現出阿芙蘿黛蒂所帶出的文化涵養。這位女神也與香水、化妝品、精油、愛情靈藥的使用有關，春藥（aphrodisiac）這個字顯然就是從她延伸出來的。

所以金星的部分範疇就是以智慧運用魅力，我們稱其為「陰性把戲」（feminine wiles）。諷刺的是，在女性運動時，這個話題飽受各種批評，再次重申，如果各位瞭解愛神的本質，這種行為並不是為了安撫男性，而是為了要取悅女神她自己，表達出她對裝飾及美化的熱愛。我常聽到男男女女會說打扮很「不自然」，彷彿是化妝、用香水、穿漂亮的衣服有違自然本質一樣。不過，阿芙蘿黛蒂就跟其他所有的原型人物一樣自然，就跟所有想要加強裝飾及美感的一切一樣自然。想要微調的衝動，想要在粗糙野蠻之物上帶來和諧，想要以優美的方式表達出幻想，這些通通是人類內在的衝動。我們只要看看法國拉斯科（Lascaux）洞窟**2**的遠古壁畫就曉得，我們對於創造美感的需求有多古老、多深刻。這點反應在金牛及天秤座上，但也許後者更多一點，提醒各位，天秤座是十二宮位的符號上唯一不是人的物件，暗示了和諧是由人類心智與想像設計、創造出來。阿芙蘿黛蒂的性愛技巧也反映在她的藝術特質上，因為成就性愛不只能夠提供肉體歡愉，還能創造、探索想像。

觀眾：男性跟女性在體驗金星上有什麼不同嗎？

麗茲：除去表象，底層是差不多的。不過，每個人體驗金星的方式都截然不同，必須端看金星在出生盤的配置，以及個人關係與金星之間的角度。也許這麼說很安全，至少在過去，男性的金星特質大量投射在女性身上，雖然現在正在改變，但這種狀況還是很常見。集體對於「陰柔」氣質還是有些意見，所以男人很難強烈表達出金星能量。對男性來說，就算只是用止汗劑都感覺有點曖昧，更別說古龍水、潤膚液或潤絲精。不過，不管有沒有意識到，我們還是可以觀察到金星在一個人身上的作用，因為金星在所有人類身上都有類似的幾個象徵。金星最重要的意涵就是愛自己及自我價值，不論男女，都是一樣的。

世俗對於金星在男女的解讀都是跟身體的價值及愛與滿足感有關，就算是在小地方，影響

2　編註：拉斯科洞窟（Grotte de Lascaux）位於法國多爾多涅省蒙特涅克村的韋澤爾峽谷，洞窟內有許多著名的石器時代洞穴壁畫。一九七九年，拉斯科洞窟和韋澤爾峽谷內的許多洞穴壁畫一起被列為世界遺產。

還是非常深遠。不過，如同跟所有的行星一樣，太多金星能量跟太少金星能量都會造成問題。如果一個人過度認同阿芙蘿黛蒂，他會失去意志及進取心。阿芙蘿黛蒂沒有懷抱著被愛、滿足的「目標」，人這樣是無法存活的，如果只討論金星，當事人更別想獨立達成任何目標。有幅很有名的畫，就是描繪了金星、火星做愛後，戰神恍神躺在一旁，愉悅滿足，精疲力竭的模樣。當然這很可愛，我們可以看到美、優雅及歡愉收服了狂躁的戰神。不過，我們也能以另一種目光解讀，看到火星成為乖乖的家寵，有點像是遭到閹割的公貓。他也許再也無法起身作戰，這也許不算什麼好事，太多金星能量在男性身上造成的問題會比女性嚴重，因為男性的性認同來自火星。

男性與女性某種程度上都會把與內在失聯的金星投射出來。這種時候，他們就會覺得，除非有人愛他們，不然自己不值得。沒人愛，他們也許就會覺得死氣沉沉，因為阿芙蘿黛蒂也是帶來歡愉的神。這種狀況的極致展現可能會像約翰．符傲思（John Fowles）筆下的《蝴蝶春夢》（*The Collector*）一樣。主角為了要覺得自己活著，必須收藏漂亮的東西，就算最後會摧毀這些東西也沒關係。有些人一定要擁有羨煞他人的美麗情人或伴侶，因為，少了這間接的美好，他們就只看得見自己的醜惡。這點出現在童話故事《美女與野獸》裡，但現實世界的結果通常不是圓滿結局，因為其中有太多壓迫的佔有慾望。這種狀況會出現在男人，也會出現在女人身上，我認識很多女性，她們把自己的金星特質投射在男女戀人或伴侶身上，總會覺得不安，因為在他們眼裡，這些伴侶美麗又迷人，而競爭對手也會這麼想。

這是如果「放棄」自己的金星，可能會出現的另一種典型模式。當事人可能會僅僅仰賴投射能量的對象或物品，我說過了，因為這些投射會帶來間接的自我價值，如果這個人投射在金錢或物品上，他就可能成為囤積狂，著迷於累積金錢或物品。這樣就像黑暗的誘餌，像是金牛座的另一面，上鉤並不是因為喜歡美好事物帶來的樂趣，而是對於這些東西所帶來的自我價值認同。這點當然很危險，因為當這個人失去這些東西的時候，他也會失去自我。我想到美國一九二九年華爾街股災時大家的反應，沒有人會高興，但多數民眾還是繼續生活，努力生存，最後賺回原本失去的一切。不過，有些人就自殺了，就我看來，為了失去財產而死實在太不值得了。從天堂瞬間掉到地獄當然不好玩，但如果你具備聰明才智和健康，生命肯定會提供你更多機會，讓你重新創造或重新得到你所需要的一切。結果，這些在生命黃金期的人，卻覺得失去財富是值得尋短的事。就我看來，金星全然投射出去，一個人完全看不見自己的價值，這實在太可怕了。

案例：自我價值低落的露西

現在，我要各位看看今晚發給你們的範例星盤（見星盤一）。我選擇這個例子，因為金星受到限制，各位可以看到，金星位在處女，是金星失勢的位置，與其他行星沒有形成主要相

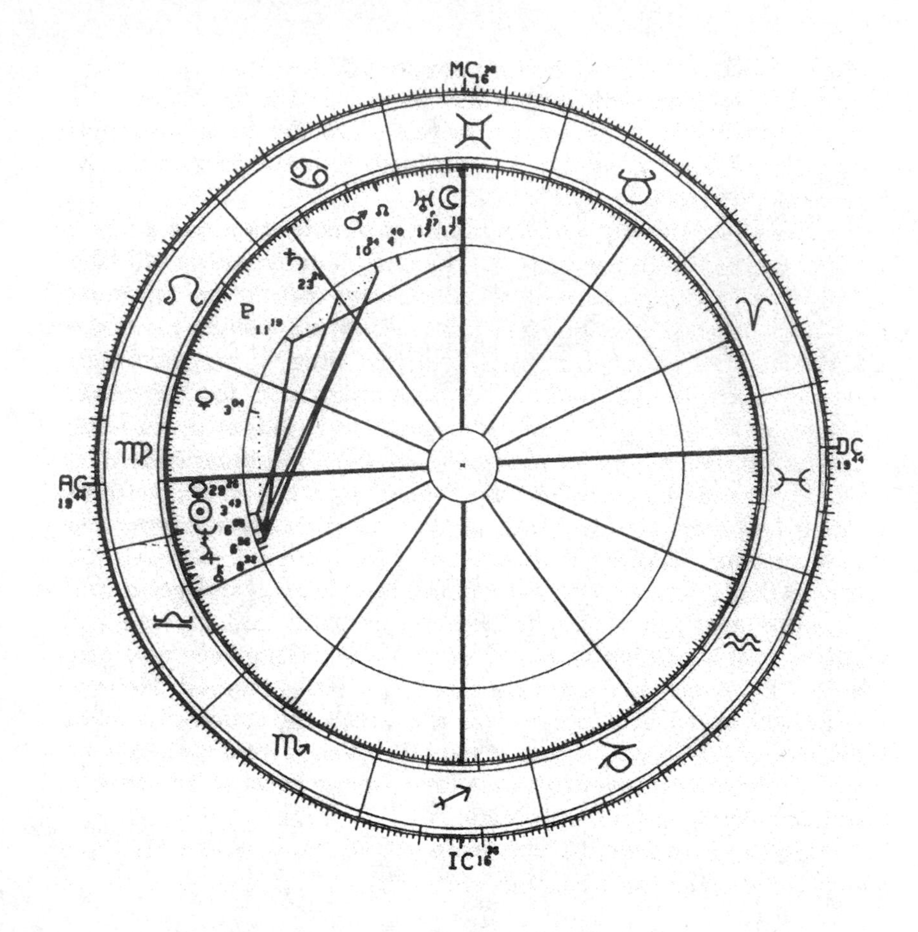

星盤一　露西

出生資料保密，星盤由Astrodienst（www.astro.com）網站繪製，使用普拉西度制。

位，還躲在十二宮。露西是一個人自我價值感低落的絕佳案例。她在很多狀況下最後都成為受害者，特別是她的感情生活。她年紀輕輕就結婚，嫁給一位非常成功的製片人，她告訴我，她「受寵若驚」，覺得對方居然會對她感興趣，她只是一般的中產家族背景，做普通的文書工作，稱不上絕世美女，沒有什麼才華，更沒有與男人相處的經驗。這點立刻告訴我們受阻金星的模式，露西很需要愛，她根本沒有好好停下來看看她所嫁的男人，更別說思考他是否真的善待她。

這段婚姻維持了十二年，有名無實，因為露西的丈夫很快就對她失去性趣，隨即去找別的女人了。他在追求她的時候，似乎非常熱情，但一得到手後，沒了挑戰，也就沒了慾望。他沒有離開露西，但婚姻就只剩下家庭的外在結構，他是三個女兒的爸，但專注在婚外情與工作上，工作讓他常常在外。露西在這十二年的婚姻裡都寂寞、憂鬱、犧牲自我，絕望地想在丈夫回家時取悅他，急著想搞清楚自己到底哪裡讓他失望。

想當然爾，也許也算幸運吧，露西終於憂鬱到精神崩潰，隨之而來的是幻想傷害孩子及她自己。她累積的憤怒沒有向外爆發，反而向內引爆，她最後進了精神病院，進行後續的精神治療。治療結果就是她決定離開這場婚姻。她在崩潰的時候產生了些許的轉變，用她的話語，她說，她覺得沒有人應該「被當坨屎」。之後，露西的生活就開始好轉，她花更多時間陪伴自己，現在再婚，更快樂，也有更多新的機會在創意及私領域上體驗人生。不過，她似乎必須先經歷過一場非常痛苦的自我貶抑過程，才感受到終於觸發的價值感。

露西的故事隨處可見，雖然她展現出許多自我貶抑的事例，也許最經典的女性無意識金星展現就是困在家庭生活裡，覺得絕望吧。世界上到處都是像露西一樣的女人，女性運動探討的就是她們對於婚姻誓言的努力。不過，激進的女性主義者對於女性與金星的關係改善卻沒有什麼幫助，那純粹是火星與天王星的力量。露西的問題無關政治，解套方案就在她心底。

露西的母親是個美麗又虛榮的女人，有點像是虛有其表的阿芙蘿黛蒂，很多男人愛她，但她似乎只忠於面目模糊的丈夫。這位母親的生活就是沉醉在自己的美貌及社會地位上，的確符合阿芙蘿黛蒂的陰暗面，她不允許任何女性搶走她的鋒頭，就算是自己的女兒也不行。雖然露西的出生盤上沒有月金四分，但金星位於十二宮也暗示了家族靈魂裡有「金星問題」。露西的母親如此揮霍金星認同，我們也許可以假設她跟露西一樣，有缺乏自我價值的問題，只不過她藉由瘋狂過度補償來展現。

不過，露西對母親的印象並不是《白雪公主》裡的壞皇后。她覺得母親很可愛，卻也無助、可憐，需要人家照顧。露西顯然沒注意到母女關係裡的醋意，直到她回想起，母親在她青少女時期，開始不斷對她的外貌及舉止品頭論足，還會讓露西穿上無趣、寒酸的衣服，老媽自己則打扮得雍容華貴，完美無瑕。這個場景說起來也蠻為難的，露西的自我價值一路遭到打壓，她甚至察覺不到母親的嫉妒，因為她根本想不出自己有什麼值得人家嫉妒的特點。

以上的描述讓大家稍微瞭解露西的問題。我們馬上就看得出這是「金星的創傷」，加上在老媽背後引起嫉妒心的阿芙蘿黛蒂。真正的困難一直都不是她在外面捻花惹草的丈夫，而是她沒有自我價值，結果她選擇的對象，卻以她內心看待自己的方式對待她。現在，我希望各位思考一下這顆位在處女座的金星。當露西開始與這個層面的自己連結時，她會找到什麼？這是什麼樣的金星？這是除了露西擔任妻子及母親角色外，她本源的女性自我。

觀眾：是跟身體有關嗎？

麗茲：我覺得部分吧。不過，我們解讀行星的配置時，都必須回到星座的本質上討論。我們可以想像本命盤上金星的星座就像阿芙蘿黛蒂的魔法腰帶，是她性能量的象徵。記得把這個神話與處女座連結起來。

觀眾：跟貞操與純潔有關。

麗茲：對，但哪種純潔？顯然不是指性，古老的處女神是妓女。我先前提過，處女這個字的意思指的是「未婚」或「自重」，而處女座的純潔就是這種概念，也就是內在純潔的品質，不能出賣。露西從來沒有在婚姻裡體驗過這種特質，她的確是被承諾與愛「收買」，為了保障之名，背叛了內在完整性，還得忍受不幸的人生。對我來說，她與金星斷線，這是最深層的問題。她的太陽與海王星合相在天秤座，她的確有確定自我界限的困難，也沒辦法表達自己是獨立的個體。我們也可以看看十宮裡的行星，推測一下她與媽媽的互動，特別是月天在雙子座的緊密合相，暗示了她童年時期的情緒並不安全。光是加上額外兩點，也許就讓她無法順暢活出金處女的能量。

不過，露西本質上體現出的處女神陰性特質，卻供給她源源不斷的能量，無法遭到收買。只要她愈關照自己身上自足及不可收買的面向，她就愈能感受到自己生為女人的自信與可愛。她獨居的那段時間對她來說非常珍貴，因為通常處女座最正面的特質，都要在獨處的時候才能綻放，一旦發展出來，就算當事人之後又走進另一段婚姻或關係，這些新拓展出來的特質就會跟她一輩子。因為露西不再害怕依照自己的需求建立明確的界限，她現在與日海、月天的棘手面向能夠保持距離，比較不會扮演起受害者的角色。

如果各位在男性的星盤上看到這顆金處女，會如何解讀？

觀眾：他會受到自重的女性吸引。

麗茲：這個是傳統的解讀方式，暗示了金星投射在外，但這個人本身會怎麼樣？他的自我價值感如何？

觀眾：跟露西一樣。他的個人價值與保有自己的內在完整性有關，金錢與愛都買不走。

麗茲：對，沒錯。各位可以看到，在深層解讀時，男女都一樣。男性愈沒有意識到他的金星，他就愈容易做出占星教科書上的表現，尋找處女座型的女人來演出這些價值。她就會成為慾望的物件，鍾愛的靈魂意象。不過，這是他的靈魂，他必須從內在尋找，就算他能找到合適的伴侶也一樣。

提到我們覺得美麗、具有價值的事物時，我們也描述了個人品味的複雜與細緻問題。這又是金星的另一個面向，這種品味一點也不無趣、不無足輕重。如果這種品味繼續發展，某些人也許不會，但它反映出的又是我們最重視的東西。各位現在想想，金處女的品味會有哪些特質？

觀眾：實在很難想像金處女會穿金戴銀，渾身都是珠寶。

麗茲：應該是不會，除非那是客製化的手工珠寶，很有個人特色。不過，通常處女座的品味都比較低調，喜歡有品質的東西，能夠用很久。「流行」帶有出賣的意思，因為跟其他人都一樣，這樣才不會格格不入，處女座通常不會跟上流行風潮。所以就算他們穿金戴銀，也是因為他們選擇如此，覺得這樣很適合，而不是因為現在流行這種打扮。

發展出一個人的品味其實是改變的一部分，露西在崩潰時體察到這點，然後結束她的婚姻。之前，除非要取悅丈夫，不然她不太在乎自己的外表。現在，她開始練習表達獨特的自我，精心挑選的衣服、珠寶、傢俱，通通能夠反映出她是個什麼樣的人，而不是反映出別人對她的期待。

我想花點時間討論露西本命盤裡位於十二宮的金星。我先前提到這樣的配置反映出金星在家族靈魂裡的難題。

觀眾：這是繼承而來的問題。

麗茲：對，他們家好幾代都有這個原型難題。我想，所有出現在十二宮的行星都可以套用這個解釋，家族靈魂裡有這種強大的元件，但不知為何，沒有辦法好好處理。如果本命盤十二宮有行星的人，能夠將行星能量帶到意識層面，學習好好面對，那「祕密敵人」也可以轉化成「祕密資源」。不過，言外之意就是要當事人研究在自己出生之前就存在的心理議題。

我們看到了，露西的十二宮金星直指她美麗、自戀的母親，也是指出出這個家族無疑許多世代都有金星的議題。露西與母親的問題也反映在整個十宮，包括火星、天王星，以及月天合相。這位母親非常強大，露西的感受就是控制、否定、情緒飄忽不定。露西注意到母親無助的喜怒無常，卻沒有體會到她無意識的冷血，也沒有感受到她對女兒的嫉妒。不過，我再次重申，這位母親的做法很極端，反映出來的是母親本人缺乏深刻的自我價值，只好以過度展現來偽裝自己。露西與她母親都有同樣的金星創傷，但因各自不同的天性，產生不同的反應。露西的外婆或更早的祖先很可能也有類似的問題。

觀眾：那父親那邊的家族呢？還是這種狀況僅限於母系？

麗茲：這種問題顯然是兩邊都有的。畢竟，如果沒有類似的問題，又怎麼會選擇露西母親這種人呢？

金星與品味

也許我們該多討論幾個金星的所在星座，也許你們能夠以更符合神話觀點的角度來解讀行星。來個火象的，金獅子好了？

觀眾：獅子在乎的是成就自我。

麗茲：對，獅子最高的價值就是表達出獨特的自我。

觀眾：獅子需要閃耀。

麗茲：獅子需要閃耀的原因不是為了要讓觀眾刮目相看，而是成為最獨特、最特別、最真實的神聖小孩。太陽必須照耀，這是太陽的天性，所以獅子座喜歡給予，但這個給予跟水象星座的付出不一樣，獅子的給予不是為了要回應別人的需求，而是因為他們需要給出自己的光芒。獅子的大方不是為了犧牲，不是為了符合別人的要求，而是內在必然的觸發。各位覺得金獅子的個人品味如何？

觀眾：獅子喜歡奢華。

麗茲：我想這敘述大致上對，但我們還是要再次深入探究獅子座「喜歡奢華」的面向。如果一個人最高的價值就是表達出最內在的自我，但這個人的品味肯定會很個人化，因此通常都會是奢華的，因為我們不可能覺得自己只值得連鎖店的普通服飾吧？我覺得獅子座真正的問題不是高度自我表達有多奢華，自我本來就不便宜，他們也不喜歡土象星座覺得理所當然的節約。

同樣的道理也能套用在「奢華的」這個形容詞上頭，這個字眼通常會跟獅子座擺在一起。再說一次，真正的目標不是要炫耀，因為對獅子座來說，外界世界只有在成為自我的延伸時才存在。不過，所有的火象星座都希望生命非常宏大，因為對他們來說，奧祕、充滿象徵的世界才是真實的，而不是土星式、只會擋住想像力的物質世界。奢華的神祕特質僅僅與神話連結，而一個在身後帶有神祕尾跡的人也會看起來很奢華。金獅子努力想要模擬出神祕的世界，無論是在風格、品味或對理想的愛都一樣。所以金獅子有時會出現浮誇的品味，不是為了要嚇人，而是要把神祕世界的炫彩帶進無趣的灰色世俗之中。

各位可以看出，我為什麼一直在金星品味的議題上打轉。在場有多少人覺得自己發展出個人品味，還能展現出來？噢，很好，至少有人舉手。不過，這是每個人都能努力的事情。最基本的就是走進一家店裡，曉得也許是衣服、裝飾品、傢俱，什麼都好，而你一眼就知道這是最適合你的東西，無論你的朋友或銷售人員如何想要改變你的想法。學習發展、表達自己的品味是需要時間的，特別是金星從小遭到壓抑的人，好比說露西。不過，阿芙蘿黛蒂就是要虛榮，所以，如果你想跟女神做朋友，你就要有心理準備，連續三小時不斷試穿各種衣服，直到習慣在自己眼裡看起來有迷人的神祕感。

觀眾：可以聊聊金牡羊嗎？我曉得牡羊跟獅子一樣都是火象星座，但更激進。

麗茲：你說呢？牡羊的最高價值是什麼？

觀眾：力量。

麗茲：沒錯。跟其他兩個火象星座一樣，牡羊座不在乎別人怎麼想，反而在乎內在的經驗，牡羊座的內在經驗是力量、雄性能量、覺得自己活著、想要有所成就。這包含產生新想法，也算是一種力量及雄性能量的展現。各位可以輕鬆理解牡羊座對生理活動的吸引力，好比說運動，雖然牡羊不是土象星座。牡羊座在乎的不是身體，而是在競爭與征服，體驗內在燃燒的火光與力量。所以金牡羊專注在這種內在力量，這就是他們喜愛自己的核心主軸——讓他們覺得自己美麗、有價值的特質。

觀眾：同樣的組合出現在女性的星盤上，是否意味著她只能藉由征服男人感受到力量？

麗茲：這是一個選項，但就跟獅子座愛炫耀一樣，這只是內在價值向外展現的其中一種方式而已。金牡羊無論男女，都花名在外，而在性上感受到力量是很自然的事。在這種狀況下，偶爾在這方面伸展一下金星的肌肉也沒什麼不好，除非這個金牡羊剛好是你的伴侶，而你又剛好是金天蠍合相土星，四分冥王星之類的。不過，就算如此需要征服對方，全然依賴別人這點在活出金星上還是很有問題，因為如此一個人的自我價值感還是仰賴外物，還是掌控在別人手裡。

觀眾：金牡羊的品味問題呢？可以說運動風格嗎？

麗茲：這是很典型的陳述，但不是唯一的。金星的品味陳述了這個人。如果金牡羊想要表現出自己的力量，看起來具有「運動風格」的確是個好辦法。我們的穿著打扮就跟複雜的符碼一樣，可以用來交流各種訊息。如果你穿了一雙慢跑鞋，上頭寫著大大的「耐吉」，或穿了什麼名牌滑雪外套，就是在說，你對於慢跑或滑雪的態度非常認真，也許意味著你很健康，關心健康，可以自理，謝謝關心這樣。挖深一點，則表達出你可以按照自己的意思形塑自己的身體，這就是雄性能量與效率的展現，男人女人都一樣。對金牡羊來說，感覺到力量是一個人自我價值感的核心。

今天的課程差不多就到這裡，已經適切地介紹了金星。明天我們還準備了更多內容，當然，除非我忙著跑去精品商店街磨練我的個人品味，最後決定不回來，那就再說囉。

慾望法則

深度剖析金星

霍華．薩司波塔斯

多年來，我在講金星的時候，主要針對厄洛斯原則，也就是存在於我們每個人內心的結合與關係慾望。我們今天在課程裡也會聊金星的關係議題，但一開始，我想先檢視金星作為我們價值系統的象徵，代表了我們覺得美麗，且勾起慾望的東西。金星能夠顯示我們的價值與渴望，象徵能夠替我們帶來歡愉、讓我們感覺更完整的物品。我要強調的是，金星不只是愛與關係的行星，更能藉由定義我們覺得有價值、珍視的一切來釐清我們的自我認同，因此，金星是替太陽服務的，金星服務太陽成長與發展自我的驅動力，靠的就是定義你的價值觀、慾望及喜好，你就能在最獨特、最私密的自我認同上，提供不一樣的形式與定義。

羅柏．葛拉斯考克在《行星》雜誌裡談論金星的時候，認為金星的符號像是一面手鏡，他又說，你所珍視的一切能夠反映出你是什麼樣的人，而「我們所愛之物就是我們自己的反射。」[3] 不過，事實上，有很多人難以定義他們的價值，他們無法坦承、要求或追尋自己的想要的一切。他們要麼就是不確定自己的價值為何，要麼就是不願或覺得為了自己的慾望站出來是很不自在的事情。因為猶太基督宗教的教誨似乎推崇犧牲、受苦及克己，某些人也許會認為享樂及自我滿足是種罪過。存在心理學家及作家埃里希．佛洛姆認為，我們很多人都恐懼或不願做決定，因為害怕做出錯誤的選擇。他相信某些人寧可生活在極權主義之下，所有的選擇與規矩都由別人制訂，而不願面對自由選擇所帶來的焦慮及責任。4 不過呢，我發現不肯定義自我的價值系統，或在慾望及美感上欺騙自己，其實都會對一個人的心理造成傷害。

愛、自尊與人際關係

鐵錚錚的事實就是，不曉得自己重視什麼，我們就會茫然所失，不曉得自己是誰。更甚者，如果無法忠於自己的價值，我們就沒辦法形成健康的自尊，或滿意我們的生命。如果我們否認或無法作出符合金星特質的行為，就會失去尊嚴，就是以某種程度糟塌自己。為了要得到自尊，我們首先必須定義自己的價值，且找出能夠替我們帶來樂趣的東西是什麼，在不危及、傷害他人的狀況下，滿足這種慾望，然後我們的行為就要支持這些信念與嚮往。不然，我們就是在否認自己，換句話說亦即我們不夠愛自己。然後，無論你喜歡與否，少了對自己的愛，我們在生命其他領域也會感到匱乏，特別是在關係層面。如果我們不愛自己、不尊重自己，我們就沒有辦法真正相信別人能夠愛我們、尊重我們。如果我們不夠好，別人也永遠不夠好。

現在，我想解釋一下星盤上金星的配置如何能是重要線索與指標，讓我們看清自己重視、珍視的一切，以及我們在生命裡需要創造的地方，這樣我們才會覺得自己值得，因此獲得健康的自信與自尊（見表二）。聽清楚了，因為這樣的法則適用在每個人身上。我的範圍就是從星座、宮位及相位下手，金星能夠暗示我們必須帶進生命裡的東西與特質，好達到更完整的個人性、自我定義及個人實踐。舉例來說，金星在四宮，你會想要擁有什麼、得到什麼，才能讓你覺得更快樂、更有自尊？

觀眾：漂亮的家。

霍華：對，非常世俗、具體的層面，金星在四宮象徵了一個人深刻欣賞且渴望周遭環境的美麗與和諧，希望這個家能夠讓你覺得驕傲，替你帶來歡愉，好，我相信如果你採取各種必要手段滿足這種慾望，如果你打造或買到一間華房，你就能感受自己的價值與重視之物，因此，你不只會覺得更有成就感，你也會更喜歡自己。各位聽到了，就是這麼簡單。別低估喜歡自己的重要性。更喜歡自己代表你更有自尊，如果你對自己滿意，你的

3　原註：羅柏・葛拉斯考克（Robert Glasscock）〈金星〉，收錄於《行星》雜誌（*Planets*）。第一百二十九頁。

4　原註：埃里希・佛洛姆，《逃避自由：透視現代人最深的孤獨與恐懼》（*Escape from Freedom*），美國版一九四一年由Henry Holt出版。

自尊、自信就會提高，而你生活裡的關係品質也會隨之提升。我相信每個人都希望關係品質能夠提升。各位聽見了嗎？最重要的愛就是愛自己。也許聽起來很自私，但才不是這樣，如果你不能重視、尊重自己，你在付出、接受愛上頭就會產生一連串尷尬或不妙的狀況。好，金星在十宮會有什麼展現？

觀眾：代表你把價值放在工作、職業生涯、世俗地位或服務社會之類的事情上。

霍華：對，如果你能滿足這些慾望，你就是在做讓自己覺得更美、更完整的事情，因此增加了你的自信與自尊，結果也能改善你的關係。

在英文裡，我們有人際（interpersonal）關係這個詞，用來描述你跟其他人之間的關係與往來。我現在要強調的並不是人際的愛，而是內在（intrapersonal）的愛。內在的愛就是要愛你自己，也就是與你的內在形成愛與接納的關係，亦即愛自己、接受自己，就算是你覺得最骯髒、齷齪、原始、噁心的部分都一樣。我相信內在的愛是達到健康、快樂人際之愛的基礎。你可以誠實地說你愛全部的自己嗎？我先前說過了，現在再重申一遍：你無法轉化自己譴責或否定的一切。如果你否認自己的齷齪，你又怎麼能為這樣的特質做點什麼，或改變這樣的自己呢？當然，你也許已經走了很遠，認清且接納自己不愉快、不想要的特質，但如果你譴責這些屬於自己天性裡的元件，你其實是在讓這些特質變得更棘手。接納才能讓療癒的魔法發揮作用，如果我們接納人之所以為人，我們天生就帶有貪婪、慾望、嫉妒、懶散、毀滅等等的特性，我們之後才有可能與這些存在於自我的特質形成關係，而這是建設這些特質的第一步。在美國心理學家史考特．派克（M. Scott Peck）的暢銷書《心靈地圖》裡，他強調愛自己的重要性。

表二：金星詮釋原則

十二星座的金星展現
(1) 金星的星座暗示了你所重視的特質，覺得迷人或珍視的一切（無論是出現在人的身上，或是抽象的物品，好比說畫作、地景、理論或哲學）。發展且將金星星座的特質帶進生命裡，應該會讓你覺得自己更個體化且完整。你也可以繼續發展跟金星星座有關的天賦。
(2) 金星的星座說明了你喜歡且覺得興奮的意象。同時也會影響你在關係裡的經驗，也就是你對愛及其他社交互動的態度。金星的星座可以描繪出一個人給予及接受感情的方式，亦即你會用什麼方法與他人分享、形成和諧的關係？或你會如何寵愛自己，讓自己變得迷人。
(3) 金星的星座會替你的阿尼瑪形象增色不少，也就是一個人內在乘載的女性形象。無論男女，都需要接觸愛，且活出自己的金星星座，這樣才能覺得有價值、完整、迷人，且是一個獨一無二的個體。

十二宮位的金星展現
(1) 金星宮位展現出你受到吸引，進而追求更浩瀚的成就、美及樂趣的所在。啟動與宮位有關的活動，努力克服困難及問題，你就會覺得自己更完整。你也許會展現出與金星所在宮位相關的才華經驗。

(2) 你有能力欣賞且重視與金星所在宮位有關的生活範疇。整體來說，能夠吸引自己重視也欣賞的東西，但其他星盤配置也許會挑戰金星的特質。

(3) 金星的宮位是我們尋求寧靜與和諧的地方，但同時也可能是我們誘惑他人的所在，也就是我們對別人施展阿芙蘿黛蒂腰帶且奴役對方的位置。

(4) 金星的宮位可能是我們覺得有競爭性或嫉妒他人擁有我們想要之物的地方。當別人無法活出與我們宮位相關的理想及期待時，我們也會覺得破滅，開始批判。

(5) 因為金星與價值跟值不值得有關，金星的宮位也會跟金錢、財務、財產有關。

金星在不同相位裡的關係

(1) 本命盤上與金星有關的任何行星，都會左右我們重視、受到吸引、覺得重要（替我們帶來歡愉）的特質，無論是人、地景、藝術品等等。舉例來說，金土相位及金海相位的比較。與金星產生相位的行星會替你的阿尼瑪形象及愛人的形象增添色彩。金星的相位同時也說明我們如何愛自己，或會如何讓自己得更迷人。

(2) 金星的任何本命相位都會影響我們在愛情與關係裡的經驗。舉例來說，我們會遇到土星還是木星？金星的相位也會展現出我們在親密關係裡遇到的衝突、緊張與課題。

(3) 本命盤的金星相位也許會展現出一個人所擁有的特殊才華或天賦。與金星產生相位的行星同時也會影響我們對金錢與財產的態度。

「愛的定義……包括愛自己與愛別人。因為我是人，你也是人，愛人就代表把你自己當成

> 別人來愛。貢獻人類心智發展就是為了我們的種族的貢獻，因此意味著我們自己的發展及『他們』的發展……無法愛自己，我們就無法愛別人……我們不滋養自己的力量，也就沒有辦法成為力量的來源……無法愛自己跟無法愛別人會一起出現，但到頭來，這兩件事其實難以辨別。」[5]

我們在孩童時期的經驗會決定長大後能否愛自己。學習愛全面的自己取決於照顧者對我們的愛。通常，我們在展現出天性裡母親覺得可以接受的特質後，才會覺得母親是愛我們的。在一歲之前，我們已經很清楚哪些特質能夠贏得她的贊同，而哪些特質應該要否認、隱藏。身為嬰孩，我們需要人家的愛，才能確保自己活得下去，我們因此在很小的時候就學會壓抑別人不接受的特質，在世界上呈現出虛假的自我與安全的臉孔。知名瑞士心理分析師愛麗絲·米勒（Alice Miller）從臨床實證上得出這個結論：

> 對於父母需求的妥協，經常（雖非絕對）導致「似是而非的人格」產生。這種人只會努力

5 原註：史考特·派克，《心靈地圖：追求愛和成長之路》（*The Road Less Traveled: A New Psychology of Love, Traditional Values, and Spiritual Growth*），美國版一九八八年由 Simon & Schuster 出版，英國版一九八六年由 Rider 出版。第八十二到八十三頁。

表現別人在他身上的期望，並使自己與他們天衣無縫地結合，讓別人很難猜出在他虛假自我的背後還有些什麼存在。他不可能發展和辨別他真實的自我，因為他不被允許那樣生活，因此，他經常抱怨一種空虛感、無用感或無家可歸的感覺，那種空洞的感覺是真實的。一段被掏空、枯竭、喪失自身潛力的歷程確實在他身上發生，當小孩內心所有生動和自發的動能都被剝奪後，他的完整性就被破壞了。在童年的夢中，這些病人經常體驗到至少一部份的自己死亡。[6]

如果你對此還有疑慮，南希·弗萊戴（Nancy Friday）的《我的母親，我的自我》一書中也有相關的段落：

我們從嬰孩時期，母親的愛讓我們得到「力量」，覺得自己被愛，就算獨處，我們還是可以得到勇氣、自我、相信自己有價值，這就跟全地球的能量通通來自太陽一樣……佛洛伊德、凱倫·霍尼（Karen Homey）、約翰·鮑比（John Bowlby）、艾瑞克·艾瑞克森（Erik Erikson）、哈里·斯塔克·沙利文（Harry Stack Sullivan）、唐諾·溫尼考特（Donald W. Winnicott）、瑪格麗特·馬勒（Margaret Mahler）……這些偉大的人類行為詮釋專家……也許對彼此研究內容的意見相左，但對生命開端的經驗卻看法一致：除非一開始有人足夠愛你，給你足夠的自我，然後放手，不然你無法離家，無法發展出健全、分割清楚、自力更生的自我。

一開始就是母親的觸摸、母親的微笑及眼神，在這個世界上，有一個她喜歡碰觸、喜歡看見的人，而這個人就是我，而我很棒！7

我一直在闡述這個概念，除非我們能愛自己、在自己身上賦予價值，不然我們其實會阻礙自己尋找真實自我。換句話說，自在跟自尊來自接納及全然地愛自己，唯有如此，我們才能徹底成就我們的太陽星座，也就是完整的個體化。如果你覺得自己沒有價值，如果你覺得自己想要的東西沒有價值，那你的太陽星座就無法發展。我跟麗茲提到金星服務太陽的時候，講的就是這個。

如果你現在覺得自己缺乏自尊，覺得不夠愛自己，現在你能做些什麼？我們先前討論過了，你可以先看看本命盤裡的金星，做點符合該領域的事情。這麼說好了，假設你的金星在雙子座或三宮，如果你能找到方法忠於你對知識、語言及溝通的內在熱愛，你對自己的感覺也許

6 原註：愛麗絲·米勒，《幸福童年的祕密》（*Das Drama des begabten Kindes*），美國版一九八三年由 Basic Books 出版，英國版一九八三年由 Faber &Faber 出版。第二十七頁。

7 原註：南希·弗萊戴，《我的母親，我的自我》（*My Mother, My Self*），美國版一九七七年由 Dell 出版。第五十五到五十六頁。

就能改善。如果金星是在射手座或九宮，你就該追求你對哲學、宗教或旅行的熱愛。當然，如果你不夠愛自己，我會希望你能常常對自己說這句話：「我存在所以我值得愛。」我們的土星特質也許不會同意這句話，你也許認為自己應該成為某種樣子，或做什麼值得讚許的事情，然後你才值得愛。你們有這種心態就算了吧，但我寧可相信只要存在，就值得被愛。我覺得這是與生俱來的基本權利。我相信你們可以用剛剛那句話療癒自己，作為肯定句或什麼的。無意識基本上跟鏡子一樣，如果我們一直對自己說某句話，無意識也會開始返照出相關的訊息。我坦承念肯定句只是捷徑。你因為爸爸媽媽對待你的方式而不喜歡自己，然後你就只能透過一週五次、長達二十年的心理分析來解開你的情結，那你也許會覺得肯定句是在作弊。心理治療或分析會有幫助，但我的經驗也告訴我，一再告訴自己「我存在所以我值得愛」，也會有幫助，特別是當你覺得自己很不迷人、沒人愛，特別醜陋、愚蠢、丟臉等等情緒出現的時候。重複念誦這句話也許沒辦法完全取代治療情境裡克服孩童時代困難的需求，但捷徑有時也有幫助……而且這個方法已經比進行長達幾年的心理治療便宜多了。的確值得一試。

在《行星》雜誌裡，葛拉斯考克認為金星的運作就跟地心引力一樣：

> 地心引力就是吸引力的另一個名字。吸引力就是愛的另一個名字。直白來說，太陽系的行星軌道就是由我們樂稱重力的愛所支持著，而愛，包括其深度、悲劇、喜劇、狂喜，都是金星

的象徵。所以我們在面對個案的時候，也不要吝嗇付出愛。[8]

重力讓行星待在原地，重力凝聚一切。金星象徵了類似的吸引力或力量。葛拉斯考克也認為金星是「生命的黏著劑」，宇宙的黏著劑。基於這些理由，我同意他對金星延伸出來的重要性。女神阿芙蘿黛蒂顯然會很滿意我們如此景仰她。如同麗茲說，阿芙蘿黛蒂不喜歡不被喜歡，如果不給她值得的敬意，就真的要小心點。大家都曉得阿芙蘿黛蒂是厄洛斯或丘比特的媽媽，我們知道他是個可愛的小娃娃，到處對倒楣的目標亂放箭。不過呢，在早期的希臘神話裡，厄洛斯其實是宇宙間的原始創生能量。厄洛斯早在泰坦族出現之前就存在了，早在世界創造出來之前，他就存在了。[9]他是重要的神祇，在創生神話中以成年男子的形象出現，而不是我們常在情人節卡片上看到的尿布寶寶樣子。所以我們大概可以知道，一開始的時候就有愛了，愛是協助創造出宇宙的力量。愛不只是一種情緒，還是進出你這個人的一種能量，這種能量可以作為轉化你及其他人的介質。愛的力量有如鍊金術，當某人對你閃耀愛的金光時，你是

8 原註：羅柏・葛拉斯考克（Robert Glasscock）《金星》，收錄於《行星》雜誌（*Planets*）。第一百二十二頁。

9 原註：珍・希諾達・博倫（Jean Shinoda Bolen），《女人內在女神》（*Goddesses in Everywomen*），美國版一九八五年由 HarperCollins 出版。第兩百三十五頁。

可以得到療癒的。而付出愛的行為則可以協助療癒你與心愛的人。我相信阿芙蘿黛蒂不只是讓人歡愉的象徵，她更是鍊金術的轉化女神。我這裡說的不只是性愛，我說的是良好的友誼、師生之愛、治療師與病患之間相互交流的愛。任何基於愛的連結都有療癒的作用。

金星與創造力

在我們繼續探究愛之前，我想說說金星與創造力的關係。本命盤的金星所在位置就是你創意才華潛能所在之處。古時候在英文裡，天賦這個字代表金錢或硬幣。因為多數人都重視金錢，金牛及二宮意涵讓她與金錢扯上關係。不過，金星象徵的不只是錢，她也代表才華與創造力，一個人與生俱來的技能、資源與潛力。金雙子或位在三宮的金星象徵了一個人文字上的天賦，金巨蟹或位在四宮則意味著持家、烹飪或室內設計的才華。金天秤或位在七宮也許讓人天生具有外交手腕。金射手或位在九宮顯示出能用信念系統或世界觀啟發他人的才華。金雙魚或位於十二宮則暗示內在的療癒天賦，有能力撫慰受挫的人。

柏拉圖說過一句話，他說：「所有的愛都在追求完整。」這句話聽起來很浩瀚，值得用哲學與心理學好好探究。要解釋這句話，就得回到我們最喜歡的地方——子宮裡去。當然，有些子宮是五星級的，有些只有兩星，有些危機四伏，但就算我們在子宮裡的存在不甚理想，這裡還是我們生理（也許心理也是）上與母親緊密連結、共生共存的地方。她就是我們的全世界，因此我們也會覺得自己就是全世界，彷彿是我們能夠包圍整個宇宙一樣。受精兩個月後，胚胎會發展出最早期的大腦，而這個小小的大腦第一個察覺到的就是大海般的全然存在，感覺我們就是一切。出生後六個月，我們依舊相信我們跟母親一體。我們慢慢發展出自我（ego）或「我」的概念，慢慢理解我們跟母親及其他的宇宙萬物是不同的個體，但依稀記得自己與關愛的另一方一起共生、緊密連結的時刻。無論我們後來變得多世故、多成熟，內心總會渴望著與宇宙失落的連結，以及與另一個特殊的人，也許是母親，或照顧我們的人之間的連結。當我們瘋狂、熱情墜入愛河後，這種伊甸園般的感覺才會重燃，像月亮或海王星般的渴求才會再次出現，渴望著另一個全然關愛的對象。

月亮或海王星的這種愛暗示了失去自我的疆界，徹底與另一個人結合在一起。金星尋找的愛則大不相同。金星象徵的關係衝動存在於每個人心中，卻無意失去自我，或以愛之名臣服在另一個人腳下（除非星盤裡的金星是在雙魚座、十二宮或跟海王星有關係）。恰恰相反，金星的愛是一個獨立的自我想要尋求連結，或與另一個自我結合，但最後的結果是想追尋更徹底更完整的存在。金星不一定會想在愛裡失去自己，或完全臣服，但會想要藉由與某個讓她覺得迷人、渴望的對象在一起，進而美化、加強、提升自己的自我認同。範圍繼續擴大，金星象徵的是我們渴望的東西，我們覺得漂亮、們想要擁有的一切。

金星在星盤上的配置描述了我們覺得迷人、美麗、愉悅、渴望的特質，無論是出現在人、藝術品、文字或地景上。舉例來說，金天蠍顯示出天蠍座的特質能夠吸引你，無論是出現在男人、女人、書籍、音樂或繪畫上。所以，你也許會喜歡深刻、神祕、複雜的東西，或是某個不立刻展現自己的人。你也會喜歡帶有神祕、緊張、充滿熱情的音樂或繪畫，或喜歡黑暗、具有戲劇張力、充滿洞穴、山洞、峽谷的地景。相反的，如果你的金星在射手座，你也許就會喜歡外向、開放，甚至浪蕩不羈的對象，這個人活生生、充滿靈性，能夠用願景及理念啟發你。你也許會喜歡開闊的地景，遼闊的視線，反映出由木星守護的射手座「別困住我」的一面。因此，金星的星座、所在的宮位及與其產生相位的行星，都能作為當事人喜好的觀察。不過呢，生命不可能一直這麼單純。有些人就是害怕表達喜好，因為這樣他們會處在開放、脆弱的狀態。所以如果你因為覺得暴露或脆弱，害怕坦承自己的喜好，因此不敢渴望，你其實是被金星吸引你的特質排斥或推遲的。也許是你害怕遭到拒絕、傷害、被人一腳踢開，也許是你對享樂感到內疚，你在面對覺得有吸引力或美好的事物時，你也許就會為了維護自己，而抵抗這些東西，表現出排斥或不喜歡的樣子。

金星展現出我們欣賞、渴望、覺得美好的事物。根據形上學思想家的說法，宇宙間有一個法則，稱為「慾望法則」或「吸引力法則」。這個法則能夠讓我們吸引我們喜歡的東西，換句話說，如果你真的重視或欣賞某物，你就能對其注入能量，把它吸引過來。所以如果你的金星位在四宮，你就會渴望美麗的生活環境，根據慾望法則，這就是你該得到的。如果生命真有這麼簡單就好了！問題在於其他與金星產生相位的行星（或你靈魂裡其他的議題），可能會與金星的渴望產生阻礙、衝突或抵觸。我們可以用占星來舉個例子。這麼說好了，你本命金星在七宮的天秤座，清楚明確表示你想要且渴望一段熱戀、和諧的關係。光是這個配置就在呼喚愛、結合與關係。你重視的就是這個，你也想要得到。不過呢，你的土星在四宮的巨蟹座，剛好四分七宮裡的金天秤。現在問題來了，因為在你的星盤及靈魂裡，有其他議題四分金星的慾望，兩者並不協調。七宮的金天秤說：「我要愛與關係。」但四宮的土巨蟹也許暗示了你害怕愛，而部分的你害怕對人敞開心胸就會受傷、脆弱。為什麼四宮的土巨蟹會害怕親密感呢？

觀眾：也許是當事人在小時候，感受到父母的拒絕或他們帶來的失望。

霍華：沒錯。多數孩童在小時候對父母的愛都很開放，但如果我們遭到拒絕，或這個感情的對象消失或死亡，我們就會把愛、親密感跟傷心痛苦連結在一起，我們可能會覺得遭到遺棄與拒絕，我們一定不值得愛。為了不要再次體驗這種痛苦與屈辱，我們就選擇關上心門，決定以自我保護之名，否認、隱藏所有的感受。所以就算你的七宮金天秤想要一段良好的關係，根據吸引力法則，你的確應該吸引到這種關係，但四宮的土巨蟹卻會抵銷七宮金星的能量。

觀眾：如果有這種衝突的人來找你解盤，你會怎麼建議對方？

霍華：首先，我會指出他們內在是有衝突的，一部分的他們渴望愛，但另一部分卻害怕愛，因此發出來的訊息就是請愛不要接近他們。然後，他們必須深挖進無意識層面及過往，察看他們如何把愛與痛苦、受傷連結在一起。換句話說，他們必須想辦法面對過往的受傷孩童，畢竟內在小孩持續懷有遭到拒絕的感覺，他們必須想辦法扭轉這種心情。四宮的土巨蟹暗示了心靈大掃除，然後他們才感覺得到安全與舒適，之後，他們方能真正滿足七宮金天秤的需求與慾望。解決四分相帶來的問題，必須連結、表達出早期傷的傷痛、憤怒與痛苦，重新進行撫育，給現在的自己愛與關懷，這是當年那個受傷的孩子所得不到的支持。

雖然金星顯示出我們覺得有價值且欣賞的東西，我們應該可以藉由吸引力法則吸引，但因為我們內在的衝突，金星不見得能夠得逞。我們也許會說、會想要某物，但（無論是有意識或無意識）別的部分如果害怕，或不相信我們值得，金星的慾望就會遭到否決。我們在水星講座時討論到類似的內容，我告訴各位，我一方面想要快點好起來出院，但因為覺得回家就要開始工作，所以雖然我已經用上了我學到的動覺思考，康復的過程還是拖得很長。如果我們沒辦法吸引到自己想要的人事物，大概就該檢視一下無意識層面、心理情結，以及暗藏在表層之下的議題，好探究出原因。

咱們稍微換個檔，假設你的七宮金天秤對分一宮天牡羊。金星在七宮想要愛與連結，那一宮的天王星想要什麼？

觀眾：獨立。

霍華：沒錯，天王星需要空間、獨立、自主、移動的自由，想做什麼就做什麼，這些特質對於和諧的關係似乎都沒有什麼幫助。在這個例子裡，危及這段關係的並不是自尊低落或脆弱的恐懼，而是害怕失去自由與自我，害怕被另一個人吞沒。所以現在天王星的需求就跟金星所帶來的吸引力法則產生衝突。

觀眾：我的金星與土星、天王星都有相位。

霍華：對，某些人的金星與兩者都有相位。舉例來說，如果你是在一九四二年出生，你可能會土天合相在金牛或雙子，金星很可能會與這組合相產生連結。一九五二年左右出生的人，金星會與當時的土天四分產生相位。土天在一九六五年前後對分，然後又在一九七七年四分，最近又會在摩羯座再次合相。金星很容易加入這些相位。金星的任何相位都暗示了我們關係裡的議題。如果金星是土天對分的端點，其中就會帶來強烈張力，我們想要關係（金星），但我們因為土星的原因而害怕關係（害怕變得脆弱，或感覺自己不夠好、不值得），同時也會因為天王星的理由而害怕（失去自主性的恐懼）。我們必須煞費不少心理苦工才能從這團混亂中解套，但如果我們能夠找出恐懼的根源，與之共存，我們應該就能找到方法在生命裡應用金星。我們不是宿命掌控的蝴蝶標本，還有自由意志，可以運用自由意志，意識到我們內在的衝突，且採取必要行動化解其中的緊張。

觀眾：如果金星六分土星或六分天王星呢？

霍華：金星六分土星或天王跟強硬相位會帶來同樣的問題。六分相（及三分相）通常暗示自我能夠精明找到解決土、天所帶來的兩難議題。特別是六分相，這個相位承諾了只要我們願意努力，最終就會找到解法。我很高興你提到六分相，這是常常遭到忽視的相位，也很容易把它視為無力的三分相。我相信六分相值得更高的關注。任何產生六分相的行星，都有以創意結合的潛力，在一個人發展及心理上帶來益處。六分相的潛力天賦或才華需要一點關注或努力，才能發展到極致。金土六分暗示愛是一種忠誠、穩定、腳踏實地的關係。金天六分則暗示我們可以在親密關係與獨立自主間找到平衡。我會鼓勵各位花點時間檢視、深究、好好利用星盤裡任何的六分相。舉例來說，你的六分相裡有顆行星在十一宮，我就會鼓勵你加入團體、俱樂部或任何組織，因為只要你把自己擺在十一宮的環境裡，你就能為替六分相製造更多矚目的可能。試試看，將六分相加入星座、行星、宮位所象徵的意涵。三分相對我們來說比較自然，莫名其妙出現在面前，但你必須用點力才能啟動六分相，激發最大潛能。在各位開口提問之前，我先說，我覺得太陽、月亮的六分相容許度可以到六度，其他行星抓個四或五度。

觀眾：我金天合相，我可以理解你舉的四分相例子。

霍華：對，如麗茲所言，所有的相位都像兩腳桌（天底下有兩支腳的桌子嗎），少了一支腳，另一支就只能拖著走了。所以無論金星跟天王星產生合相、六分、四分、一百五十度、一百三十五度或是對分，類似的主題都會出現。在這個例子裡，金星跟天王星綁在一起，也許能有幾種詮釋方式，也許表示當事人會容易愛上天王星類型的人，或者，代表當事人戀愛時，天王星對於空間及自主性的需求就會出現，且不讓你或你的自我認同徹底與另一個人融合。合相的討論必須觀察星盤上其他的配置。顯然自我會覺得金天合相三分木星，比金天合相四分土星來得輕鬆。日水瓶也許會比日金牛或擁有強烈土星特質或土象色彩的人更能適應金天合相。

自由與親密的兩難

金天的話題讓我想起我想詳細與大家討論的內容，也就是「自由與親密」的兩難。我們在我的月亮講座[10]裡已經提過這種衝突，當時探討了嬰孩為了母親所提供的愛與安全，而想親近

10 原註：這裡的討論可以參考《發光體》一書第一部分。

她，但同時卻有一股衝動，想要自由探索世界，不受母親拘束。我想接下去討論，然後我們就會清楚，自由與親密兩難並不僅限於孩童，同樣的問題也會在成人關係裡繼續考驗我們。事實上，自由與親密的議題是最基本、最常見的關係挑戰，也就是我們如何親近某人，卻還是保有自己的個體認同，如何與伴侶或朋友連結、妥協、分享，卻還能忠於自我？

生命一開始處於跟母親共生的狀態，通常要到五到八個月大，才會開始「心理上的誕生」，也就是自我與母親開始分別的過程。我們會慢慢瞭解自己是一個獨立個體。如先前所說，分割、靠自己的力量站起來很可怕，而在個體化的不同階段裡，我們會不斷跑回母親身邊尋求慰藉、保障、安慰與支持。我們想要成長，變得自給自足，體驗世界，但我們也想知道，在我們需要母親的時候，她就會在身邊。

我們希望母親守護，卻也想要從她羽翼下獨立。聽起來很耳熟吧？應該是喔，因為同樣的問題後來也會在親密關係中出現。四、五個月大的時候，分割的過程會變得很明顯，等到九個月大時，我們成長到「探索期」，這個時候，我們會測試、練習自主，靠的就是冒險離開母親，看看生命裡還有什麼別的東西。

如同茱蒂絲．維奧斯特（Judith Viorst）在《必要失落》一書中提到探索期的固執：爬行變成走路，站立起來是一大成就或勝利。我們興奮自己能有如此成就，因此所愛不只是母親，還開始愛上周遭世界。維奧斯特說：「我們沉醉於自己的全能與壯麗之中」，且成為厚顏薄恥的自戀狂，「成為我們所見範圍的主宰」。說明我們在這個階段並沒有遇到太多限制或打壓，我們會帶著對生命的迷戀與恩典成長。我們在這個階段內化的是「那位獨立的駕駛員、非洲探險家、在未知海域航行的探索者」，以及「無所畏懼的冒險家」。[11]各位幾乎可以用自己身在陌生城市的反應來推估你在探索期的狀況。你會隻身跑去陌生地方，覺得一切都很新鮮興奮？假設如此，那你的探索期應該發展得不錯。還是你不敢離開陌生城市的飯店房間？害怕未知，擔心危險可能出現？那你天生的好奇心與冒險精神可能多少在發展過程裡受到傷害或阻礙。也許當你離開母親的時候，她會讓你覺得內疚，或是你每次遠行時，她都表達了過分的擔心與焦慮。探索期教導我們勇敢自己站起來，如果不順利，探索的喜悅就遭到扼殺，而當事人對探索世界就會覺得卻步膽怯。

不過，十八個月大之前，我們的心智就會徹底明白自己是獨立的。在這之前，我們也許會沉醉在新開發的力量與能力上，然後，此時我們才會真正明白，現在的我們其實只是無助的小小孩。維奧斯特將這種體悟比喻成歡喜走鋼索，一路上還搞了幾個把戲，結果忽然向下看，卻發現底下沒有安全網。瑪格麗特·馬勒稱這種認清事實的過程為「和解」（rapprochement）階

11　原註：出自茱蒂絲·維奧斯特，《必要失落》（*Necessary Losses*），美國版一九八六年由 Fawcett 出版。第三十七頁。

段。[12] 發現自主性所帶來的危險後，我們跑回母親身邊，卻無法放下獨自站在世界的喜悅，我們再次離她而去。之後我們返身回來，但當她的親密感與存在又讓我們覺得窒息時，還會再次離開。

這是我們的意識第一次想要嘗試調停分離自主與親密保障的關係，可以來回討論的議題很多，「我可以離開母親多久，但等我回來時，她還會繼續在我身邊？」或是「為了母親的愛與保障，我必須放棄多少自由與獨立？」或是「我該選擇自行冒險，還是該跟她在一起？如果我離開，回來時，她還會接受我嗎？」和解難題的解答就存在於找出你能離開母親（照顧者）的最遠距離與時間，且還是能夠感受到保障與安全。我們必須分開，才能學習心理上的獨處，滿足我們對自主性與獨立性的渴望，但是我們也需要親密與關愛，來滿足親密感與保障感的需求。如果我說錯了，請糾正我，但我很有把握這些議題在你們的成人關係裡也不斷出現。各位有多少次經驗，卡在「無法跟對方一起生活，但沒有對方活不了」的羈絆裡？各位對於必須拋下伴侶一個禮拜，來參加這次研討會的感覺如何？如果我們沒辦法解決和解階段帶來的矛盾與緊張，這些問題就會糾纏我們一輩子。自由與親密的難題一開始是跟母親，之後也會一再出現於朋友、戀人，甚至下一代的關係上。

要在占星上找到自由與親密難題的象徵很簡單，這些行星多少都有影響，好比說月亮、金星、海王星，象徵我們想要尋求結合、親密感、緊密連結的面向，還有我們想要迷失在另一人裡面的慾望，另一方面，太陽、火星、天王星則是我們明顯需要自主性、空間、分割及個人性的行星（各位也許會有些不同意見，但就某些角度來看，木星需要移動的空間，還有土星，讓我們能夠畫出周遭界線，也許這兩顆星也該算在自主性與分割類型中）。如果你的月、金、海跟日、火、天有相位，親密關係與自由的衝突也許在你生命裡就會凸顯。舉例來說，金天相位顯然會製造緊張。金火強硬相位也會，或是月亮與日、火、木、土、天之間的衝突。

星座也會帶出這個難題。我立刻想到幾組：牡羊天秤對分的行星；牡羊巨蟹四分相會引發自由與親密的衝突；金牛水瓶四分相也許會強調一方面需要規律與保障，卻也需要空間與自由；巨蟹座與射手或水瓶產生的一百五十度相位；金牛與射手的一百五十度相位也會帶來同樣的問題；雙子座需要變化與變動，也許也會與天蠍座需要的親密感產生衝突，或影響摩羯座需要的保障；牡羊座的配置跟金牛座的配置，雙子座的配置與金牛或巨蟹的配置也會加強自由與親密感的問題。宮位也會強化這個議題，好比說一七宮對分的行星會帶出你個人想要的東西，以及關係對你的要求；二宮或四宮與九宮形成的一百五十度有時會展現出我們先前討論的緊張。事實上，自由與親密的議題是很普遍的，會以各種不同的方式展現在星盤上，也許是我們

12 原註：出自瑪格麗特・馬勒等著之《人類嬰孩的心理誕生》（*The Psychological Birth of the Human Infant*），美國版一九七五年由 Basic Books 出版。

沒有討論到的狀況。我們已經稍微探討，但在某些星盤裡，這個問題相當嚴重，需要一輩子的時間來解決。

在我們提出自由親密兩難的解決之道前，我想仔細看看不同的人或不同的伴侶會如何經驗這種衝突。[13] 對某些人而言，這種問題感覺非常極端，已經到了近乎病態的地步。我想討論一個很嚴重的案例，但請記住，這個例子非常極端，各位的自身經驗大概沒有嚴重到這個程度。我腦袋裡浮現的例子是當事人無法滿足任何需求，這個人發現自己沒辦法獨處、分割，但跟別人親近又讓他覺得極度威脅。如果親密很嚇人，獨立也很嚇人，那還有別的出路嗎？我曾在星盤上看到這種狀況，日月對分，T端點是土、天、冥，這種相位會替太陽與月亮的原則帶來嚴重困難與阻礙。用日月對分，冥王星是T端點作為例子好了，親密關係會帶出許多恐懼與深層的情結，與他人親近成了一種威脅。親密關係造成極度焦慮，彷彿另一個人會殲滅或摧毀你一樣，所以你把對方推開，或從關係裡逃出來（月冥相位）。不過，別忘了，你的太陽也跟冥王星四分，這意味著你會在自我形成時期遭遇冥王星，你會因此覺得自己一個人的存在非常危險。

所以，當你獨身時，會覺得跟在關係裡一樣糟，因為你把分離跟空虛、遺棄、死亡、毀滅連結在一起（日冥相位）。各位明白問題在哪裡了嗎？親密讓你覺得你要死了，獨處也讓你覺得你要死了。這樣還有出路嗎？你也許會回到關係中，卻只感受到先前那種焦慮。你要麼就結束關係，再次獨身，這樣很恐怖，所以你又親近某人，同樣的狀況只會一而再、再而三地發生。各位也許發現這種溜溜球效應曾出現在自己身上，可能沒有這個例子這麼誇張。在這裡，自由與親密的兩極完全沒有交集，兩個需求都無法滿足。當事人受到的不只是嚴重的共存焦慮（害怕親密），同時也感受到強烈的分離焦慮（害怕自己一個人），結果就卡在一個孤單寂寞又恐怖的位置。

更常見的狀況是伴侶之間分裂，投射出自由與親密的議題，其中一方扮演分割與自由的需求，另一方則負責維持親密與親近。為了要徹底瞭解這種狀況，我們必須檢視分裂與投射的機制。一開始，各位要記住，我們每個人內在多少都有自由與親密的衝突。這是在尋求獨立與親密慾望間拉扯的內在兩難、內在衝突。因為小我不喜歡矛盾，我們的意識也許會倒向一邊，否認另一端。這麼說好了，有人金天四分，你主要認同金星，因此推翻本性裡天王星的特質。偏好金星，否認天王星，你會認同結合的需求，壓抑同樣強烈的獨立需求，自我就會從關係中切割。某些人則以另一種方式表現，他們強調自己一個人更快樂、更自由，否認自身的親密感需求。同樣的問題，同樣的分割與投射，也可能是月天四分的展現。否認或壓抑靈魂特質，榮格有以下看法：

13 原註：瑪姬・斯卡夫（Maggie Scarf）《親密伴侶：愛與婚姻的伴侶》（*Patterns in Love and Marriage*）第十九章，美國版一九八七年由 Random House 出版，英國版同年由 Century 出版。

心理原則闡述，當我們無法意識到內在狀況時，其就會以宿命之姿，發生在外在世界。也就是說，當一個人……沒有辦法意識到內在衝突，世界就必然演出這項衝突，且撕裂成對立的兩端。14

根據這項心理原則，如果你與金星靠攏，打壓天王星，你就註定會吸引到天性較像天王星的人。當你想要打造出溫暖、親密的連結時，你的伴侶則替你演出天王星，對方會要求這段關係的空間、距離、時間，此時狀況就會升溫。至少就表面上看來，你與伴侶的特質完全不同。這種情感的分工會造成伴侶間的緊張與衝突，如果你扮演月亮或金星，你就很容覺得受傷或被拒絕，最後到處抱怨伴侶的冷漠，同時，你的伴侶則抱怨起你讓他覺得窒息、喘不過氣。對了，我們其實可以分割所有的情感議題。舉例來說，如果你是習慣壓抑或否認憤怒的人，你的伴侶很有可能很習慣表達憤怒，或者，你會找到非常幽微的方式，讓你的伴侶展演出你的怒氣。你也許覺得自己隨遇而安又好相處，那你的伴侶很可能會有憂鬱或病態的狀況，因為在你扮演對方沒表現出來的光明面時，他必須承擔你的哀傷與絕望。在《親密伴侶：愛與婚姻的伴侶》裡，瑪姬．斯卡夫簡明點出情感分工的過程，基本上就是個人界限的混亂與混淆：

內在領域的共謀交換是兩名關係人之間討價還價的結果。在婚姻關係裡，雖然外在證據呈現出相反的結果，但其實根本無所謂受害者與加害者，一切只是一場交易。與事實相去不遠的是，在衝突關係中，雙方不肯承認的特質正在背後作用交易。然後，雙方就只能在伴侶身上看到自己無法察覺到的自我，因此只能不斷掙扎想要改變。15

斯卡夫特別提到自由與親密的兩難：

伴侶間爭執的點……兩人內在都無法表達，亦即如何成為明確且分離的個體，同時保有與另一人的情感依附。這種伴侶之間的核心問題在於兩人內在都無法包容獨立自我與親密融合的兩個極端。16

現在，如何解決自由與親密的議題，我想提供各位一點建議（給人建議總是很危險）。記

14 原註：卡爾・榮格《永恆：自性現象的研究》（*Aion: Researches into the Phenomenology of the Self*），《榮格全集》卷九第二部，譯者赫爾（R. F. Hull），美國版一九五九年由 Princeton University Press 出版，英國版一九五九年由 Routledge & Kegan Paul 出版。第七十一頁。

15 原註：瑪姬・斯卡夫《親密伴侶：愛與婚姻的伴侶》。第六十三頁。

16 原註：瑪姬・斯卡夫《親密伴侶：愛與婚姻的伴侶》。第三百六十五頁。

得有句老話說：「我尋尋覓覓又尋尋覓覓，最後終於找到這裡，我以為是你是你，結果卻是卻是我自己。」當注意到內在起衝突的時候，我們已經啟程要解決獨立與親密的問題了。雖然我們的天性就是會分裂二元，責怪另一個人演出我們所否認的特質，事實上，這兩種需求一直在我們內心交戰。接下來，我們必須知道，擁有這兩個需求是正常的。想要親近、親密沒錯，想要空間與獨立也沒錯。如果我們能夠接受這兩種內在動力都是正常的，這樣會比較容易接受另一個人也有同樣的衝突，至少理論上是這樣，當伴侶提出想要親密的慾望，或想和我們保持距離的需求時，才不會太難過。我們所厭惡的自身特質，如果出現在他人身上，我們也很難接受。所以我們會害怕自己想要親密的需求，當別人想要靠近我們的時候，我們也不喜歡。反之，如果我們無法承認需要更多空間與自由，從關係中抽離出來，當伴侶要求獨立自主的時候，我們也會不高興。我們可以把極端的能量拿回來，瞭解到這兩面都是正常的，這樣我們才較容易接受別人也有同樣的特質。

下一步說起來倒容易，做起來很難，那就是：我們必須認清，我們所愛之人或伴侶並不是我們的母親。如果你無意識地將母親的議題投射在伴侶身上，當對方表達出想要尋求獨立或抽離時，你就會感到威脅，因為這樣的狀況喚醒你嬰孩時期曾被照顧者遺棄的恐懼，對你的「昔日內在小孩」來說，這樣就等於飢餓與死亡。當然，他們靠得太近，你也會害怕，彷彿是這種行為讓你重返令人窒息、喘不過氣的母親懷抱一樣。對了，女性會把「母親」投射在男性伴侶身上，男性也很容易把母親投射在妻子或女朋友身上。我再講清楚一點，我把解決自由與親密難題的方法簡化成以下步驟：一、認清衝突來自內在；二、認同獨立與親密都是你正常的需求，你跟別人都可以擁有；三、記得伴侶不是你母親。

在某種程度上來說，親密與自由顯然是互斥的，但加上一點心理上的努力與苦工，你還是可以整合這兩個極端，甚至達到不一樣的境界，讓這兩極相互支持、一起提升。要解釋這種事情該怎麼處理是有點困難，但我試試看。如果你在一段關係裡，當你表達需要空間與自由的時候，或是當你表達需要更獨立自主的時候，你還是能感覺到對方給你的愛，那你在伴侶身邊就會覺得更自在、更親近。換句話說，如果你開口，你的伴侶就允許你跟他分開，你愛他的能力就會增加，這樣一來，在關係裡允許分離的空間其實會讓你們的連結更緊密。同時，如果伴侶接受你與其不同，而不是期待你成為他的鏡像倒影，你就能更自在地發展整合你內在的特質，如此代表你能提供給伴侶的東西不會受到侷限。你也就不用繼續隱藏或否認自己擔心別人不接受、不愛的特質。曉得對方會愛全部的你，就能鼓勵你進一步發展徹底的自我。哲學家馬丁·布伯（Martin Buber）曾為此寫道：「人透過『你』才變成『我』。」因為上述原因，我相信自由與親密問題的解決之道就是無條件的愛，這份愛能夠讓別人愛你的本質、缺點、需求一切。無條件的愛可以療癒我們早期在自尊上受到的傷害，當父母或照顧者覺得我們「不好」，或沒有活出他們對我們的期待與想像。無條件的愛可以讓伴侶覺得自己沒有問題，能夠活出真正的自我、分離需求，結果就是這份愛讓對方更親近你、更愛你。在這種氛圍下，獨立與親密不再互斥，而能互相扶持、互相提升。也許我是有點天真，雖然實踐起來是項挑戰，但我還是樂見能讓關係朝這種理想的方向發展。

金星的想像練習

現在已經解決了各位所有的關係問題，咱們換個話題，來做一個金星的想像練習。各位最好閉上眼睛，但如果因為各種原因覺得不舒服，請你睜開眼睛，記下當下的感受。深呼吸，放鬆頭腦與身體，把注意力轉向內在。想像金星的符號，然後看你是否能夠想出其他的意象或畫面，能夠表現出這顆行星對你的意義。你也許會看見男人、女人、動物、無生命的物體或什麼都好。花點時間探索你的金星畫面。體會一下，它想要什麼？需要什麼？看看你能否讓這個畫面變得更充實或更快樂。花三、四分鐘想一想。之後，對你的金星道謝，然後告別，睜開眼睛，寫下你的感受。晚點如果各位願意，可以找一位夥伴分享。跟別人聊你的經驗可以讓這個畫面活起來，你也許就能發現畫面不只出現在你的腦海裡，還活生生地展演出來。這個引導式思考可以用在任何行星上。記住，如果你自己練習，開始覺得不舒服，只要睜開眼睛，寫下當下的感受就好。我很好奇各位看到什麼畫面。

觀眾：我看到波提且利[17]的維納斯，閃亮充滿愛。她過來擁抱我的時候，我告訴她，我是受害者。

霍華：對，波提且利的維納斯，他們怎麼說的？一片貝殼裡的維納斯？每個人看到的畫面都非常私密，我通常不會想要解讀。你最好把這個畫面留在腦袋裡幾天，看看有沒有什麼訊息出現，或變得更清晰。我會建議你回想生活上，在哪裡扮演受害者的角色，以及原因。感覺維納斯想在這些狀況上協助你。

觀眾：我看到四個畫面。第一個是看起來很舒服的黑貓，第二個是一隻鳥，第三個是一個瘦高的女人，穿著銀色的服飾，第四個是一個精靈般的女性，身穿輕薄的衣服。

霍華：你覺得你怎麼會看到這麼多不一樣的畫面？你的金星在哪裡？

觀眾：十二宮，水瓶座。

霍華：好，我明白了，很普世的金星。

觀眾：我看到一個巫師，變成一面鏡子，然後我從鏡子裡走出來。

霍華：我們已經提過金星的符號就像一面手鏡，我們所愛、珍視的一切會反映出我們的內在。

17 編註：山德羅．波提且利（Sandro Botticelli，1445-1510），歐洲文藝復興早期的佛羅倫斯畫派藝術家，《維納斯的誕生》與《三博士來朝》是他最著名的畫作。

妙了，我通常不會把金星跟巫師聯想在一起，但愛的能量的確可以轉化，變出魔法來。也許你已經觸及到內在鍊金術的金星了。你有很多天秤座的行星，對嗎？

觀眾：對，而且金星在九宮。

霍華：還有誰要分享？

觀眾：我看到一片地景，綠樹茂密，讓人平靜。

霍華：很好，所以當你以後覺得不舒服或心神不寧的時候，試著回想這個畫面，能夠協助你重拾平靜與平衡。如果在場有人沒有辦法看到畫面或意象，那也沒有關係。你們可以在別的時候再做這個練習。有些人沒辦法立刻看到畫面，但如果你在想像的時候，對於金星有些想法或感受，那也算。

案例：蘿拉與約翰的婚姻考驗

我這邊提供蘿拉與約翰這對夫妻的星盤，剩下的時間，我們就來聊聊他們（見星盤二、三）。一九八六年底到一九八八年初，他們經歷了重大的關係危機。行運跟推運啟動了蘿拉的金星，她的金星傾向帶來危機感，咱們先看看她的星盤。各位可以立即看出，她的金星為什麼特別重要嗎？

觀眾：上升天秤的守護星就是金星。

霍華：對，各位要特別留意太陽或上升守護，在這裡，金星是她的上升守護，所以很重要。容我打岔一下，提一個跟這張星盤有關的題外話。在水星講座的時候，我們稍微聊到愛麗絲·貝利的奧祕占星學，在這個系統裡，水星是牡羊座的守護星。根據奧祕占星學或亞蘭·歐肯所謂的靈魂中心占星學（soul-centred astrology），守護雙子座的不是水星，而是金星。好，現在聊聊你們怎麼想？金星居然是雙子座的奧祕占星或超個人守護？

觀眾：是不是暗示了想透過關係尋找價值？

霍華：我覺得是，在《靈魂中心占星學》一書中，歐肯用很好讀也充滿智慧的方式詮釋貝利的系統。他認為金星帶著「二元性的衝突（也就是水星的象徵，雙子座的人格守護跟透過衝突達到和諧的第四射線），將其轉化到高八度的表現……透過展現心智的創意……」他覺得金星是「化合的媒介，因為她的作用就是混合，讓兩端變得和諧，形成更有創意的整體。」[18] 對我來說，金星在奧祕系統守護雙子座，代表帶著知識去愛，對此我認為就是一個人必須真的打開心胸，才能瞭解某件事。愛這個東西能讓夠讓你更瞭解它。如

18　原註：亞蘭·歐肯（Alan Oken），《靈魂中心占星學》（*Soul-Centred Astrology*），美國版一九九〇年由 Bantam 出版。第一百七十三到一百七十四頁。

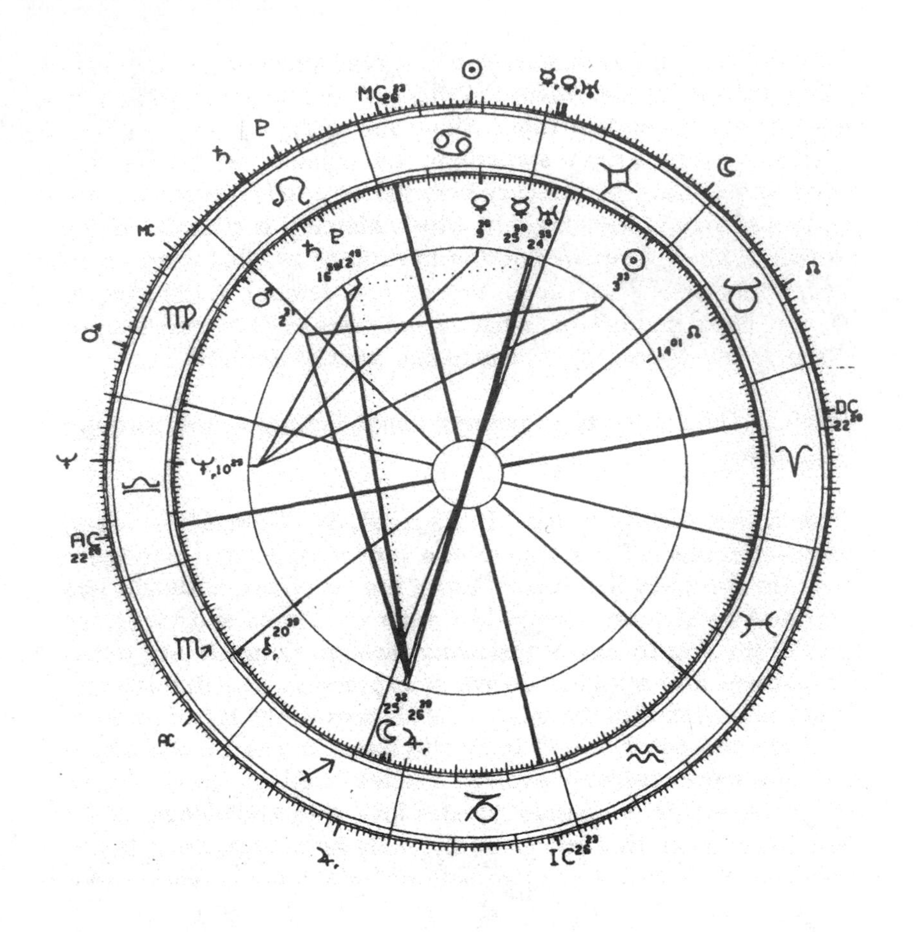

星盤二　蘿拉

出生資料保密，星盤由Astrodienst網站繪製，使用普拉西度制。

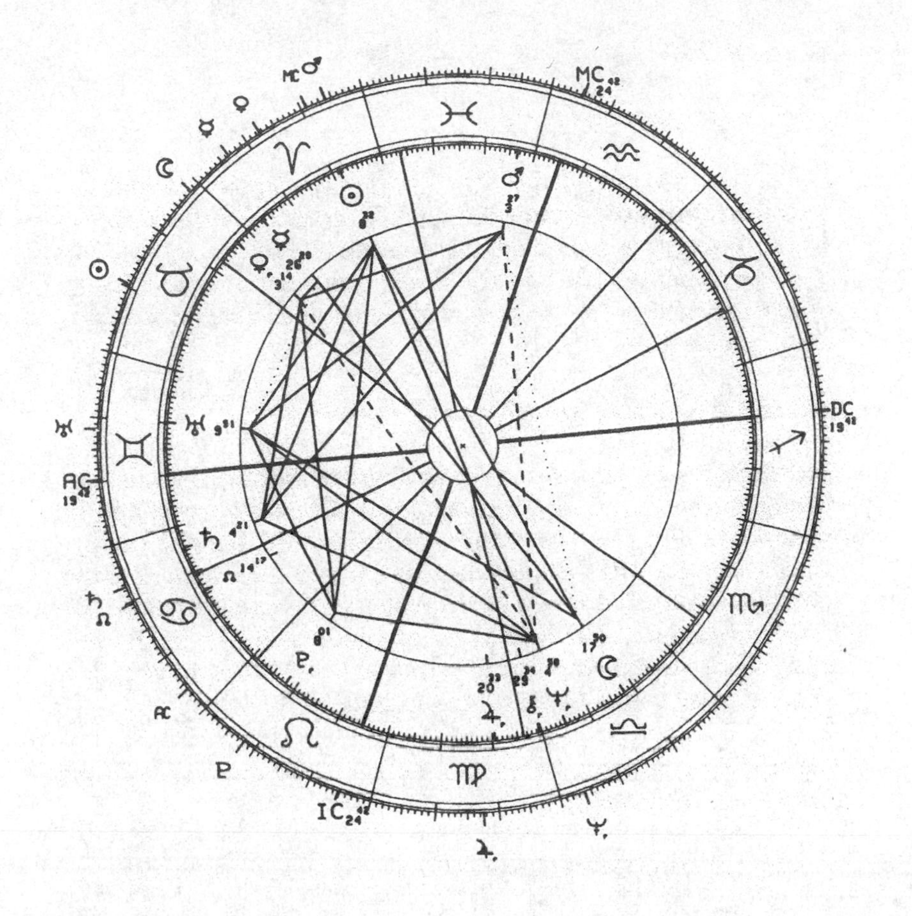

星盤三　約翰

出生資料保密，星盤由Astrodienst網站繪製，使用普拉西度制。

果你愛你正在學習的科目，你就會學得比較輕鬆，挖掘得比較深刻。事實上，金星作為雙子座的奧祕守護星暗示，我們該以關愛欣賞的目光看待所有不同存在的面向，如果我們點滴採集事物的實相，生命能夠教導我們更多知識。就跟日牡羊能夠與水星、火星產生共鳴一樣，我會進一步說，蘿拉必須以更成熟的心理態度面對雙子座，也就是說，金星重要，不只因為是上升守護，更是她靈魂中心系統太陽的守護星。好，蘿拉的金星有什麼相位？

觀眾：金海四分。

霍華：對，金星唯一一組主要相位就是四分海王星。這意味著她的天秤座能量（在奧祕占星學上是雙子座能量）會間接受到金海四分的影響。如果她的金星與木星合相或對分土星，她就會是很不一樣的一個人。金海連結可能會有什麼正面的描述？

觀眾：會加強敏感度跟創意。

霍華：對。她其實是作家，主要寫非小說作品。寫作顯然是她表達創意的形式，不只展現出她的金星天秤面向，也是因為她的日水都在雙子，月射手還在跟語言交流有關的三宮。她在專業上受到尊重，也很擅長。好，金海四分在愛情上會有什麼展現？如果你的金星跟海王星產生關聯，你在愛情裡會遇到什麼？

觀眾：浪漫、欺騙、假象，需要在關係裡犧牲。

霍華：對，通通講到了。金星跟海王星扯上關係時，我們與另一人交融時，大概會透過愛情來尋找神聖感，尋找我們失落的完整，尋找我們普世及合一的感覺。柏拉圖說愛是在追尋完整，這句話很符合金海相位，或金雙魚、金星在十二宮的人。蘿拉現在已經不一樣了，但我會說從她青少年時期到前一陣子，她的金海都一直在尋找能夠帶領她前往狂喜國度的情人，她在那裡能夠比跟自己更宏大的東西結合，透過融合，回想起理想的母親或照顧者所帶來的伊甸園般回憶。額外強調這點的是金星位在九宮，而海王星在十二宮，這兩個宮位都跟尋找跨越邊界及世俗限制、超越每天小我中心存在的議題有關，也就是探索更高層的國度。不過，她所得到的只是一連串一直要求她犧牲、調整的情人，她太依附關係，因為她父母的狀況或創傷，她必須把個人需求與渴望擺到一旁。她的第一段重要關係發生在她十六歲時，二十一歲時結束，過程裡，她必須適應男朋友發現自己是雙性戀。最後，她嫁給了一名澳洲人，他有毒癮，雖然蘿拉的朋友都對男方的心智狀況存疑，但蘿拉還是覺得這個人非常理想。這場婚姻很糟糕，他情緒起伏不定，愛吃醋，又有暴力傾向，沒多久，他們就離婚了。雖然在這兩段關係裡，都有愛與幸福的時刻，但各位可以清楚看到蘿拉金星遭受海王星侵害的面向：首位情人坦承自己是雙性戀，害她破滅，以及第一段婚姻的藥癮及各種瘋狂狀況。

她後來跟約翰結婚，住在一起，這段婚姻維持了十二年。他們有一雙兒女，還在北加州有棟美麗、寬敞的大房子，一九八六年年末，約翰請了一個新祕書，他們常在辦公室待到很晚，蘿拉起疑。蘿拉質問時，約翰否認，宣稱沒什麼，然後繼續生活。終於在一九八七年年中時，他坦承他愛上了祕書，還告訴蘿拉，他需要時間決定是要留在這段婚姻裡，還是跟女朋友在一起。他大膽詢問蘿拉，她是否介意他跟祕書同居一陣子，看看他們之間是不是來真的。好，蘿拉帶著兩個小孩，面對丈夫的這種要求。各位有什麼感覺？

觀眾：憤怒，覺得很慘、遭到背叛。

霍華：說得沒錯。想當然爾，蘿拉的第一個反應是憤怒（她日火四分）。不過，在我說她是怎麼處理這個狀況前，我們該看看她跟約翰星盤的一些盤際對話，順便看看當時的行運與推運。首先，各位看到約翰星盤裡的哪些組成啟動了她的金海四分？

觀眾：他八宮牡羊座的太陽四分蘿拉的金星，對分她的海王星。約翰四宮的土巨蟹合相她的金星，四分她的海王星。約翰的海王四分她的金星，火星與之三分。以及他北交點在巨蟹座十四度，距離蘿拉的金星也不遠。

霍華：對，非常精準。各位看得到這張星盤的碰觸發了她的金海四分。各位有沒有注意到我們常常遇到這種碰觸到自身星盤困難相位的人，彷彿我們一定要透過親密關係替業力及情結下苦工。我主要會聚焦在剛剛已經提到的盤際相位上，但這裡還是有些其他有趣的連結。舉例來說，蘿拉的日火四分，代表她的阿尼姆斯形象受到火星的影響，約翰日牡羊，火星在開創宮位，火星還四分蘿拉的太陽，非常符合蘿拉的需求。而且，她金海四分宣告了她會透過愛遇見海王星，約翰日海對分，火星在雙魚，他的海王星特質也蠻強的。蘿拉也符合他內在的女性形象，他的月天秤在她的上升點，她射手座的月木合相也接近他的七宮。雖然他的金金牛在她的星盤上沒有太多連結，但還是在她的七宮裡，與她金牛座的北交點形成寬鬆的合相。天王星之間的連結也值得注意，他的天王星合相她的太陽，她的天王星則靠近他的上升點。他們彼此的火星差不多是對分的，通常暗示了這兩人有強烈的性吸引力，但也可能代表彼此會吵架，為了很多議題而爭執。

不過呢，我們現在主要的焦點是在蘿拉的金海四分上，各位可以看到，在他們的婚姻危機時，這組相位的確受到行運與推運的觸發。我們已經討論過金海對話所引發的一些影響，但值得深入研究。金星喜歡愛裡的平等與美好，有點像是「你愛我，我就愛你」或「你欣賞我，我就欣賞你」這種感覺。海王星的自我放棄及犧牲在愛情裡就變得比較複雜，在最極端的狀況裡，它會說：「無論你說什麼、做什麼，我都愛你，而且我不求任何回報。」當金海產生強硬相位時，金星在關係裡想要尋求美好與公平的慾望跟海王星產生衝突，海王星特別有耐心、容易調整、充滿彈性，就算對方不滿足你的需求、不照你的意思來，你還是會體諒對方。蘿拉發現自己卡在這種兩難之中，時值一九八六到八七年間，行運的海摩羯碰巧對分她的本命金星，四分本命海王，二次推運的太陽則合相本命金星，四分本命海王星，這是對金海四分的雙重觸發暗示。她該怎麼反應？她該因為約翰的不忠，把他永遠踢出家門，還是優雅讓他跟女朋友實驗同居生活？海王星的屈服、體諒及被人當成腳踏墊之間存在著一條幽微的界線。

我覺得她最後處理的方式很好。她去尋找專業諮商，徹底理解且表達她的憤怒及遭到背叛的感受，她實在無法也不該否認這種人類的感受與反應。不過，她還是發現自己的確深愛約翰，且準備好要待在他身邊，撐過這次危機，看看他是否願意回來。對了，約翰那個時候的行運也經歷了挑戰與斷裂，行運海王星四分他本命太陽，行運冥王星與他的太陽形成一百五十度，且跟本命金冥的四分相還在容許度裡，行運土星跟天王星都在他的七宮，也就是婚姻宮，的確象徵跟太太（土星）保持婚姻關係或斷裂、展開新關係（天王星）之間的衝突與猶豫不決。他的確跟女朋友同居了一段時間，但最後還是回到蘿拉身邊，重新誓言不會離開她。之後，他們的關係就展開了建設性的發展。在這次危機之前，他們都開始覺得彼此像老夫老妻，重燃愛火之後，他們決定一年至少有一、兩次，把孩子交給蘿拉的姊姊，然後自己出門度假，這是重返戀愛甜蜜的機會，而不只是當一對老爸老媽。他們本能地尋找充滿異國風情及冒險的度假聖地，我相信這樣可以舒緩天王星行運在約翰七宮所造成的影響，更別說行運天王星也從射手座觸發蘿拉的月木合相。之後，他們就過著幸福快樂的生活，不，我沒辦法打包票啦，但我覺得蘿拉的故事是個好例子，說明金海四分引發的問題還是可以好好解決，我很高興他們解決了這個難題。我想起伊莎貝兒．希奇說，有這組四分相的人是進化學校的大學生，他們註冊了高級課程，想要測試靈性成長及發展，為的是探索自己感受的能力，以及發展出「更高等」、無條件、無私的愛，而不是專注於純粹個人、小我中心的需求。就我看來，蘿拉算是高分通過。

性愛心理學

金星與性慾的討論

麗茲・格林

金星與性慾的討論已經聊了很多，但我現在想聚焦在金星與其他行星之間的關係，來討論性癖好及表達性的方式。所以，隨著我們繼續進行，話題應該會愈來愈火熱。

一開始，我有幾點聲明。首先，我想區分清楚我所謂的性愛或情愛，與繁殖的本能不一樣。兩者常常有所重疊，在典型的狀況裡，一對愛侶打得火熱，直到受孕，然後一切就會忽然神祕降溫。有時，情愛也許是靈魂中最厲害的把戲，只為了讓兩個人結合，最終服從繁殖的慾望，繼續物種的延續。不過，我不相信兩者是一樣的，這是兩種非常不一樣的需求，在占星上也有不同的象徵。

如果要在占星上表示繁衍的本能，我會特別觀察月亮跟冥王星，因為它們是表達性慾最基本的形式，所有的動物都有。不過，我們不全然是動物，我們在性層面上有想像、情感、靈性或象徵的需求，這跟繁衍的驅動同樣都是與生俱來的特質。月亮跟冥王星有點不太一樣，包含創意及家族的延續，但這點在自然界中也有各種不同的形式。

我同樣也不會將海王星對於融合的渴望及我所謂的情愛擺在一起。性的展現可以在單一的行為裡囊括許多不同的需求，海王星重回子宮羊水也許就算其中一種。不過，對海王星來說，性行為只是一種載具，一種超越單獨及分離焦慮的手段，跟金星情慾的感覺基調並不相同。海王星的慾望帶有強迫的色彩，展現出底層的焦慮。女人也許需要被填滿，才好舒緩她的空虛，男人也許需要消失進一個母愛的容器之中，這樣才不會繼續寂寞。性也可以用火星來表現，包含征服與控制。冥王星的性則表達了需要佔有與制服的需求。這些驅力都沒有歡愉的成分存在，歡愉才是金星的本能。

金星與情慾的展現

顯然天底下沒有純粹的金星性慾展現，因為每張星盤都有複雜的星座、宮位、相位配置模式。所以我在這裡畫下的是非常假設的分野，但我會盡量貼近我們對「情慾」這個字眼的感覺。我們先前談阿芙蘿黛蒂的神話時，談了很多愛的「藝術」，還強調金星表達出來的想像及幻想特質。金星需要裝飾、需要文化，需要將本能轉化為象徵及靈魂。人類創意的過程某部分就是透過想像力這種魔法介質，轉化本能驅力。各位該讀讀榮格的《轉化的象徵》（*Symbols of Transformation*），內容就是在談這個課題。在繁衍的原始本能裡，情慾之愛能夠反映出想像的過程，如柏拉圖所言，美能激起熱情。

情慾之愛關乎個體關係，因為美是很私密的東西，反映出一個人的價值。所以情慾之愛也許能夠視為一種溝通的方式，也就是金星的風象面向，這與繁衍的驅力不同，繁衍的驅力本身就能滿足物種產出下一代成員。金星的性是表達自我的深刻方式，在其他具有同樣生理目的的百萬個選項之間，挑選你最鍾愛的特殊對象。這是一個具有創意的行為，而不是一種強迫。這點讓我想到我想提的另一個重點，那就是性癖好與性衝動的不同。癖好是一種選擇，我說過了，也就是一個人的價值。衝動跟選擇則是互斥的，衝動讓當事人必須做出某些行為，通常會帶有強大的羞恥感，不只是因為行為本身，更是因為當衝動掌控一切時，當事人所感受到的無力感。如果我們真正思考人類性行為偏好的範疇，馬上就會發現這些表現根本不是偏好，而是強迫。現在必然出現的問題就是性偏好與癖好是否有「正常」、「不正常」之分。這個範圍的討論飽受爭議，因為證據顯示，幾百年來法律禁止過各種性行為。對占星師來說，這種話題更是棘手，不小心就會把某些相位歸類在「變態」的性行為之中。身為占星師與分析師，我自己感覺，除了傷害無辜受害者之外，特定的性表達之所以成為問題，只有在這樣的行為替當事人帶來問題時才算數。換句話說，如果當事人因為自己的性衝動而感到痛苦、難過，這樣才構成問題。不過，如果只是癖好，且沒有對當事人造成衝突，伴侶也同意，但我就不覺得我有任何立場可以進行道德批判，探討這個人正常不正常。性表達能夠展現出一個人的人格特質，對任何人來說，在正常與否的框架下討論這檔事會帶來許多變數。我只能言盡於此。所以，各位會發現，在我談及金星與其他行星的相位時，我不會用正常、不正常、變態的觀點來描述。如果有人來解盤，他們已經因為某些性問題承受痛苦與衝突，那解盤強調的情感議題，也許能夠改善他們的問題。如果一個人的性生活有強迫性的模式，他們通常是在反映父母親的議題，而不是特定的性問題，因為我發現在我們的強迫行為背後，活躍的通常都是家族情節，且迫使我們行動。這些家族模式也許會、也許不會展現在性事上，但我常常在兩個人身上看到類似的家族動力，其中一人會以性衝突表達，另一人則表達在生命的其他場域之中。

所以，整體來說，我覺得金星是要告訴我們，對一個人在慾愛的實踐上，最美麗、最歡愉展現會是如何，但金星也許會遭到扭曲、阻礙或與其他因素結合，因為我們具有無意識的衝動。衝突通常都跟父母有關，同時也跟普世的人類分離難題有關，至此我會說，等到我們能夠脫離父母及家庭背景之後，發展出自己的個人品味與價值，這時我們才徹底活出了金星。矛盾是多數強迫行為背後最典型的情緒基調，反映出深刻且原始的「想待在子宮裡，又想離開子宮」問題。我們的無意識會透過許多象徵式的姿態與行為反映出這種想要回歸的渴望，某些狀況則會反映在性衝動上。

舉例來說，一名男士有強迫的變裝癖好，他會在太太出門時，穿上太太的內衣，不是因為他喜歡，而是因為他無法自拔。這種強迫的行為會讓世俗思考的男人深深感到羞恥與罪惡，他也許會開始撒謊，罪惡感只會加重，如果他被逮到，而太太跟他同樣用世俗的方式思考，結果可能相當嚴重，他也許會失去家庭、婚姻、孩子及社會地位，一切都是因為他「變態」。他也許曉得其中的危險，這樣的危險也許也包含在變裝帶來的強迫性興奮之中，他的潛意識也許故意陷害他，讓他被人逮到，因為他覺得自己活該受罰。那我們該觀察哪些地方呢？研究他的金土四分或金海對分，說他就是因為這樣才變態，其實沒有意義。這些相位並沒有提到變裝的癖好，但如果我們能夠透過象徵，探索他的強迫行為，也許我們就能發現，在變成女人的時候，穿著、嗅聞、觸摸女性的內衣褲，他其實是貼近了無法以其他方式經驗的女性形象。這個形象可能會是什麼？我會更想要協助他探索早期與母親的關係，挖掘出他似乎被迫必須這麼做的感覺經驗，而不是將他的變裝強迫行為歸類在「變態」裡。

金星的情慾偏好也可以歸納出來，因為這種偏好可以帶來愉悅，雖然強迫行為通常能夠帶來大量的刺激與宣洩，卻很少感覺愉悅。舉例來說，施虐與受虐的性行為通常對兩造都沒有太多歡愉，大都是雙方的高度強迫行為。這種模式通常鮮少與星盤裡的金星扯上關係，除非是在討論風格及氛圍的時候。施加痛楚的慾望大多跟需要感受到權力有關，這種行為會補償當事人在父母掌控下的無助、受害及受虐的恐懼，將其與性結合在一起。這種行為裡帶有大量憤怒，這種憤怒與一個人深層的無力感及強迫性的父母依戀有關，而不見得有性的愉悅。接受虐待的那一方僅僅只是展現出施虐者無意識的層面，反之亦然，兩人都有同樣的傷，但在別人身上不見得跟性有關，也許會以夠幽微、非肉體的方式展現。離婚律師很熟悉「精神虐待」這種字眼，這是與性無關的虐待行為，但源自同一種情結。

我先前提過，性能夠展現出整個人，而不是單一的行為而已，而許多性衝動都跟情慾之愛無關。我用各種舉例來說明這點。因為身體就是我們第一次擁有自己的經驗，早期在母親嬰孩連結過程中的傷痛及問題，通常之後會以強迫的性行為展現在生命之中。這點跟霍華在月亮講座的初戀議題有關。透過哺育、觸摸及擁抱，在嬰孩的世界裡，情慾的感覺是很正常的，對母親來說也是。如果在這段最早期、最專注於身體上的關係裡產生太多毀滅、操縱、蒙羞的元素，這些元素後來在我們長大後，回到另一個人赤裸、親密的擁抱之中時，再次出現也是很正常的事情。這是月亮的問題，不是金星的範疇，但通常問題都彼此交錯，重點在於好好解開問題，以理解我們如果想要圓滿，就該滿足哪些需求。

金星與凱隆

在性的表達上，我不會認為任何與金星產生相位的行星「不好」，或本質上有毛病。就連金土或金凱這種困難的對話，其實都只是反映出了情緒的衝突，這些衝突可能會與性議題盤根錯節在一起，跟一個人的自我價值感高低較有關聯。我不想搞得跟教科書列表一樣，各位很清楚，就是列出日金、月金、水金等等相位的狀況，我會看靈魂帶我前往哪些相位。先前有人問我凱龍的意義，我想就從金凱相位開始吧，這樣我才有機會一次解答金星跟凱龍的問題。我花了不少時間觀察凱龍，經過好幾年的研究，我現在相信凱龍在出生盤上不容小覷，且在推運及行運上同樣重要。所以在過往的講座裡，各位沒聽我提過這顆星，因為我覺得我必須有實際個案支持理論，這樣我才可以教導這些理論。我現在已經把凱龍研究透徹了，所以我現在把凱龍擺在這場講座的金星相位裡討論，在這個禮拜裡，各位會一直聽到我跟霍華不斷提到凱龍星。

凱龍似乎有土星與天王星的特質，它的軌道就在這兩星之間，且同時呈現出個人及集體的面向。我發現凱龍星反映出一個人覺得深受重傷的位置，傷害的起因卻無人能夠控制。這點類似土星，通常描述的是我們覺得不夠好、次等或無法順暢表達的自我，我們會因此築出堅硬的高牆，保護脆弱的內在。不過，凱龍跟土星的傷卻不太一樣。通常能夠忠實反映出家長的背景，描繪出家族靈魂裡缺乏、受挫、誤用的特質，這些特質要麼就是沒有受到任何鼓勵，要麼就是在童年時期遭到嚴重打壓。不過，凱龍似乎也能反映出更巨大的傷害來源，通常是集體意識的問題，因此無法特別「責怪」任何人。凱龍有點像「衰星」，這種非單一個人問題的特質則與天王星及其他外行星連結。當土星展現出高度的個人防禦機制時，凱龍則帶領我們走向哲學領域，因為只有更宏觀的生命視野能夠協助我們與傷共存。

凱龍的神話故事就是從這個角度切入。凱龍（Chiron，更精確的拼法應該是Cheiron）這個名字的意思是「手」，這個字又衍伸出手相術（cheiromancy），也就是解讀掌心的藝術。凱龍的父母在神話有很多說法。有時，他是人馬伊克西翁（Ixion）的孩子（他因為冒犯宙斯，所以永遠被監禁在塔爾塔洛斯，綁在火刑之輪上）。這個人馬與馬格尼西亞的多匹母馬生出許多半人半馬的子嗣，這些孩子都狂野，喜歡酗酒（就跟半人半山羊的薩提爾〔satyrs〕一樣），但凱龍最聰明、最文明。在另一個版本的故事裡，他是克洛諾斯（Kronos，也就是土星）跟仙女菲呂拉（Philyra）的兒子，仙女把自己變成一匹馬，好躲過這古老泰坦族的目光。土星畢竟還是土星，頑固追求，最後把自己變成一頭種馬，贏得他的獎賞。這詭異的孩子就是這次結合的產物，母親厭惡拋下他，後來由阿波羅養大，還教他預言的藝術。凱龍因此成了神，但他也是動物，他帶有獸性及神性的面向。他在神話裡多次與英雄一起露臉，通常都是這些英雄的智慧導師，擁有預言及療癒的天賦。不過，凱龍也是野蠻的獵人、黑暗又令人不安的存在，他的智慧無法抵銷他的原始本能。凱龍的傷有好幾個說法。其一，大英雄希拉克勒斯與一群喝得醉醺醺的人馬開戰，不小心用毒箭射傷凱龍的膝蓋，毒液來自九頭蛇海德拉，除掉九頭蛇是希拉克勒斯十二項差事裡的其中一件，後來，他的箭都沾了毒血。雖然英雄將箭拔出，凱龍自己也施用草藥療癒包紮傷口，但傷勢還是沒有好轉，他躲進山洞裡痛苦嚎叫。不過，他卻沒有死，因為他是不死之身。另一個版本的故事，凱龍與年紀輕輕的阿基里斯在色薩利的皮立翁山款待希拉克勒斯，卻不小心被毒箭刺穿左腳。經過痛苦的九天後，宙斯心生憐憫，將凱龍升為星星，也就是半人馬星座。這些不同版本故事的重點在於，受傷是意外，而傷痛無法治癒。

我會推薦各位梅蘭妮·瑞哈特的《凱龍星：靈魂的創傷與療癒》（*Chiron and the Healing*

Journey）一書，她在書中以靈魂的面向深度探討這則神話。我會聚焦在意外受傷上，因為這點反映出生命就是不公平，而我們很難接受。我們這些學習占星的人（還有學習心理學的人）都特別想要找出人類苦難的「答案」，這樣的主題似乎環繞著凱龍星。為了要能接受受傷的感覺，我們通常會尋求智識或靈性上的認知，因為世界混亂無章，不愉快的事總會意外或莫名發生，這種概念大大冒犯我們猶太基督教的精神。不過，凱龍似乎沒有辦法解答。當事人無法責備包括自己的任何人。柏拉圖相信百分之九十五的宇宙都在理性的良善統治之下運行，但剩下百分之五則屬於混亂，沒有辦法解釋，沒有辦法控制。凱龍似乎體現出那百分之五，而我們則想要用如同業力的哲學概念，或如家族情結的心理學概念替其安插原因。不過，無論是在本命盤或推運、行運上遇到凱龍的時候，上述方法都不太管用。

所以凱龍要我們與傷共存，這份傷痛無法痊癒，無論靠多少心理治療、冥想、順勢治療、針灸、養生飲食或我們的占星，通通派不上用場。學習與傷共存通常需要努力理解箇中原因，能瞭解多少是多少，當土星為了抵禦受傷的威脅，築出防禦堡壘時，凱龍則會想要採取哲學思考。結果讓我們不只深刻且浩瀚捕捉到凱龍的星座、宮位及相位，對人或一般生命同時也變得更有包容力及同情心。凱龍逼著我們成長，因為我們內心的孩子其實正在哭喊：「但這不公平！」

膝蓋或腳受傷也許反映出我們獨立站起來的能力受損，所以我們沒有辦法帶著自信繼續前進。佛洛伊德覺得夢到腳受傷其實是去勢的意象。凱龍傷害了我們對於力量的感覺。我們所發展出來的理解或技巧（希臘文的 cheiron 就是手的意思，暗示了一個人具備技能、手巧、有成就）能夠補償我們對自己的無力及傷痛。如果凱龍跟金星產生對話，那我們很可能會傷害自己的自我價值以及覺得自己美好、討喜的信念。這種感覺通常會反映在對身體的傷害上（也就是金星的金牛面向），覺得自己醜陋、帶有缺陷，無可挽救。雖然成人生活裡也許沒有產生這種感覺的理由，但這種「不公平」的感覺通常發生在童年時代，也許當事人是街坊裡唯一一個黑人小孩，也許過胖，也許不符合集體意識裡所謂的美貌標準。對於任何「不一樣」的人，孩童的嘲諷與否認非常殘酷（大人也是），而這種生命裡的「不公平」，是金凱相位常常必須面對的生命事實。

這種事我們能怪誰？金凱通常會以發展出美化及裝飾的絕佳技能來補償這種狀況，我會把這個相位與時尚設計跟美容治療的才華聯想在一起。因為金星也跟身體的歡愉、感官及情慾體驗有關，在此也許也會出現受傷或不足的感覺，通常這種補償也會發展成情慾的技巧，好比說希臘的藝伎。金凱也許會讓人成為天賦絕佳的情人，會吸引同樣受傷，需要療癒的關係。金星的天秤座面向同時也會反映出凱龍的傷，有時這組相位會反映出孤立、無法與人產生關係的狀況。也許當事人會非常害羞、缺乏自信，覺得自己格格不入，不被接受。當事人也許會加倍努力學習人際關係，最後成為手腕絕佳的婚姻諮商師或治療師。各位可以看到，這些金凱的補償措施都可能替當事人帶來深刻的滿足與收穫，但無法讓傷害消失。

觀眾：金凱相位是不是像凱龍在七宮？

麗茲：感覺類似，就跟凱龍在天秤座一樣，但凱天秤或凱七宮並沒有強調身體的議題，也不會覺得自己不吸引人、沒有價值。這些狀況比較像是反映出凱金牛或凱龍在二宮。

觀眾：金凱相位能夠成為一個人學習愛的動機嗎？

麗茲：當然。這就是我所謂當事人會更努力學習人際關係的意思，無論是在情感、智識或性事上。金凱將傷痛轉化成藝術的動機非常強烈，這是這組相位最有創意的展現。較為黑暗的一面當然是持續不斷的傷痛，也許這些傷痛默默隱藏在表象之下，但有時會突破到意識層面，好比說行運觸發，或是與某人星盤比對或關係組合中點盤的行星引動。我在凱龍的傷痛裡也觀察到操縱的成分，彷彿有土星的色彩，金凱就跟金土類似，會一再選擇受傷的伴侶，因為相較之下，當事人會覺得自己「正常」。就跟那句老話說的一樣，盲人國度裡，獨眼龍稱王。凱龍能量通常會投射出去，就跟土星一樣，特別是金凱四分或對分的時候，要一個人帶著意識感受到自己的不足著實很難。當傷痛投射出去後，伴侶成了擁有「絕症」的人，當事人的無意識也許有所「貢獻」，因此讓伴侶無法痊癒。我也常常看到金凱相位想要以「超越」傷痛來補償。這也許有點抽象，就是藉由克服缺陷的本質，從這些低劣的狀況裡以性的驅動力崛起。類似想要把性提升到靈性層次，進而避開身體的傷痛。這樣的舉動通常會造成問題，因為金星不喜歡遭到超越。顯然神話裡的阿芙蘿黛蒂沒辦法容忍這種態度，金星就跟這位女神一樣，常會從背後偷襲。然後當事人就會絕望愛上很不合適的對象，這才曉得不該亂搞這些內行星。

觀眾：我想起凱龍行運經過我的上升點時，我一直夢到很多受傷的男人，而我必須療癒他們。

麗茲：如果各位想驗證神話主題的受傷、療癒主題，凱龍的行運可就有趣了。你所言我並不訝異，先前凱龍在我星盤上作用時，我也有過類似的經驗。

觀眾：凱龍行運會帶來傷害還是療癒？

麗茲：似乎兩者都有。我觀察到伴隨凱龍行運的經驗，通常會重新連結起一個人的舊傷，通常都非常痛苦。不過，這種痛通常不是白痛的，當事人同時也會得到啟發，有機會面對需要處理的過往議題。這不代表在凱龍行運時，好事就不會發生。昔日的衝突有時會和解、化解。不過，我沒打算要美化這顆星，因為我覺得凱龍問題真的很棘手。神話裡凱龍野蠻的天性有時也會忽然反映在實際生活的凱龍經驗之中，可不輕鬆，通常當事人會變得很粗暴，或暴露在他人的情緒爆炸之中。我早先提過凱龍也有天王星的面向，在凱龍行運的時候，忽然出現的事件似乎反映出這種狀況。受傷與療癒存在著巨大的矛盾。我們常常背負著自己搞不清楚的傷痛，這些傷痛存在於潛意識之中，我們不明白它們對我們的外在行為有何種影響。凱龍的行運會揭開這些掩蓋舊傷的疤痕，因為我們更有意識到自己是誰，才有機會療傷。心理治療上有句老話，那就是，當我們意識到衝突跟痛楚的時候，才有機會開始療癒或接受這一切。沒有意識就沒有辦法成長、改變。所以，凱龍跟天王星一樣，都是一記警鐘，雖然這樣的覺醒可能是非常痛苦的經驗。

觀眾：請問凱龍守護什麼星座？

麗茲：我不知道。我不是很想把它歸屬到任何星座。我知道某些占星師把它跟處女座或射手座連結在一起，但其實凱龍並不屬於我們的太陽系，它特立獨行，到處遊蕩，受到太陽引力的影響，遊晃過來，是顆大型的小行星。最終它還是會跟彗星一樣再次離開。因為這種陌生的特質，我實在沒辦法把它安插進任何行星的守護系統之中。凱龍星有點像是柏拉圖所言那百分之五的混亂，也就是生命難以理解、狂亂的部分。

金星與月亮

現在我想聊聊月金相位。霍華先前已經詳盡討論過[19]，但我還想補充幾點，關於這兩顆行星之間的原型動力。我已經提過，神話中阿芙蘿黛蒂與希拉象徵的情慾與母親形象之間具有內在衝突。月金之間的衝突相位在愛與關係裡非常重要，因為安全感需求跟個人價值之間存在衝突，且在當事人不得不選擇一方後，還會造成非常深刻的不適感。我不相信四分相及對分相讓我們「注定」做出這種選擇，但強硬相位就是會讓我們有這種感覺。因為跟月亮產生相位的行星都會跟來自母親的心理傳承有關，月金的強硬相位（或是三分、六分、合相）都暗示了母親自身這兩個陰性天性之間存在的衝突。如果我們一開始的榜樣就是如此，那我們也沒辦法在生命早期就學習如何讓這兩者該共存。

榮格提過男人內心「阿尼瑪分裂」的問題，也就是母親形象及愛人形象的分裂。這樣的衝突會造成男人與慈母般的女性結婚，然後覺得自己的情慾與靈魂層面並不滿足，因此與情人或情婦再創一段關係。通常在這種案例裡，母親都壓抑了自己的其中一種天性（通常是情慾面），且這個層面會以非常強大的潛意識與兒子溝通。月金有衝突的男性通常會把女性分為適合結婚的對象，以及適合上床的對象，而這兩著似乎永遠對立。也許天底下存在著能夠結合這兩極的女性，但這種男人似乎永遠遇不上這種女人。只要男人離開妻子，娶了情婦，他很快就會感覺到情婦身上慈母般的形象，馬上又要再次去婚姻之外尋找情慾滿足。母親無意識情慾的感受通常太強烈，讓人不安，伴侶因此無法在性慾及智識上激起當事人的刺激，情感的支持與包容也不足。

擁有同樣相位的女性，問題也很類似，只不過分裂出現在女性自身，而不是投射在伴侶身上。如果母親為了家庭及家人的安全感，壓抑了金星，等到女兒開始發展為迷人的年輕女性

19 原註：這裡的討論可以參考《發光體》一書第一部分。

時，母親就會開始吃醋，特別是當母親與丈夫關係本身就不太好的時候。因此，月金通常象徵了母女間深層也許是無意識的競爭關係。女兒為了要遠離母親的掌控，她也許會否認所有對於母親的認同，演出母親的陰影，成為希臘般的藝伎，透過金星的情慾與智慧與男人連結，而這是母親做不到的。這種女兒通常都是父親的心肝寶貝，無意識地演出他的阿尼瑪，之後也許會介入與已婚男人的三角戀情之中。

有時，我在這種母女競爭關係裡會觀察到母親非常恐懼，因此害女兒壓抑了她自己的情慾面向，這樣才得以遠離火線。各位應該常常看見這種場景，性感迷人的成熟女子，後面拖著一個樸素、過胖、垂頭喪氣的女兒，母親的潛意識深深傷害了女兒，女兒只好選擇壓抑自己金星的女人價值。這種女兒長大後，總會選擇欣賞她慈母特質的男人，最後也必然會跟丈夫的情婦產生競爭關係，這位情婦，我猜大概也經歷了同樣的衝突，但以另一個面向展現。

我現在是用反諷的手法展現出月金之間的動力，但各位多少都看得出來展現的方式，且有時狀況真的如我描繪得如此華麗。月金相位的主題就是女性之間的嫉妒與競爭，就算是柔和相位也一樣，雖然還需考量母親如何面對自己的問題。簡言之，月金相位反映出結合這兩個女性面向的挑戰，因為在當事人身上，這兩種能量的程度相差不遠，必須找到方法各自活出這兩顆行星。這組相位通常會以負面的方式出現，部分原因是因為直到近代，成為人母差不多就終結了女性的金星。早在避孕方法問世前，女性無法決定什麼時候要懷孕，或要生幾個孩子，同樣重要的是集體意識層面，總存在著當母親過得太快活，「忽視」小孩，而這樣「不對」的想法，更別說那些「不正常」的女人，選擇根本不要生小孩。雖然集體意識對女性的形象改變了不少，但我們還是要面對平衡金星與月亮的重大挑戰。對本命盤裡有月金衝突相位的人來說，這樣的挑戰就是其生命的重要主題。

觀眾：金巨蟹或月天秤也有類似的問題嗎？

麗茲：某些元素會出現，特別是月天秤，因為這也說明了母親的狀態。我們也許可以這麼說，月天秤反映出金星特質很重的母親，她需要強烈的美感，需要生活輕鬆浪漫。她是否活出這種生命？星盤不會告訴我們，但其他配置，如土、海、冥跟月亮產生相位，或月亮在十宮，也許都暗示我們，她並沒有滿足這種能量。金巨蟹並沒有說明母親具有同樣的狀態，反而反映出一個人的自我價值，也許很傳統，重視家庭，可能也不會缺乏浪漫。有時在神話裡，阿芙蘿黛蒂會喜歡婚姻關係，只要婚姻裡的情慾層面持續火熱就好。我們當代結合這股能量的最佳代表莫過於英國羅曼史小說家芭芭拉．卡特蘭（Barbara Cartland），她的小說雖然寫得很可怕，卻似乎狂銷百萬冊。這些書總會描繪出性的強烈吸引力，最後有情人終成幸福眷屬。月天秤跟金巨蟹都結合了金星的美感與浪慢，同時加上需要保障與根源的感覺。不過，這兩個配置都沒有暗示出我先前提到的分裂狀況。這種分裂很容易出現在兩顆行星的相位上，因為行星各自都有動態能量，都有自己的「人格」與需求。古希臘社會從這種分裂建構出社會結構，打造出兩種階級的女人，太太待在家裡，養育孩子，照顧家庭，藝伎則提供智識、美感與情慾的歡愉與刺激。現代社會當然也複製了這種狀況，但沒有那麼明確，許多女性當然也無法接受。

觀眾：我是一個月金四分的男性，如果關係不是長久的，我就無法享受這種戀情。

麗茲：我不曉得你為什麼覺得這是問題，我不覺得這是問題，除非你是想扮演集體意識對男人在關係裡應有的形象。不過，浪漫的需求與穩定連結在一起，就是這兩顆行星能量結合後的產物。如果你沒有感覺到行星之間的分裂拉扯，你為什麼會想自行分裂？

觀眾：我對安全感的需求有點太執著了。我沒辦法享受別人的陪伴，我從一開始就會想要緊緊綁住她們。

麗茲：我覺得這裡也許有其他因素，譬如說深層的不安全感，讓你覺得沒有保證或永恆的愛就無法輕鬆。這暗示了分離的問題，就不在金星的範疇之中了。因為這股焦慮，月亮可能乘載了太多壓力，而沒有帶著意識活出金星，換句話說，你並沒有足夠重視自己，反而透過仰賴愛人對你的正式承諾感受自己的價值。你有金土或月土相位嗎？

觀眾：我月土四十五度，在七宮。

麗茲：那我會強調你在關係裡的「沉重」，也許來自對於拒絕的深層恐懼，也許是孩童時代遺留下來的情緒，而不是月金組合的影響，月金要的就是家庭與情慾歡愉的結合。這是浪漫的特徵，不是花花公子，雖然很多男人害怕展現出浪漫的一面，為了逃避脆弱感，他們會被迫成為花花公子。

觀眾：那同性戀呢？

麗茲：動力都是一樣的。如果月金產生衝突，我們就會認同一方，將另一方能量投射到同性伴侶上，這很簡單，異性戀也是這樣。在多數關係裡，無論是同性或異性戀，其中一方通常會扮演「照顧者」的角色，另一人則會是「親愛的玩伴」。希望一個人能擁有這兩種面向，在動力十足的關係裡，這兩個角色是流動的，不同時間，兩人都能扮演不同角色。月金衝突出現的時候，狀況會變得很極端，角色可能僵固住，幾乎已經到了原型的境界，因為投射在其中作用。月金衝突也會讓同性關係產生三角戀，同性戀也需要結合安全感的需求與情慾滿足。

觀眾：我有一個六十四歲的女性友人，她月金合相，金火四分。她總喜歡交年紀比較小的男朋友，沒生過小孩。現在，她發現自己一直在跟男友的媽媽們比較。

麗茲：喜歡帥氣的小男生是阿芙蘿黛蒂的特色，她跟月亮不一樣，她是不會老的，能夠超越時間。感覺你的朋友畢生都認同金星，然後在關係裡演出這種角色。不過，她天性裡的月亮面向顯然遭到深刻壓抑，競爭並不只是來自「慈母般」的太太，而是來自情人的母親。選擇像兒子般的戀人，似乎是在滿足她月亮的家庭需求。也許這些她視為敵人的母親也很像她，但選擇與另一面斷裂。

觀眾：我跟她解釋的時候，她都不相信我。

麗茲：她何必呢？把她的問題推到那些討厭的母親身上多輕鬆？如果一個人如此徹底認同一個行星原則，她就無法用客觀的目光觀察自己，因為原型的能量就是有辦法霸佔意識，扭曲當事人對生命的感覺。

金星與海王星

觀眾：我想聊聊該怎麼同時活出金星與月亮。中世紀的時候，已婚太太是可以擁有情人的，這個情人會寫情詩給妳，陪妳出門，但沒有性行為。不過，現在人已經不接受這種浪漫了，妳的伴侶也不會喜歡。

麗茲：你說的是風雅愛情（courtly love）的詭異精神，這種感情模式在十二世紀的法國達到高峰，有各種吟遊詩人跟情歌。也許乍看之下，這的確是解決月金難題的方法，但我其實覺得這是海王星的途徑，包含海王星的犧牲，這種元素其實會傷害金星。這種情感模式出自中世紀的天主教集體意識，雖然有時被描述為異端（因為跟基督教派別卡特里派

〔Cathar〕有關），其哲學卻包含了貶低身體的價值與情慾感受。風雅之愛的女性必須已婚，雖然不完美的凡人一再打破其規矩，但原本的哲學要求的是男女雙方的禁慾，忍受痛苦，且相當無奈，理論上來說，這樣可以把底層的愛情昇華為靈性的經驗。任何心理分析師看到這種結構都會覺得這類似伊底帕斯情結，因為風雅愛情的重點在於對象是遙不可及的，也就是最親愛的父母，但這種結合是不被允許的，因為這叫亂倫，因為你爸跟你媽已經結合。到頭來，你必須犧牲你對父親的完美愛情，因為他娶了你媽。用心理分析的字眼來說，這樣的伊底帕斯情結過程令人挫敗，充滿犧牲，彷彿這樣就不算殘酷，不夠羞恥一樣，而這就是成熟自我的基石。中世紀時，這種舉動引發嚴重的性張力，情慾狂喜與宗教經驗扯上邊。這是海王星的範圍，與金星無關。

我遇過一些金海相位的人，他們還在追求這種犧牲的愛，雖然他們不是為了神祕的藝術哲學才這樣。他們如此，是因為他們無法控制自己，這種強迫行為逼迫他們。他們會發現自己極度渴望某個因為各種原因而無法擁有的對象（已婚、教士、住得很遠、不感興趣或無法給予承諾），而我覺得佛洛伊德學者說的很對，他們把這種強迫展現與未解的伊底帕斯情結連結在一起。

在我們探索阿芙蘿黛蒂的神話時，我們曉得金星根本不喜歡犧牲，更別說拋下肉體的歡愉與滿足。這也不是月亮本質的犧牲，雖然很類似。風雅之愛的三角問題不是解決月金問題的方法，卻是一種逃避。如果星盤裡有月金的衝突，但如果金星或海王星（類似的行星）形成柔和相位，當事人也許會透過三分相逃離強硬相位的摩擦。三分相會造成這種結果，因為三分相舒服多了，與其跳進火坑，面對強硬相位兩端的拉扯，還不如逃進另一顆行星的和諧三分相之中，這是很符合人性的選擇。所以大三角才充滿矛盾，這組圖型相位提供禮物、天賦與好運，但也形成完美的繭，讓人逃避T端點或大十字。誠實面對月金衝突的場面並不好看，也不是什麼神祕的追尋，因為這只是要我們面對符合人性的需求罷了。

我記得之前在雜誌上讀過一篇有趣的文章，有個女人抱怨現在的母親都沒有母親的樣子了。她說她覺得非常冒犯，現在母親沒有接受自己中年發福，一頭捲捲白髮，打扮又土又醜，她們反而穿上女兒的衣服，看起來性慾勃勃，搶著跟女兒的俊俏男友打情罵俏。我覺得有人寫出這種文章實在太妙了，因為這似乎反映出集體意識正在改變。曾幾何時，一切都看似很簡單，母親就是月亮，女兒就是金星，女兒婚後成了母親，這時孫女成了金星，一直這樣下去。這種想法讓人放心，同時也很古老、典型，但並沒有真正考慮到人類的問題，挫敗的無意識環繞在沒有活出來的行星能量上，大量「滋養」出各種家庭情結議題。

金星與火星

觀眾：如果火星跟月金四分產生關聯，那會怎麼樣？

麗茲：也許我們現在該來聊聊金火了。許多作家描述這組相位會帶來不錯的性能力與吸引力，因為他們在神話裡常常描述為戀人，還是互補的原則。雖然方式不太一樣，但阿芙蘿黛蒂跟艾瑞斯都自我中心、自我陶醉，這點讓他們非常像，就跟牡羊座及天秤座一樣。如果你觀察牡羊座跟天秤座的人共事，就會曉得他們真的很像。牡羊座通常都很直接，大咧咧地劈頭就說：「用我的方法來。」天秤座則會說：「真是個好主意！但我樂意坐下來幾分鐘，確保我們每個角度都仔細檢查過了，但當然，你肯定是對的。」經過漫長迂迴的個把小時後，牡羊座會發現這個計畫跟之前已經大不相同，但他還是會覺得這是他的主意，天秤座則面露微笑，因為大家都開心。它們都是開創星座，徹底反映出守護星的頑固。所以各位看到，加入行星原則，就會造成非常強大的享樂及自我陶醉力量，搭配上金星的風格與火星的果斷，無辜的旁觀者實在難以抗拒。

觀眾：如果金火是在牡羊座合相，火星的面向會更強烈嗎？

麗茲：就外在行為上，這個敘述是成立的，果斷的特質會更明顯地表現在個性上。如果這組合相發生在金星守護的星座上，那金星特質就會變得比較明顯。不過，星座其實只是裝飾，作為行星表達自己的方式，但他們無法改變這顆行星的本質。金火合相在金牛或天秤也許會迷人、和平，但只要你仔細想想任何金火相位的表現，個人價值與個人激進的本性連結在一起，你就會曉得這迷人愉悅的偽裝只是戴著絲絨手套的鐵腕。金火的組合最終是要服務太陽的發展，結合戰鬥的能力與美好、帶來歡愉。這樣的結合很有力量，如果這兩顆行星產生困難相位，本質上的意涵還是一樣的，但當事人意識層面上常常會感覺到拉扯，一方面需要維護和諧，一方面需要確立自我。我看過金火四分、對分跟合相的人，有時行為會非常兩極，這個人一下迷人、優雅，非常配合，一下忽然朝你的臉踹上一腳。當事人如果太認同其中一顆行星，結果就是另一顆行星會忽然反擊（所有強硬相位都會有這種狀況）。

我想到我的一位個案，他的金火合相在雙魚座，上升天秤。因此金星是他的命主星，且因雙魚是金星的強勢星座，所以更有力量。他整個人第一眼就充滿金星的感覺。他可以非常貼心、優雅、愉快、彬彬有禮，但他忽然會說出很惡毒又很可怕的話，故意要傷人，就跟阿基里斯一樣，火星每次偽裝到受不了的時候就會忽然爆炸。這位先生有大量儲存起來的憤怒能量，因為他幾乎是全面認同金星。

觀眾：他是同性戀嗎？

麗茲：就他的性偏好，並不是，但我覺得我好像先前提過，我們可以在不同人身上，看到同樣的心理動力以不同方式展現。重點不在於他是不是同性戀，而是他怎麼連結自己的陽性與陰性層面。他對女性的確充滿怒氣，但同時也很會吸引她們，他發展出一種很低調但很常見的性殘暴，用幽微的方式否認且詆毀女性的身體與性慾，彷彿這樣他就會感覺更有力量一樣。當金星壓過火星的時候，這種狀況很常見，很典型。我們也許會覺得這是「性」問題，但其實根本是力量的問題，因為金星去勢了火星，就跟那幅知名的畫作一樣，然後火星就坐在地下室裡生悶氣。

如果當事人太認同火星，而金星受到阻礙，那他的自我價值感就會迷失，最常見的展現方式就是極度嫉妒、佔有慾特強。火星對於自己的獨立自我非常驕傲，真正的火星氣質是完全不會在乎別人怎麼想的。就跟法蘭克．辛納屈唱的一樣，「他們用他們的方法行事」。金星呢？則靠別人的認同與愛，滋養自己的價值感。如果沒有阿芙蘿黛蒂腳下那群崇拜她的年輕人，她大概也活不下來。所以各位可以看見，如果金火有相位的人太果斷、太陽剛、太堅毅，當事人的自我價值很可能私底下就要仰賴其他人的愛來支持。

金火組合帶有一點雌雄同體的色彩，也許這樣就能說明，當事人在床上的表現為何迷人、有創意。挑戰與征服的興奮加上取悅與被取悅的愛，的確可以在性愛的角色光譜上展現得非常多元，主動和被動的角色都能扮演。我們也許可以這麼說，金星與火星若能好好融合，當事人就能夠從男性與女性的觀點理解性愛，進而提供非常豐富也收獲滿滿的情慾生活。

觀眾：金火四分也有可能嗎？

麗茲：四分相、對分相都可以，先前提月金相位時，並不代表我們一定要選邊站。相位只是反映出小我感知到的衝突是對立的，通常是因為有所壓抑，至少壓抑了相位之中的某顆行星。不過，小我的感覺不見得就是唯一的真相，進行過深度心理治療的人都明白。多數深層的轉化都是在治療工作脫離小我，進入到全新靈魂層次與觀點時，改變才隨之發生。換句話說，柔和與強硬相位其實只是影響到我們對於現實狀況的感知而已。這種小我的感知可以改變、擴張，先前無意識的元素，現在只要意識到，小我就會進行重大轉變。我相信從四分及對分相裡，還是能夠得到絕佳和諧與益處，雖然這通常意味著需要探索進人格裡的未知領域，而和諧的狀況也不可能永久不變，特別是在行運觸發本命盤困難相位的時候。為了補償一路上的顛簸，強硬相位會帶來令人欣喜的絕佳動能，當然也許大多數人寧可選擇輕鬆愉快的三分、六分相。如果我們能夠學習如何站在強硬相位的中間、學習如何欣賞兩端的能量，我們也許就會發現強硬相位能夠帶來的生命力遠超過柔和相位。所以，簡言之，對，金火四分也可能有同樣展現。

家族情節也跟我們的感知息息相關，因為如果我們看見家族裡存在著似乎無法解決的衝突，我們就很難知道其實有法可解。我們長大後，就會以為這種衝突會一直存在。那麼壓抑的機制就可想而知了，因為誰想一直待在混亂的狀態裡呢？不斷與自己作戰，似乎沒有解套方法。榮格提出了一個他所謂的超越功能，如果當事人願意採取不同的態度面對內在衝突，也許創意就能帶來和解的方案。我說過了，通常當我們不想活出困難相位裡不舒服的那一端或整組相位時，能量就會一再以各種方式出現在外在世界。如果我們已經走了這麼遠，認清自己的矛盾，沒有責備外在世界與其他人，那我們其實已經準備好大躍進，可以學習掌握困難相位了。面對柔和相位時，我們內在似乎有種假設，我們可以魚與熊掌兼得。因為我們對於各種可能性採取開放的姿態（六分、三分相分別等同於水星能量與木星能量），我們通常可以不費吹灰之力，找到方法結合不同的行星原則。金火三分暗示了當事人能夠取悅他人，還同時得逞。金火四分會把自己擔心得半死，害怕如果不確立自我，愛就會自動消失，因為這股焦慮創造出來的壓力與憤怒，也許會讓當事人的行為製造出他所害怕的結果。我們實在很難看出自己打造出何等實相，會引來他人何種意料中的反應，同時還以為自己正在進行截然不同的行為。不過，客觀的觀察者通常能夠清楚看見這點。

金星與天王星

也許我們現在該來聊聊金天相位。這組相位在性事上特別出名，許多古早時期的教科書，甚至一些新書，都說這組相位不太正常，還會有同性戀的可能。對於這種分類方式，我已經表達我的觀點了。不然，也有人說金天的強硬相位無法給予承諾，這點就我看來，也不是正確的解讀。我們必須先檢視天王星，大致瞭解這顆行星真正代表的意涵，然後才把它跟金星放在一起探究也許會產生哪些結果。在神話故事裡，烏拉諾斯（Ouranos）是最原初的天父（這名字的意思是「星空」），早在宇宙出現前，他就存在了。如同猶太基督教裡那位看不見卻無所不知的超然神祇一樣，烏拉諾斯象徵了創世前的宇宙。奧祕系統稱其為「天神之心」（Mind of God）。威廉・布雷克有幅畫，就是在描繪神聖的創造者俯首案前，使用一副圓規，我一直覺得這是我見過最生動的天王星意象了。所以我們現在面對的是徹底的集體意識，完美的功能系統或設計，還沒有完全體現在世界的東西。當這股能量透過土星的功能呈現出來的時候，它會遭到「去勢」（這是神話重新上演），任何想法，一旦侷限於形式之中，就不再流動、自我產出，而是靜止下來，受到時間、空間及個人的限制束縛。

現在我們要談烏拉諾斯讓大地之母蓋亞受精的過程，她替他生出了泰坦族及百手巨人。這些生物出於地球，因此存在缺陷，他們無法反映出天界子嗣的完美理想，所以他把他們通通打入地獄。結果就是其中一名泰坦孩子克洛諾斯（土星），提起母親給他的鐮刀，帶領眾手足推翻父親，將其去勢。這個故事的其中一個寓意似乎描繪了天王星的基礎：帶有缺陷的現實會挑戰完美的概念，帶來否決、遺棄與解離，且這股追求完美的想法會企圖將違逆的現實打入無意識的冥府。

在其中一個版本的神話故事裡，天王星傷口的血滴在地上，產出了復仇三女神，而遭到砍下的生殖器則掉到海中，播種於海，產出了女神阿芙蘿黛蒂。這古怪的意象似乎暗示就算完美世界的集體理念破滅，人類還是會從其當中產出美善。所以在美學及智識層面上（天秤座），金星與天王星是和諧的，但在「泰坦」的肉體層次上（金牛座），兩者卻有深刻衝突。烏拉諾斯與泰坦族子嗣衝突的古老希臘神話後來進入了奧菲斯教的教導中（西元一世紀），深刻影響了早期的基督教會，因為遭到大地束縛的泰坦族等同於墮落罪惡的人類肉體，必犧牲其歡愉，以釋放內在靈性的天王星光芒。

就天王星的觀點，肉體雖美，但總有缺陷，只因為肉體來自凡人，而社會無論多健全，都無法比擬完美世界之願景。我想各位可以開始猜想金天這兩顆行星的組合對話了。就創意層面，通常金天會帶來藝術才華及智識能力，特別是在結合了美學與數學的領域，好比說建築或譜曲。在愛的國度，可能性也非常高，願意一探界線之外的範圍，因此金天有時會跟情慾探索嘗試有關。金天會擴展社會對關係界定的規矩，追尋帶出的理念與現實，一路上會拋下許多人，但這不是性變態，只是因為個人價值常常會遭到不斷改變且擴張的集體意識打擊，而其他人沒有辦法提供更好的出路，所以他們無法為了任何人「安頓下來」。我記得曾在查爾斯．卡特（Charles Carter）論威廉．布雷克的書裡讀到這位詩人維持了非常穩定世俗的婚姻，但他金天三分，他有一個很奇怪的習慣，他會邀請大家來家裡裸體喝茶，因為他相信人體是神聖的。

金星與天王星的結合會帶來相當大的問題，通常會環繞著否認生活的本能面向。金天並不是不忠誠，也不是無法承諾，但這股能量很難維持情感與肉體的親密，因為長期暴露在情感與本能需求上，天王星完美主義者的目光會開始閃爍迴避。他們也許需要固定一段時間的分割與解離，這種不小心的舉動會讓人覺得冰冷，水象特質強的人也許還會因此覺得受傷。而對於性與愛，想像永遠比現實美好、興奮，因為汗水淋漓的肉體會擋在前面。

金天組合喜歡想像愛情，甚至討論背後的哲學，但也許他們不是很愛自己，因為天王星可能會詆毀金星肉慾感官的價值，當事人可能會把自己肉體的不完美憎恨無意識投射在別人身上。

觀眾：金天在感情裡是不是很不穩定？我以為這組相位跟離婚有關。

麗茲：早期的占星書都這樣寫，那時離婚不易，只有勇敢的人才走上這條路。現在任何行星配置都能跟離婚有關，特別是在美國的狀況。不過，我不覺得金天相位顯示出情感不穩定。我認識一些有金天組合的人，他們對於婚姻已經到了愚忠的境界，因為他們對婚姻的忠誠有天王星式的理想，根本不顧自己身陷水深火熱的關係。不過，在只在乎保障與家庭結構的土星式婚姻裡，金天實在很難快樂得起來。金天最需要的就是智識上的夥伴，簡言之，他們最先需要的是朋友，然後才是丈夫或太太。強硬相位（特別是對分相）也許會讓當事人傾向認同金星，否認天王星，結果就是伴侶扮演起天王星的角色，離開這段婚姻。不過，每當我看到個案被伴侶拋棄，而本命盤上又有金天的強硬相位，我就會懷疑也許伴侶是在無意識的狀況下被逼走的，個案也許沒辦法在痛苦與受傷的自尊中，感受到內心其實偷偷鬆了口氣。

金天需要某種程度的實際規劃。因為他們容易從情緒中解離，也會以完美的理想衡量所有的關係，他們在關係裡的確需要喘息的空間，這樣幻想才能偶爾驅趕形式上太沉重的水氣。關係裡的一切愈是感覺理所當然，不確定感與驚喜的空間就愈小。如果金天相位沒有意識到要預做這種準備，通常就會一直搞破壞、製造危機，形塑出令人亢奮的氛圍。不過，這種情緒背後的根源不是無法維持承諾，而是無法維持無趣的平凡生活。如果我們無法認清自己有這種需求，我們也許就會用各種例行公事與儀式填補每一天，雖然安全，卻會澆熄愛情的火花。最明顯的例子就是婚姻與家庭，所以有這組相位的人必須要有勇氣，在婚姻裡打造出喘息的空間，而不是讓婚姻變得像定時炸彈一樣。

要瞭解金天相位其實並不難，如果考慮到幾個重要的點，要處理也不會太棘手。如果你有這組相位，你的伴侶在廁所忙碌卻不關門的時候，你就別看了，出門散散步吧，這樣才不會破壞你理想中的美好。不過，天王星本質裡的不易妥協與改革基因，卻容易讓一個人的價值僵固，所以，另一個人恰如其分表現出來的差異，很容易被當作必須改正的缺陷。而且，當其中一個人對他們需要偶爾抽離的反應太大，產生不安全感的時候，關係也可能惡化。如果一個人在情感上需要時時的保證，那說出「我要跟朋友出門一整天，晚上見」這種話，就很可能會變得很危險。伴侶也許會想報復，也許就會拒絕這種要求。不過，如果天王星壓抑太久，最終還是會想辦法從關係中抽離出來。

另一種展現方式是，如果遭到壓抑的是金星，那當事人也許會宣布自己不想承諾，而是一個自由的靈魂之類的，這種行為可能會很誇張，打著「需要空間」之名，造成不必要的傷害。不過，受阻的行星遲早會出來面對我們，而各位現在已經很清楚，阿芙蘿黛蒂遭到怠慢的時候，通常會有什麼樣的反應。天王星典型的壓抑本能需求，最後很可能會爆發成強迫性的熱情，或是，也許當事人或伴侶會陷在如同懷孕這種狀況裡。我常在強烈認同天王星特質的金天當事人身上看到這種展現。

我們可以透過星盤比對的動力，來學習本命盤的相位。當一人的金星與另一人的天王星形成很有力量的角度時，特別是強硬相位，第一次見面時通常就會引發觸電的感覺（典型的「一見鍾情」經驗）。不過，這組相位出現在比對盤的時候，通常會帶來不穩定的感覺，因為在關係變得緊密、熟悉之後，就會出現緊張，這種緊張通常能吸引兩人在一起，卻也能讓他們分開。通常是天王星的一方立刻抽腿，情感跟肉體立刻冷卻，留金星那人焦慮不滿。不過，這種過程也許是在沒有意識到的狀況下發生，所以常常角色會對調，也許是金星那人扮演抽離的人，因為受夠了這段關係的不穩定性，讓天王星的一方嚇一跳，也許最終這樣的行為能夠協助他們釐清自己的天王星需求。

雖然在本命盤上有金天相位的人，情慾幻想對他們來說非常重要，但性經驗通常都只是他們經營關係精神層次的方法。在鍊金術裡，有個過程叫做昇華，也就是原始基礎物質，透過加熱的方式淨化，蒸餾出看不見的蒸汽，也就是其中的精華。天王星會讓我們體驗這種經驗，打破任何與其對話的個人行星僵固形式，釋放出精髓或核心思想，相當類似柏拉圖先行於實體現實之前的「神聖理想」（Divine Idea）概念。這點強化了金星的天秤座面向，否認了金牛座的特質。透過天王星的目光觀看，肉體之愛只是一種符碼，反映出存在於時空及肉體經驗之外的無形之物。金天相位通常具有一種特有的能力，能夠愛上某個人所帶來的理念、人類精髓，以及他們存在的意義，但他們沒辦法愛上日復一日的活生生肉體，通常會出現神祕的分離，讓金天人能夠保持關係延續的理念，就算這段關係本身已經結束，或因為某些狀況而斷裂也一樣。這句話很像是典型金天人會說的：「但我們為什麼不能保持朋友關係？」金天相位可以理解友誼的深刻意義，無論你是否跟朋友在一起，這種意義都會存在。你也許與朋友已經十年沒見，但情誼沒有改變，時間與距離無法撼動這段感情。各位可以看出，這組相位並沒有否定愛的能力，但這種愛也許對許多人來說，都非常難懂，甚至造成巨大痛苦。

我先前提過，這組相位的陰暗面可能會嚴重否定身體。通常問題會投射出去，最常見的表達方式是忽然間的「關機」，可能會出現在性幻想變成實體時發生。當事人之後就會被迫去尋找以完美肉身呈現的完美伴侶，但當然當事人否認的客體其實是他自己的實際狀況。有時，內在感受得到肉體的問題，因此當事人會持續不滿自己的外表。有時，內在會出現一種當事人「應該」擁有的完美身體形象，而無論多誇張的節食、運動或整形手術，都沒有辦法打造出這種模樣。

觀眾：金水瓶也會這樣嗎？

麗茲：我之前提過，在行星相位與行星落在對應星座或宮位時，會有類似的展現，但我們必須再次記住，星座跟宮位不會直接反映出動態能量，星座描繪的是特質，宮位則是展現的場域。所以某些同樣的疏離、理想、美學、智識能力與身體的解離，也許能夠應用在金水瓶或金星在十一宮上，但比較像是行為的特色，而不是充滿動力的動機。

金天相位在穩定關係裡可以過得很舒適。要簽署什麼東西之前，不要太快做決定，這是個好主意（雖然說金天相位做什麼都風風火火的），不結婚也很明智，可以同居，或買個兩側獨立的房子，中間有門可以相通，也可以上鎖。或是確保工作會讓你獨自出差，而你們的朋友跟興趣是完全分開的。簡言之，金天需要覺得自己是單身的，而不是一直成為某人的另一半。太多的「我們」令人厭煩，除非是意識形態上的「我們」，這樣還能接受。金天不只需要幻想，還需要新意與實驗，熟記「如何在婚姻裡保持浪漫」手冊第七十五頁的內容可不算，這是土星，不是天王星。各位還記得伍迪．艾倫的電影《性愛寶典》（*Everything You Wanted to Know About Sex But Were Afraid to Ask*）嗎？其中一個場景是一對夫妻，他們只能在危險的場景裡親熱才會覺得興奮，好比說電梯、公車或百貨公司展示的沙發之類的地方。這種慾愛裡不正當的元素可以大大刺激金天相位。

在場有多少有人擁有金天的強硬相位？你們有自信告訴伴侶，你偶爾需要獨處的時間嗎？

金星與水星

觀眾：我不敢說，怕對方會報復。

麗茲：如果你不說，才可能會這樣，也許會發生在你的內在。你完全描繪出我的重點。也許我們該來聊聊水金的對話了，我曉得昨天霍華聊了一些，但我還想補充有趣的幾點。在神話故事裡，阿芙蘿黛蒂跟荷米斯成了戀人，他們生下一個名為赫馬佛洛狄忒斯的孩子，這個孩子擁有男性與女性的器官。這個有趣的神話人物也許會讓我們想到雌雄同體，從任何與愛有關的對象都保持抽離的態度。水星就跟天王星一樣，似乎能夠支持金星的美學與智識層面。我發現這些相位（這兩顆星頂多就是在合相、三十度、四十五度及六十度的範圍之內，因為這兩顆行星都會緊緊貼著太陽）反映出對美、思想、文字或形式的喜愛，且言語及風格都會帶著優雅。

各位料想得到，因為荷米斯在神話裡精明又好奇的天性，水金相位也許抽離、不會克制自己，但不是因為不符合常理，而是因為他們充滿興味的好奇心。阿芙蘿黛蒂跟艾瑞斯的愛情故事有一個重點，阿芙蘿黛蒂的丈夫，跛腳的赫菲斯托斯滿懷憤怒，想要報仇。他編出了一張精細到隱形的金網，然後把網子鋪在這對戀人的床上，等到他們做愛後熟睡時，他就包起網子，把他們拖到大庭廣眾之下。所有奧林帕斯山的天神都來了，希拉跟女性大家長一樣，帶領眾神譴責起阿芙蘿黛蒂的行為，說她不知羞恥、背棄丈夫之云云，只有荷米斯沒有開口，他倒是湊到前面看個清楚，然後大笑起來，說他寧可跟艾瑞斯交換（後來他也成功了）。只有他沒有責備阿芙蘿黛蒂，因為他自己的道德標準也不高。這就是荷米斯的玩心，還有在慾愛之中的言語層面，這兩點都反映在水金相位上，做愛時他們會喜歡交談，或覺得話語是助興的元素。

荷米斯永遠處於青少年的狀態，他不會成長為成熟的丈夫，他會是迷人、搗蛋的永恆少年。這項特質也反映在水金相位上，他們也許不喜歡沉重的情緒張力。這組相位的自然媒介是情書或電話（甚至是浪漫的傳真，我認識水金六分在雙子座的人就喜歡這種求愛方式）。各位無疑可以想見這組相位也可能帶來何種典型的問題。水金不可能四分或對分，除非你電腦壞掉。這兩顆行星的天性都比較輕鬆，也許很迷人、充滿美感、聰慧的感覺，但他們也會表現得言不由衷且膚淺。他們不喜歡公開對峙，這代表他們在遇到不妙的場面時可能會言詞閃爍，甚至明目張膽撒謊來扭轉局勢。金星跟其他比較有份量行星產生相位的人（好比說土星或冥王星），也許會覺得水金相位異常冷漠，雖然他們沒有缺乏愛人的能力，但他們的愛很輕盈，屬於風象的愛，而非土象，重點在於心智、心靈或靈魂，而不是肉體。

金星逆行

觀眾：可以聊聊金星逆行嗎？

麗茲：任何逆行的行星都反映出需要向內看或「向後」觀察其能量與動力。這也許意味著在人世間表達這股能量時，會遇到某些挫折，但同時展現出的是這顆行星往內的作用，因此展現出的是內在的實相。當金星能量如此往內時，在肉體層次展現出愛慾的能力也許就會稍微客氣一點，但內在對於愛與被愛的意象卻變得很強大，能夠啟動想像跟解譯讓這種形象化為象徵與藝術。舉例來說，逆行的金星與水星合相，也許會輕鬆點，甚至最後比較有收穫，他們可以寫下愛的經驗，召喚出內在世界的意象，也許這種意象原超過世俗層面所謂的「幸福」，更有深度與意義。

我剛剛說過，這種特質也許帶有挫敗感，但如果我們能夠以鍊金術的角度看待這種本能驅力上的挫折，也許最終就能讓鉛轉化為鍊金術上的黃金，那挫敗就不見得是壞事了。雖然不是全部的金星逆行都有這種表現，但通常當事人都會感受到限制，他們必須接受這種限制。金星逆行通常會感受到在社交場合的羞赧或放不開，因為外向金星較為優雅、手腕高超的一面轉向內在的思想層面。在性事上也會帶有某種程度的尷尬，因為幻想的美好可能會取代實際肉體的歡愉。逆行的金星不會阻擾性愛的歡愉，也不會是這段關係裡最重要的相位，內在也許會因為豐富的情感，因此需要榮耀一些不流暢的特質。

也許我們現在可以從水金前往金冥相位了。聊了這麼多輕鬆、細緻的愛，我想我們需要多享受點大魚大肉。各位現在都對金星相位稍有瞭解了，你們會怎麼解讀金冥關係？

金星與冥王星

觀眾：我一直想到《卡門》。

麗茲：對，這是很好的金冥形象，無論是在描述女主角的生活或她對伴侶的愛都一樣。

觀眾：那亞馬遜女王彭忒西勒亞（Penthesilia）呢？她不是在特洛伊戰爭時，與她的愛人阿伽門農王（King Agamemnon）作戰嗎？

麗茲：這個，其實她是跟阿基里斯對戰，他才是這位女王的情人，不是可憐的阿伽門農，阿伽門農被他那金冥的太太克呂泰涅斯特拉（Klytaemnestra）殺掉了，那時他正在洗澡。不過沒錯，亞馬遜女王跟她心愛的男人決一死戰，的確很符合這組相位。「兩性之戰」的確是很接近金冥相位核心的愛情觀，同時還有透過性能量控制對方，卡門、克呂泰涅斯特拉跟另一位神話中的野蠻女性美狄亞（Medea）都描繪出這種能量，她們都是很好的形象，展現出金冥的復仇層面，遭到拒絕或受傷是她們永遠無法原諒的事情。金冥還會有什麼樣的特質？

觀眾：張力與價值。

麗茲：我會同意這種說法，對金冥來說，沒有激情的關係實則無趣、根本不用經營。金星覺得美麗、有價值的東西加上冥王星原始的生存之戰，結果就是充滿戲劇效果，在情感與愛慾滿足之間帶來生死糾葛。對金冥來說，性不只是肉體的歡愉，就跟對金天蠍而言不僅如此一樣。性是感受戲劇張力熱情的方法，可以讓日復一日的平凡自我迷失進浩瀚的生命糾結之中。金冥尋找的是深刻與轉化的經驗，從日常生活中抽離開來，進入高彩度的原型國度，在這裡，任何事物都非常重要。通常這點只能透過痛苦與衝突達到，這也就是為什麼，大家都認為這組相位會帶來複雜的關係與心理角力戰。因為這組相位在星盤時，與其他較為冷靜、乏味的星座與相位處不太來，我發現當事人其實會使用防禦機制壓抑金冥能量。

在現代社會裡，要活出這組相位可不容易，特別是男人，因為出於激情的犯罪不再是高貴的行為（只是糟糕的行為），而情緒張力大的狀況不再代表豐沛與宣洩，只是歇斯底里。這種行為只有出現在歐陸電影公司（Continental films）的電影裡才讓人得以接受。所以這種深刻、無法挽回的依附，通常在當事人的前半生裡常常會偽裝成麻木不仁的混亂，彷彿是金冥想要假裝成厭煩不耐的水金或金天。當事人也許會很害怕面對「注定」的關係，而他們無法抽身，這種理由也許站得住腳，因為一旦金冥能量投入，他們就很難抽離開來。因此，這種能量通常會投射出去。各位覺得會有什麼樣的結果？

觀眾：當事人會找到惹出各種情感問題的伴侶。

麗茲：對，通常都會如此。伴侶也許心理受傷，或拋出某些無法克服的問題（好比說已經結婚之類的），或是佔有慾太強，太執著於情感或控制。我認識一些金冥相位的男士，他們都沒有意識到自己非常會操控人，總是想要保全自己情感的脆弱與緊張，同時，他們的伴侶卻不斷透過爭風吃醋的戲碼演出這組相位，又讓他們覺得亢奮。不過這組相位的能量的確不好操作，如同金土或金凱。阿芙蘿黛蒂跟黑帝斯在放縱激情上的確有些相同之處，雖然黑帝斯看待這件事的態度更為嚴肅。而金星的美感層面可以結合冥王星的誇張，能夠反映出相當的戲劇能力。愛情與生活可以放得好大，變得神祕。如果你們吵架，那肯定不是冰冷的口角而已，能破的東西通通會摔爛，等到吵完後，一切都結束了，你會無力，然後跑去撞公車。不過戲劇能力跟抓時間的感覺會一直在背後運作，因為金星就是無法抵抗在生命裡搞藝術。

觀眾：可以聊聊金冥相位跟金星在八宮的不同嗎？

麗茲：我們今天談金星相位好像一直回到這種問題上。再說一次，會有類似之處。不過，八宮是生命的領域，那是見面且體驗金星的地方。因為八宮反映出超越小我掌控的經驗，會在潛意識或看不見的層面爆發，而當事人就會透過「注定」的機緣遇見金星。通常代表關係裡非常痛苦但深刻的轉化經驗，很可能是早年喪親，或失去情人、伴侶。這種經驗當然不僅限於悲劇，不過這些事件肯定會帶有八宮的特色，深度爆發出來，佔據當事人的生命，展現出當事人自己一無所知的內在世界。金冥因為反映出我們充滿動能的需求與驅力，當事人積極追求的經驗必須包含張力與深度，就算這是無意識的企圖，也會投射在伴侶身上。

如果當事人沒有掌握住金冥的能量，無意識使用，則會造成令人不悅的結果。這點也適用在所有與冥王星產生相位的行星上，因為冥王星對自己跟別人都一樣，要求極度的情感坦白，才能貢獻出最好的自己。不然，冥王星就會成為毀滅者，在幕後展開各種醜惡的行為。如果你的本命盤裡有金冥相位，就算你的月亮是在彬彬有禮的天秤座，上升在自律的摩羯座，或太陽在文明理性的水瓶座，在你的情感光譜裡，還是需要有些戲劇性與張力。這點也許會造成許多問題，當事人可能必須多次面對棘手的自我背叛情感問題，特別是如果父母對孩子過早發育的情慾發展感到不舒服，曾經大聲嚴斥這樣不知羞恥或無法接受的狀況。

我發現這點是金冥當事人特別容易與這組相位斬斷關係的原因，結果就是帶來更可怕的展現方式。心理分析圈對於孩童的情慾行為瞭解甚多，將其視為健康且自然，但一般的父母通常無法接受或理解伊底帕斯動力，特別是父母親的婚姻狀況岌岌可危，且家族世代都認為性骯髒齷齪的狀況下。每個家庭裡都會有嫉妒、競爭以及情慾三角習題，這是生命裡很正常的事實，也是孩童發展的一部分。不過，我們的文化沒有好好教導這些議題，喜歡假裝沒這回事，除非我們遇到虐待兒童這種可怕的事情。如果你是金冥相位的孩子，你早期的情慾感受也許會比其他孩童來得強烈明顯，大人大概不太歡迎這種行為。

舉例來說，如果你是一位冷漠、羞赧的土星父親，認真養家，但無法輕易表達情感，或你是比較著重思考的天王星父親，喜歡跟孩子打成一片，但不太適應親吻跟擁抱，當你的金冥小女兒一直在你懷裡爬上爬下，無意識以她難以言喻的性吸引力，激起你不想要的性慾時，你就會覺得非常困擾。雖然這是很自然的狀況，如果父親有意識，覺得自己只是一般的父親，就能以體諒與關懷處理這件事。不過，你也可能在發現自己興奮之後，感覺到非常害怕，而你出於內疚，就以非常殘暴的方式把女兒推開，她顯然就會覺得這叫反感與噁心。孩子之後就會把情慾表現與反感、噁心連結在一起，長大之後就會害怕當她表現情慾與愛慾時，她就會受到侮辱跟遺棄。因為金冥反映出特殊的張力與固定的愛，其中還有強烈的自尊心，以及永難抹滅的傷痛。這也就不難看出，為什麼當金冥相位者長大以後，也許會為了避免再次遭到同樣的侮辱，而玩起更可怕的權力角力遊戲。

觀眾：母子關係也會引發同樣的狀況嗎？

麗茲：當然會，但也許母親對於孩子的感覺比較沒有那麼無法接受，因為哺乳本身就帶有情慾的色彩。不過母親的心理的確要稍微意識到兒子對她的情慾感受，且不要用反感或操控的態度面對這種感覺。後者也許反映出金冥相位的困難，因為如果父母無意識地卡在自己的佔有需求之中，他們也許會利用孩子的情慾，進而在自然的生命歷程之外，保有早年的親子羈絆。這種操控不只讓金冥孩童看到最可怕的示範，同時也會留下深刻的憤怒傷痕，當事人長大後會害怕失去對性的掌控權。因此，金冥相位就會產生巨大的挫敗感，因為當事人害怕會操弄自己的情慾需求，進而對這種感覺無法自拔。

我不會跟所有的金冥相位者提這件事，除非在他們的出生盤上有強烈的父母親因素。不過，就孩童性慾的集體意識來看，這種狀況不算罕見。佛洛伊德替我們服務，率先找出直接面對這種冥王星國度的勇氣，雖然他可能有點武斷，把一切通通塞進井然有序的系統裡，但多數人都不清楚生命的這個面向，只知道這與一個人想跟媽媽發生性行為之類的糟糕事有關。我覺得如果你的本命盤裡有金冥相位，你最好讀一點佛洛伊德、梅蘭妮・克萊恩（Melanie Klein）跟榮格的東西，且為了你自己好，請你擁抱生命裡的心理層面。如果我們回到金星反映出我們長遠價值的基本範疇來看，那金冥就會覺得人性深度最有價值，且與其不自主地藉由危機與痛苦體驗這種能量，不如主動探索，得到其中的助益。

觀眾：冥王星會摧毀關係嗎？

麗茲：冥王星會試圖摧毀威脅其生存的一切。因為冥王星是集體行星，冥王星的生存意味著本能需求的生存，其他所有以個人層面調整、壓抑、權衡這些需求的方法都會被視為威脅。這就是為什麼我們必須意識到冥王星的原因，我們需要更意識到自己是部落生物，準備好要攻擊任何需要我們發展成獨立個體的一切。如果我們持續沒有意識到這種原始的需求與情緒，我們在生命裡就無法與它們合作，那我們可能不小心就會摧毀我們非常想要且渴望的東西。顯然金冥組合，特別是強硬相位，可能會無意識地摧毀很有價值的關係，但這種狀況會發生，通常是因為一大團原始情感在地下室搞破壞，因此才會產生無意識的害怕失控（因此成為生存的威脅）。

觀眾：我認識一個人，金天蠍對分金牛的月天合相。他從來沒有結婚，時間似乎都拿去冥想了，他只講靈性，拒絕性愛。

麗茲：真不曉得他的金天蠍躲去哪兒了。

觀眾：我也想知道。

麗茲：天王星對月金的影響也許反映出他需要從本能世界抽離，在天王星的「星空」裡尋找自由。不過金牛天蠍軸線上的行星蠻困擾的，因為這兩個星座都很講肉體感官，感覺彷彿天王星霸佔了一切，完全不平衡。我會說這位先生的身體及情慾可能替他帶來很多恐懼，他也許把這種經驗與兒時的母親連結在一起。各位如果回想月金的討論，母親本身通常存在著母愛與情慾的衝突，而孩童對於母親無意識性慾反應的方式也許是在長大之後，從本能需求理解離出來。我並不是說你這位朋友的靈性努力「不對」，因為這的確是天王星的特色及健康的反應。不過，他的金天蠍與月金牛似乎承受絕大壓抑。感覺不平衡，他是在逃避自己。

觀眾：我們可以把金冥相位、金星在八宮跟波瑟芬妮的神話串連嗎？

麗茲：可以，這則神話描述了金冥相位的諸多過程，雖然也可以用其他層面來理解。在金冥的強硬相位裡，一開始，金星的美感跟輕鬆也許會因愛的黑暗面向而退卻，而生命通常會帶來如同被迫進入冥府般的情感及本能。波瑟芬妮的故事反映出強迫性慾望的入侵，以性侵來描繪，因為顯然這種行為不是你情我願的。不過，如果我們細究這個故事，我們則看得出波瑟芬妮是自己一個人遊蕩進危險之中，彷彿是她內心渴求這種經驗一樣，而雖然她的母親狄蜜特（Demeter）極力想要保全她的貞操，但蓋亞、大地之母，也就是狄蜜特的另一種形式，卻與黑帝斯共謀，在土地上打開一條通道，讓他上來綁架這個女孩。這則神話充滿冥王星式的幽微細節，並不是乍看之下的模樣。伴隨金冥相位的不由自主或被迫屈服於命運的感覺通常也會以這種精細的手法反映出來，不是第一眼看到的那樣。我把波瑟芬妮的神話與青春期的經驗連結在一起，因為青春期時，身體會不由自主受到生理改變的入侵，被迫接受新的恐怖感受。許多青少年在這個時候逃進靈性或宗教之中，說起來也不奇怪，因為這是我們最典型想要遠離冥王星的方法。不過，波瑟芬妮神話最後的結果，是她能夠居住在上層與下層世界，也許可以視為金冥相位的潛力。

觀眾：如果你的金星跟別人的冥王星產生強硬相位呢？

麗茲：冥王星的那一方會有冥王星式的感覺，但也要端看當事人如何處理這種能量。金星那一方會體現出優雅、迷人、美好的特質，因此啟動冥王星那個人緊張、強大的情感。冥王星的張力結果就會對金星那人產生巨大的吸引力，這個人覺得這種展現非常有價值，覺得美好。就算是強硬相位，在這種星盤比對的組合上，兩人通常還是會產生強大的情慾化學反應。不過如果冥王星的那個人與這些原始的情緒斷線，因此覺得威脅，那他們之間就會產生權力角力，跟我先前說的一樣，冥王星會摧毀挑戰期生存的一切。比對盤的通則是，我們會透過自己的行星經驗對方。如果有人的某顆星跟你的金星產生相位，你感覺到的就是金星，這意味著你在對方的存在上感受到這方面的自己。如果與你金星合相的是對方的太陽，你也許就會感受到值得做為人的美與被愛。如果是他們的土星，你也許也會感覺被愛，但你同時也會感受到某種程度的批判與重擔。如果是冥王星，你同樣會覺得被愛與迷人，但你也許會發現他們的張力令人不安或覺得操控。在星盤比對的強硬相位裡，通常會感覺到情緒勒索或操控，雖然其實這種感覺只是反映出對於孩童時代問題的恐懼而已，現在這些恐懼再次出現，影響眼前的關係。不過，另一個人的行星只要與你的金星產生相位，都會讓你更注意到自己的價值，就算過程讓你覺得壓力重重也一樣。

金星與木星

我們還有時間多聊一個金星相位。霍華先前已經談過金土相位，希望我們晚點還有機會聊聊金海跟日金。所以咱們可以用金木做為這次講座的結束，這比金海有趣多了，還能劃下愉快的句點。各位對於這個組合有什麼看法嗎？

觀眾：我想到宙斯。他愛亂搞，總是在追逐新的對象。

麗茲：對，金木的確有這個面向，他們有時的確會為了理想的愛不斷追尋。不過木星尋求的並不是海王星那種完美，他們尋找的是不斷成長與緩緩發展出新的可能性。如果這種需求能夠在關係裡滿足，能夠與伴侶一起前進、成長，那金木相位就不會跟常出現在金海身上的狀況一樣，一直破滅，反而能對彼此忠心。逼迫金木不斷尋找新戀情的其實是狹隘關係裡的無趣。

神話裡的宙斯精力旺盛，充滿創意，不僅限於與女性交往的時候。他會因應各種機會，變換形貌，變成天鵝、公牛、黃金雨來自娛。所以我們現在曉得，金木相位非常重視愛情裡的想像及幻想，一成不變的例行公事感覺很討厭。宙斯也不斷墜入愛河，這反映出內在的浪漫天性，柴可夫斯基的《小提琴協奏曲》可以作為這遠大熱情的完美背景音樂。對金木相位而言，愛需要偉大的冒險，一趟探索與探險的旅程，而結果就是世界必須廣闊。所以這組相位的確擁有樂觀的特質（有時是在物質層面，有時則是在其他較為幽微的面向上），如果一段關係沒有辦法提供擴張的可能及以各種方式滋養當事人的生命，那金木相位也懶得投入這種關係。

宙斯也是典型的永恆少年，這意味著當他感覺到事情沒有結束時，是他最開心的時刻。金木最高的價值就是當事人在關係裡的各種創意可能性尚未枯竭，還有知識可以學習，還有情感、智識及性方面的探索。感覺已經無法前進，狀況抵達天生的界線，已經到了要停滯下來，安於平靜的狀態，而不是繼續進化，這種感覺通常會逼著金木相位離開關係，無論是實際離開，還是在情緒上抽離都一樣。或者，如果當事人將少年的心理狀態投射出去，他們也許無意識會把伴侶逼走，這樣當事人才能對著未來敞開大門。

宙斯是很講感官的神，雖然木星是火象行星，屬於直覺與想像的國度，但同時也很喜歡玩弄土象世界的能量。在神話裡，宙斯會與凡人女子交歡，雖然他是奧林帕斯山的天神，但他不像烏拉諾斯，他不會否定血肉之軀。不過他一定會把戲劇性帶入物質的生命裡，這也是金木相位想從浪漫冒險裡得到的感覺。這種戲劇張力不是冥王星式的掙扎，而是如同亞瑟王傳奇裡金碧輝煌的卡美洛王國，那裡的公主都美若天仙，騎士勇敢高貴。金木對悲劇與受苦沒有太多耐性，當狀況惡化時，他們很容易變得冷酷麻木，生命本該愉悅，不該受到分毫痛苦，如果關係裡一直出現犧牲與必須耐心忍受問題的狀況時，他們也會變得不耐煩造。這是這組相位的陰暗面。

他們對於別人遲緩的反應也會很不耐——「我們已經交往三個禮拜了，你為什麼還沒準備好要徹底承諾？我現在為什麼感覺不到這種可能？」各位在射手座身上也會觀察到對於界線的不耐，對他們來說等待是很難熬的。對方必須立刻達陣，不然這就不是對的關係。等待及放手讓情感隨著時間成長，對他們來說很難。這點在性關係上也一樣，如果地球沒有在第一晚轉動起來，他們也許就會立刻覺得失敗。理查．艾德蒙總說木星及射手座會覺得自己很特別，因為宙斯是眾神之王。因為他太特別，所以他應該可以豁免常人的問題。對於金星與其他沉重行星的相位而言，這種「我有權利開心！」的感覺似乎非常誇張、自戀。不過，我們都能透過無意識的角色來創造生命狀態，木星因為期待開心，認為自己有權利成長發展，而金星也會因此吸引來羨煞其他人的好運。這是這組相位的光明面，這種人通常能在期待生命與愛情的美好信念下，接受到正面的結果。

第三部

火星

激進不見得會帶來毀滅，它從想要掌握生命的內在傾向崛起，似乎是所有生物的特有天性。只有在受到火氣、憤怒、憎恨的阻礙時，這股生命力才會與這些成分產生關聯。

——心理學家克蕾拉·湯普森（Clara Thomson）

戰士與色徒

火星的神話與心理學

麗茲．格林

今天我們要討論火星的主題，我們可以激進一點。昨晚，我跟霍華在討論可以做什麼練習，講金星的時候，我們進行了引導式冥想，我們絞盡腦汁想出適合體現火星的練習。我們決定請各位閉上眼睛，想像你的火星星座，然後揍旁邊的人一拳。

為太陽原則奮戰

各位都拿到火星的神話表現意象表嗎（見圖二）？火星最簡單的一個定義是它是為了太陽原則奮戰，且是為了捍衛所有在其軌道之內的內行星。必須奮戰的原則非常明確，因為出了火星軌道，外頭是一個浩瀚的世界，一個人的個體性、價值、肉體與心理生存遲早會在外頭受到挑戰與衝突。不可避免地，我們必須為了自己是誰而戰，最初的戰場就是從子宮脫離的那一刻。中世紀占星學將火星視為凶星，這種意涵一路延伸進現在許多「講究靈性」的占星觀點之中。不過，雖然激進、戰爭、佈滿荊棘的國度不太符合我們對完美世界的想像，學習用意識、建設性與火星共處也不怎麼輕鬆，但少了火星，我們會軟弱無力，別人的火星就會揍扁我們。許多占星師似乎無視火星價值裡這簡單、實際的觀點。

我會講講各種層面的軟弱無力，還會聊聊當火星無法在星盤裡好好表達時，會惹出哪些後果。這顆難搞的行星賦予我們人生最原初的定義，它就是讓我們從子宮與集體意識脫離出來的基礎，因為一旦確立我們是誰、想要什麼、在乎什麼，我們就徹底與他人分離，無可挽回。因為火星攤在陽光下，話已經說了，無法重來，就跟我們一旦開始自行呼吸、斬斷臍帶後，再也無法爬回子宮一樣。所以火星的行動具有徹底跟無法逆轉的特性，這也是為什麼許多人無法好好活出這顆行星的其中一個原因。

火星不會用謎語或雙關語掩蓋自己的足跡，它就跟馬丁．路德（火星是太陽的其一守護星）一樣，說：「我就站在這裡，上帝幫幫我。」就算你最後道歉、和好，你們還是無法回到早在爭執之前的完美融合模樣。在愛情關係裡，「第一次爭執」是巨大的分水嶺，之後一切都不一樣了。在愛情一開始時，海王星跟金星掌控大局，感覺好像兩顆心臟一起跳動，各位肯定都曉得如同《愛的故事》（*Love Story*）這種讓人哭得死去活來的電影，裡頭演到：「愛就是永遠不說抱歉」之類的。這種心情會讓火星卻步的，我們在現實生活裡唯一一次感覺到兩顆心臟一起跳動，就是在子宮裡的時候，而一切的融合在出生剎那畫下句點。所有美好的同感與理解都在火星出現、爭執定義兩個人的獨立自我時，破碎了。這是環繞伊甸園的牆壁產生第一道裂

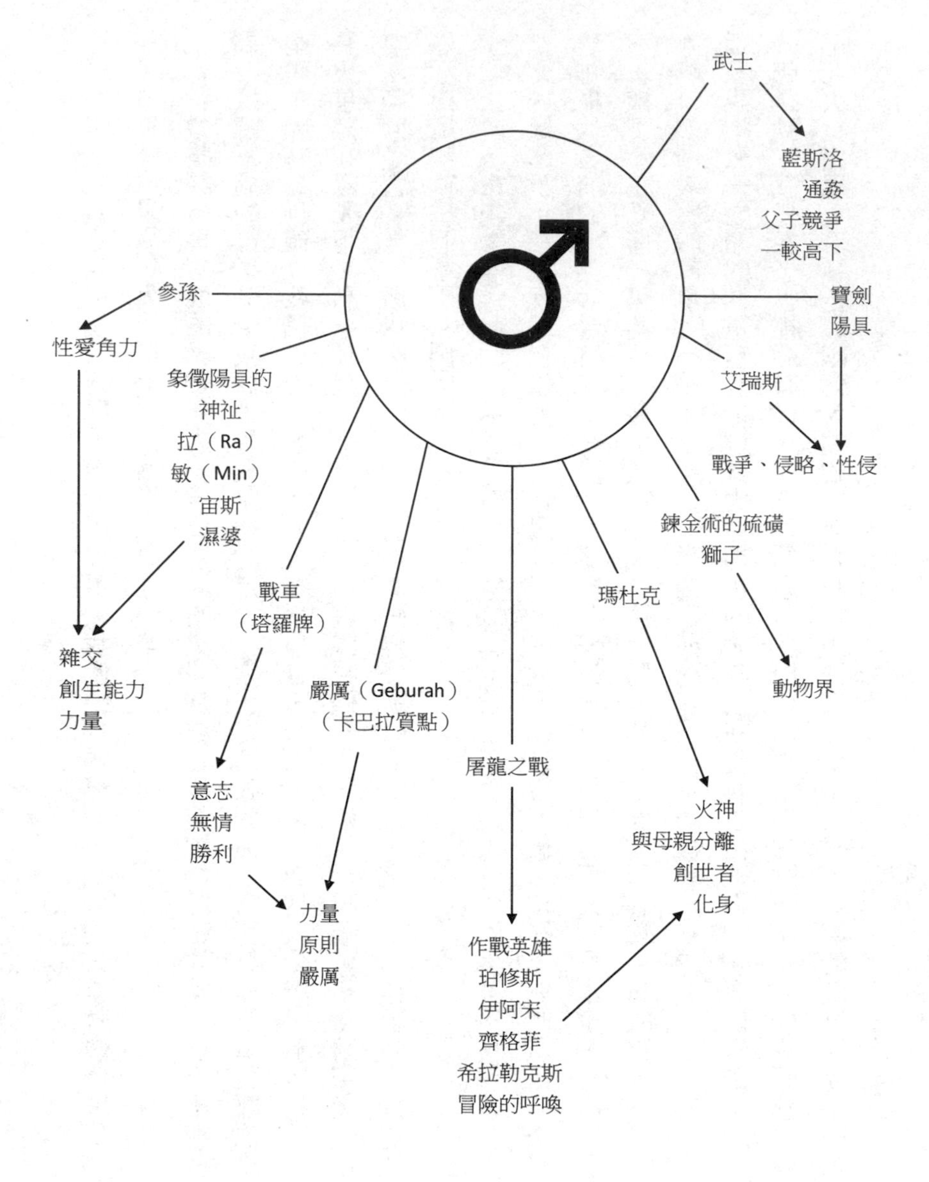
武士
藍斯洛
通姦
父子競爭
一較高下
寶劍
陽具
艾瑞斯
戰爭、侵略、性侵
鍊金術的硫磺
獅子
動物界
瑪杜克
火神
與母親分離
創世者
化身
屠龍之戰
作戰英雄
珀修斯
伊阿宋
齊格菲
希拉勒克斯
冒險的呼喚
嚴厲（Geburah）
（卡巴拉質點）
力量
原則
嚴厲
戰車
（塔羅牌）
意志
無情
勝利
參孫
性愛角力
象徵陽具的
神祉
拉（Ra）
敏（Min）
宙斯
濕婆
雜交
創生能力
力量

圖二　火星的神話表現

痕的時刻，雖然這道裂痕立刻補起，但蛇還是想辦法溜了進來。所以我們害怕火星的部分原因就是因為，一旦我們替自己行動，我們就回不去了。

各位還記得英雄的旅程裡，英雄一定要屠龍或殺死邪惡的雙胞胎嗎？這就是火星的降生，也是英雄之劍及鬥志。在太陽發展的某個階段裡，火星必須出來捍衛正在成長的自我。我在太陽的神話講座裡提過[1]，巴比倫的火神瑪杜克（Marduk），他必須與自己的母親蒂雅瑪（Tiamat）對戰，分屍母親，創造出實際的天地世界來。瑪杜克的戰役象徵了火星的功能，不只對抗回歸到與母親、集體意識融合的引力，還要同時進行客觀冷血的檢視與定義現實（分屍母親），進而創造個體的新生。如果我們用心理學的角度審視瑪杜克的戰役，憤怒、激進、確立自我都是與母親分離的原始方法，進而在早年形塑出自我的基礎。這些原始的情緒就是我們屠龍的武器，每一位母親，就算是最好的母親，都必須注意到孩童發展的這個階段。

某些神話英雄的天性就是很火星，好比說瑪杜克。英雄之旅的本質就是太陽之旅，但某些旅程有更多戰鬥，其他旅程好比說奧德修斯（Odysseus）的返家之路，則比較需要機智與狡詐。在旅程的階段裡，就算英雄本人較為和平，不免還是需要作戰或抵抗敵人。伊阿宋（Easun，也作傑森）必須屠龍，取得金羊毛；珀修斯（Perseus）必須斬了美杜莎（Medusa）的頭，贏得安

1 原註：這裡的討論可以參考《發光體》一書第二章「千面英雄」。

朵美達（Andromeda）的芳心；帕西法爾（Parsifal）是個傻瓜，但就算是他也要作戰。在華格納的歌劇裡，帕西法爾的戰爭包括必須抵抗昆德麗的誘惑，同時還要跟遭到去勢的巫師克林索爾作戰。這兩件事都反映出火星的力量，一是要拒絕一個人低下的價值，另一個是用武器展開激烈的戰爭。而齊格菲（Siegfried）則是經典的火星英雄，他從祖父沃坦繼承到寶劍之力。我們可以進一步詮釋這則神話的意涵，這位英雄的陽具象徵，寶劍跟亞瑟王的王者之劍（Excalibur）一樣，本身都帶有強烈的火星意涵，揮舞寶劍的都是太陽般的英雄。

齊格菲還有另一個相關的火星特質，那就是他無懼無畏，除了背後的要害。只有背後中劍才能摧毀他，偏偏他就是這樣死的。齊格菲大膽無懼，但他也不是特別狡詐，因為他用「寶劍」思考，所以成了背叛行為下的受害者。只有在面對正大光明的敵人時，火星才真正無敵。火星的功能並沒有提供處理暗流及從背後悄悄逼近敵人的天賦，但火星在雙魚、巨蟹、天蠍這種較為敏感的星座時，較能具備面對迂迴敵人的能力。火星的天性也許神經大條、粗俗魯莽，但它的本質是敞開、直接也誠懇的。只要我們能夠信任敵人的誠懇，我們就能好好打一仗，就算輸也輸得漂亮，然後改日再戰。不過，後背中刀卻會擊潰火星，而天底下最銳利的暗器就是情緒操控。

一個與表達火星有關的困難的童年議題是家庭背景，因為爭執都是偷偷來的。這點暗示了家族的火星問題，原本應該外顯的激進與分割行為迴避閃爍，家庭成員想要得到點什麼的努力，通通被趕進無意識運作。我發現疾病操縱（以及其他明顯的疾病問題都有操縱的成分）總是跟占星裡磨人的火星連結在一起，所有的憤怒、激進及意志通通壓縮成檯面下透過身體狀況控制他人的手段。這通常是從家族裡學到的模式，也許可以追溯回好幾代以前。

粗心英雄的考驗

對我來說，火星英雄天性最典型的象徵人物就是希拉克勒斯。他在羅馬文化裡非常受歡迎（海克力士），在希臘也是，他們覺得他是最理想的英雄。不過他不是非常有智慧的角色，英雄事蹟後總拖著一連串紕漏。他總會不小心誤殺某人（亞馬遜女王希波呂忒），不小心誤傷朋友（凱龍），然後他只會搔搔腦袋，說：「啊，不好意思，我猜我是太用力了。」火星的確帶有這種出紕漏的特質，有點類似低俗鬧劇，有點蠢，直到上了戰場，才華才真正展現。

觀眾：凱龍怎麼了？

麗茲：這則神話值得記下，因為這個故事含有凱龍的象徵意涵，同時也說明了希拉克勒斯所反映出來的火星天性。希拉克勒斯剛殺死住在泥濘洞穴裡的九頭蛇海德拉，他帶著一箭筒沾滿海德拉毒血的箭，去拜訪他的朋友凱龍，進行午餐約會。他們兩人坐下來聊開的時候，希拉克勒斯笨手笨腳，箭筒裡的一根毒箭就不小心劃傷人馬的大腿。實在不能責備希拉克勒斯啦，因為他就是這樣，結果凱龍得到了無法療癒的傷痛，毒液無法抽出，也沒有解藥。因此凱龍成了睿智的療癒者，當然在較為黑暗的時刻，他還是會安於當一隻沒腦的人馬，而不是原型描繪的負傷療癒者。如果我們必須找出必然結局的象徵意涵，我們也許可以說，通常是因為火星的功能，也就是無法釋懷的憤怒及激進的有害經驗，讓我們帶著傷疤繼續前進，雖然，通常如同凱龍的例子，這種傷疤很可能是來自別人的火星。

希拉克勒斯的十二項任務也很有意思，他因為另一次誤殺事件，必須承受這十二件苦差事。每項任務都像一則迷你神話，每一則都是火星訓練場的一個面向。透過這十二差事的循環，描述出我們在人生裡也會經歷的各種戰爭面向，而從中，我們也必須學習以堅強的火星原則應對。希拉克勒斯經歷過這些任務後，學習到更精練與自制，但他畢竟還是希拉克勒斯。

我剛提的，他與勒拿九頭蛇之役，則是很好的火星試煉例子。海德拉有九顆毒蛇頭，住在沼澤中間的洞穴之中，動不動就殺害住在鄉間的百姓。希拉克勒斯帶著他的巨棍前往（這也是神話裡非常特殊的武器，很符合陽具形象），以為他能輕鬆征服這頭怪物，因為他的巨棍無堅不摧（他的基本原則就是，「會動就打死」）。不過，海德拉讓他吃盡悶虧。一是因為牠躲在黑暗的洞穴之中，他花了點時間才想到辦法，他必須朝洞穴內發射燃燒的箭，把怪獸逼到空曠之處。在此，火星面對的是不符合光榮作戰原則的對手，敵人躲在無意識的黑暗之中，所以我們必須學習有效的引導方法及洞見，看清敵人的動機，這兩者都能以燃燒的箭作為象徵。

後來，當海德拉終於從幽暗的洞穴入口爬出來時，希拉克勒斯發現如果砸爛牠的一顆頭，牠又會再生出九顆。這無疑是致命的敵人，直接攻擊只會讓敵人變得更強大，而希拉克勒斯已經到了快要完蛋的程度。火星在此必須學習，外顯的攻擊性有時只會引起別人激進的反應，最終只有害得自己戰敗。然後，這位英雄想起，唯有陽光能夠摧毀海德拉。所以他跪下去，把整條九頭蛇抬進陽光裡，因此殺死九頭蛇。這樣的象徵非常有意思，其中一個意涵也許是在說，火星必須學習外在的謙卑，且短暫放下自尊（跪下去），這樣才能得勝。海德拉如同我們在生命內外會遇到的許多敵人一樣，如果能在狀況裡投入足夠的意識與開放性，問題都會迎刃而解。我相信在場許多人都有這種經驗，憤怒、甚至長年的憎恨只要老老實實打開天窗說亮話，一切問題都會煙消雲散。就算必須做出痛苦的選擇，就算敵人還是敵人，至少我們不再受到無形情緒暗流的毒害，特別是我們自己的情緒。

希拉克勒斯另一項驚人的任務是清洗奧革阿斯的牛棚（Augean Stables）。英文裡特別用「奧革阿斯的牛棚」來形容骯髒不堪的地方，必須好好清理。希拉克勒斯授命在短短時間裡清洗牛棚，但這個地方滿是牛屎，實在強人所難。他顯然無法揮舞大棍，因為他要面對的是排泄物，而不是敵人，就算動手也無法在指定時間內完成任務。火星在此成為淨化的媒介，以外科手術般的精準沖刷掉無用及陳腐的生命。「清除舊屎」成了火星另一個面向的功能，與我們做決定、除去昔日腐臭過往的能力有關。

海德拉也許可以視為人類恨意、無法原諒的情感毒素化身，如同神話裡的每個角色一樣，這種特質同樣存在於英雄及我們心底。也許牠是冥王星般的生物，根源深繫母親，返回家族過往歷史的黑暗情結之中。我們需要火星面對這種內心及外在世界的邪惡。不過，奧革阿斯的牛棚卻反應出我們繼承而來的靈魂殘渣、廢棄物，累積了好幾世代，慣性模式向我們下藥，讓我們變得遲緩，以其惡臭與沉重扼殺我們。希拉克勒斯最終想到一個法子，他移動大河的河床，讓強勁水流穿過牛棚，裡裡外外通通沖刷乾淨。

這樣的形象也許可以解讀為情緒能量（水）改道，一次劇烈洪水情感宣洩能夠沖刷所有廢物。治療工作，特別是淨化類的治療，通常都有這種過程：原本轉向別處的情緒現在重新注入當事人及其對狀況的苦惱之中，情緒大爆發的體悟效果可以改變許多陳舊、根深蒂固的行為模式。這也是火星的範疇，因為相關情緒通常沒有表達出來，成了壓抑的憤怒與憤恨，忽然的宣洩可以體認到積壓許久的內在。在治療童年創傷的階段，通常會讓當事人很氣自己的家人，替自己出氣。這是抨擊父母的階段，雖然卡在這裡不太有幫助，最終這股怨氣還是要成長為理解與同情，但這個階段還是短暫、必要的淨化過程，特別是對一直以來以防禦姿態理想化施虐父母的人，且從來不敢面對現實者。

我所描述的這兩件苦差事都提供了許多火星會在生命裡遇見的考驗與洞見，且提供面對的方法。因為火星是「反社會」的行星（它只替我服務，不是替社會服務），生命遲早會平息我們內在的激進本能，因為別人無法忍受猖獗的火星。最好的狀況頂多我們不討喜，最糟的狀況就是我們被關起來。如果對於這種「鍛鍊」的經驗，反應能像希拉克勒斯從任務中學習一樣，那我們就能以更積極、更受控制（不是壓抑）且具有創意的方法表達火星。

艾瑞斯與我們的原始力量

如果要從希拉克勒斯換個話題，來聊後來成為羅馬神話馬爾斯的希臘神祇艾瑞斯，我們必須要考慮幾個有趣的意象。首先，艾瑞斯沒有父親。他完全是女神希拉單性生殖下的產物。希拉的丈夫宙斯在不需要妻子的狀況下，從頭上生出了雅典娜，這事兒讓希拉氣得要死，這完全是在藐視希拉所守護的婚姻、家庭與生育領域。所以女神復仇的憤怒產出了艾瑞斯，或者，如果我們要用佛洛伊德的話來說，他是母親陽具羨妒下的產物。宙斯居然在沒有她的狀況下，創造出靈魂（智慧）的女性子嗣，因此希拉決定抗衡，打造出只為她而戰的陽具兒子。雅典娜沒有母親，她在本能與肉體的國度沒有一席之地，艾瑞斯沒有父親的原則，我認為他不是從理性裡誕生的，無關陽性國度的靈性及智識層面。他是男性，但他是全然的本能，完全沒有反思或象徵的能力。

因此，雖然艾瑞斯是男性，符合陽具原則，他卻沒有奧林帕斯山男神的抽離感。他屬於月亮與黑暗，荷馬形容他是個大暴徒，九十公尺高，渾身是毛，野蠻殘酷，但在戰場上所向無敵。他沒腦笨拙，但雙眼閃著狂戰士（Berserker）的光芒，沉醉在戰爭的神聖之中。狂戰士是條頓文化裡的艾瑞斯精神，這種戰士會沉迷在作戰的醇美之中。當這種精神佔據戰士時，誰也傷不了他，他可以深進敵營，毫髮無傷。就連現在的軍隊都有這種傳說，某些軍人，尤其是英國的空降特勤隊（SAS）特別蒙上這種神祕的色彩，成了傳說中的部隊，似乎所向無敵。英國謠傳這些特勤隊的人無所不能，而部隊則出於心理及政治理由，對自己的成員與平民不斷釋放這種假象。如一九八二年的老電影《勇者勝》（*Who Dares, Wins*，按：原文直譯，無正式中文片名）將這種大膽無敵的假象描繪得淋漓盡致。奇怪的是，引發這種原型的時候，似乎可以顯化在「真實」的生活之中。我們一般平民老百姓也可以透過各種行為經驗艾瑞斯的這種神聖薰陶，好比說典型的酒吧互毆，或危險忽然出現，而本能操控我們，讓我們採取比平常清醒、害怕時做夢都想不到的果斷勇敢行為。我們「忘我」地展現平常意識裡不可能辦到的勇敢及力氣。

以歷史角度觀察北歐及條頓文化裡的狂戰士實在很有意思。英國海岸曾遭受維京與撒克遜人的入侵，各位可以想見那場面有多可怕，金毛巨人從龍船上飛奔而下，頭上戴著長角的頭盔，揮舞著長長的寶劍，眼裡閃爍著狂戰士的光芒，看起來非常瘋狂。這股能量帶有強烈的性元素，反映在角啊劍啊這些陽具形狀的象徵之中。我也會把這股艾瑞斯的精神與宗教、政治殉道連結起來，且是同樣充滿陶醉與性熱情的。火星的這種面向大多因為猶太基督文化而消失殆盡，但還是可以在其他宗教及政治遊說信仰之中發現它的身影。其中的纖細競爭特質也出現在運動員身上，我們都看過某些英式橄欖球、足球員或奧運選手忽然「被附身」一樣，展現出絕佳的表現，經常無法再來一次。火星人格需要經常注射這股能量，無論是在心智、情感或肉體層面，因為這是與原型國度連結的方法，能夠賦予一個人生命力及意義。

神話裡的艾瑞斯無可自拔地受到阿芙蘿黛蒂的吸引，她就是有能力藉由他對自己的慾望安撫他。在這裡，艾瑞斯呼應了英雄希拉克勒斯，利底亞的女王翁法勒（Omphale，這名字是肚臍的意思）也用性慾安撫了他。女王對英雄就是有強烈的吸引力，居然能夠讓她替希拉克勒斯換裝，把他打扮成女人，把他收服得像一隻軟萌的大公貓一樣。各位也許還記得我曾提過艾瑞斯與阿芙蘿黛蒂的一幅畫，性愛之後，他整個人癱軟在她身邊，滿足且昏昏欲睡。艾瑞斯可以透過慾愛、美善與歡愉平靜下來，但征服的亢奮只會讓他渴望繼續征服。

艾瑞斯的神話形象說明我們面對的是原始的原型力量，基本的求生本能。圖表裡列出其他象徵形象，協助我們看清這股本能更加細緻的面向。在鍊金術裡，火星等同是硫磺的原則，通常會描繪成狼。狼在希臘羅馬神話故事裡也與艾瑞斯馬爾斯息息相關，馬爾斯就是羅慕路斯與雷穆斯（Romulus and Remus）這對雙胞胎的父親，兩個孩子藉由母狼的奶長大，最後建立了羅馬。馬爾斯在此偽裝成像孤狼一樣的獨行俠，類似眾神裡的克林．伊斯威特。鍊金術裡的硫磺是激進本能的象徵，也就是原始的生命物質，其獸性的階段，之後經過轉化，最後獲得人性，新的王因此誕生，也就是鍊金術上的黃金。換句話說，火星就是太陽的原始、動物形態。

因此太陽英雄，在他成人、發展出意識反思的能力前，他就是狼，就是燃燒的鍊金術硫磺。我們可以在觀察小小孩的行為上看到這種象徵，通常是在兩歲的時候，所以才有「恐怖兩歲兒」這種說法，他們會開始變得很可怕，到處發脾氣，什麼都不同意，故意跟人作對。這早期的憤怒其實是孩童發展最自然不過的面向，火星本身有問題的母親一般都無法忍受，之後就會引發更多問題。不過，這早期的憤怒的確就是分離的聲明，孩子真的要開始形塑出自己的個體性了。兩歲孩童的憤怒需要安撫與包容，但如果透過罪惡感、情感威脅強行壓抑或阻礙，它就無法擺脫動物的形式，而硫磺無法成金。這股憤怒持續生氣，散發出硫磺的惡臭，許多人藉著心理治療發現「恐怖兩歲兒」彷彿活火山，還在內心生氣，驚愕不已。

鍊金術展現出狼變成王的過程非常驚人。牠的爪子會被砍掉，置入一個密封的大瓶罐中，然後開始烹煮，但牠不會死，因為牠是神聖的，牠是鍊金術黃金的野獸形體。詭異的矛盾存在於這野蠻的景象之中，結合了必須的受苦與轉化，進而釐清最高的價值。狼哀嚎掙扎，但蓋子還是緊緊蓋上，不然王者不會誕生，金子無法鍊成。我們也許可以再次想想小孩的憤怒，象徵著孩子的憤怒可以包容，但不能摧毀。同樣的狀況也經常發生在心理治療的上，病人可能在漫長的過程裡以各種方式（從經常遲到、忘記開支票到公開辱罵都有）不斷對治療師發脾氣，但都需要察覺與包容。

回想你的童年，想想你是否記得自己曾經這麼憤怒過，這種經驗實在很有趣。你有沒有好好鬧脾氣過？你能否展現出火氣，且管教沒有讓你覺得自己一文不值？你生氣的時候，會挨打嗎？還是壓抑的感覺太沉重，你根本從來沒有感受過類似憤怒的情緒？我記得有一次，我去美國參加研討會，看電視看到一個很慘的節目，內容是一個精神分裂的連環殺人魔，他的母親接受訪問。媽媽出於維護的心態說：「我的兒子是很乖很聽話的小孩。他從來不會鬧脾氣或難搞。」顯然不是所有乖寶寶孩子長大後都成為連環殺人魔，但火星徹底的閉塞還是讓我不禁小小膽寒，因為後來這股能量在生命裡爆發，成為狂戰士怒火的駭人案例。

我們的核心人格特質不是家長的責任，出生盤上的困難火星也不是家長造成的結果。不過，家長如何處理火星這未成型的太陽，對於我們長大之後如何面對這個層面的自己息息相關。孩童與父母的火星以各種方式抵觸，最後引來毒打或爭執，這還算比較健康的方式，糟糕的就是教導孩子，憤怒跟激進不好、骯髒、不道德，結果閹割了孩子的火星。從這種訊息裡產生的罪咎感具有侵蝕性，我們對於火星怎麼樣都覺得罪咎，因為，如我所說，艾瑞斯這位神基本上反社會，還九十幾公尺高，任誰都不想在暗巷裡遇到他。

受阻的火星結果會帶來無力與受害者的心態，大量無意識的憤怒可以透過各種方式表現。如同神話說的一樣，火星最容易受到誘惑，進行這種早年閹割行為的通常不是激進暴力的家長，而是用言語誘導的家長。就是這種家長會說：「如果你繼續這樣，你會傷透我的心。你爸

／你媽已經傷我很深。我希望你支持我，站在我這邊。雖然你現在跟那個混蛋／婊子一樣，在我經很難過的時候繼續傷害我。我對你實在太失望了，我以為你跟那個人不一樣，更愛我一點。」我看到現場有人在笑，也許各位很熟悉這種對話？

火星的本質可以殘酷，因為大自然本身就是殘酷的，但它沒有惡意。動物至死方休，互相傷害，驅動牠們的是最適合的殘暴生存法則，但牠們的本性並沒有要施虐。我不相信無端的暴行是火星的特質。盲目的激進與殘暴張力也許是，但要經過某種特殊的傷害，他們才會發展出操控的冷血暴行，這也許是受挫、無意識火星最黑暗的表達方式。火星之神的本質並不是邪惡的，艾瑞斯也許是個暴徒，但他在戰場上奉行士兵的榮譽準則。希拉克勒斯也不是虐待狂，只是有時愚蠢粗魯了點。不過，如果火星遭到去勢（如同華格納《帕西法爾》歌劇裡的法師克林索爾一樣），經歷過好幾年的無力無助，那最後的確可能會變成劇毒。如我們先前所見，這種閹割可能來自父母，但也可能是一個人內心自我衝突後的產物，基礎性格太和平、理想，沒有辦法整合如此原始的能量。我覺得如果占星師把火星看作天生凶星，那實在是鑄下大錯。

受阻的火星能量會反射在當事人身上，當然也會投注進外在世界。如果當事人具有較為溫和或分離的性格，好比說雙魚—天秤的組合，或有很多水瓶座行星，也許就會因此導致自毀的行為，也許是情緒或肉體的自毀（大家都知道火星困難相位容易引發意外），或似乎能以特殊的疾病來展現挫敗火星的能量。當跟情緒有關的症狀（好比說偏頭痛或結腸炎）爆發時，沒有一顆星跟火星一樣，在推運、行運、本命盤上這麼容易觸發這些「熱點」。火星似乎是生理及心理健康的重要關鍵，我說的可不是運動與飲食。顯然象徵身體的月亮在這個脈絡下也很重要，但對身體最具毀滅性的情緒狀態莫過於壓抑憤怒及感覺無力了。

當火星能量受阻

觀眾：這跟癌症（cancer）有關嗎？

麗茲：我覺得你是在問癌症這種病，而不是巨蟹座（Cancer）。對，我相信有關。我正要提到這點，因為已經有許多醫學證據指出，也許某些特殊的心理狀態會伴隨某種癌症。這不是在暗示罹患癌症是誰的錯，當然牽連的因素也很多，但在某些例子裡，也許跟一個人無法處理困難的情緒及容易受到疾病影響有關。

許多醫生認為與癌症有關的人格特質也許會大量默許、認同他人。如果說你到處對人說「好」，從來不生氣，這樣就會得癌症的話，這種分類也實在太簡單了。不過無法認出，更別說表達一個人合理的憤怒及確立自我的權利，這樣的行為的確非常致命。有時火星的症狀實在很明顯，我很訝異當事人沒有聯想到，好比說每個禮拜都會爆發的偏頭痛或膽汁分泌過多與週日晚上必須跟丈母娘一起吃飯有關。因為我們每個人偶爾都會發現自己背負著一大袋的憤怒，無法看清，無法表達，只要我們學習如何解讀，火星的症狀就像是一個完美的情緒測量儀。就算當火星在身體之下運作時，火星還是非常直接、非常明顯。我們必須記得，火星跟月亮一樣，都是肉體與直覺的行星，神話裡火星的孤雌生殖說明了這點。這位戰士的另一面就是火星帶來的疾病，當你束縛、毒啞狂戰士，逼他穿上西裝的時候，疾病就會產生。

我提過好幾次，火星對於其他行運或推運的行星是很強大的觸發。因為其直接的實際特質，似乎反映出過程的顯化，就跟推運的月亮一樣，但更有力量。舉例來說，重要的行運，如冥王星合相本命太陽，或海王星四分本命月亮，或天王星三分本命金星，這些相位都會在容許度裡維持好一段時間，就冥王星來說，有時可以長達兩、三年。可以說火星的行運也許反映出了作用的過程，整整兩年都困在這種過程裡，雖然感覺起來好像一段時間都靜悄悄的，沒有動作，實際上，作用是在內在層面。不過當行運的火星與其他行運行星產生了強硬相位，事件也許就會浮現，或情感爆發，做出改變。火星陽具般的穿刺特質就是其觸發行為的證據。火星也會觸發在本命盤容許度內的行運行星，或觸動其他行運上的行星。火星繞行黃道十二宮的週期約莫是兩年，雖然它在不同星座停留的時間長短不一，但跟其他所有的行星一樣，火星也會逆行。不過，如果我們以粗略的容許度來看，火星在本命盤上，幾乎每六個月就會跟星盤上的每個點形成困難相位。因此火星在行運週期裡肯定會觸發如行運冥王星這種移動速度緩慢的星體，而這種時候，相關意義的事件就會發生，也許不見得會於外在表現出來，因為這也許是隱藏的過程。

如果我們跟火星保持良好的關係，曉得自己要什麼，我們就能向別人開口。不同人對追尋目標的方式都不一樣，端看本命火星的所在星座與相位，而當然，我們在生命的不同階段裡，想要的東西也不盡相同。不過「曉得我們要什麼，該如何不擇手段得到」（如同榮格定義的男子氣概）則取決於當事人能否以意識方式表達火星。雙魚、巨蟹、天秤特質的火星也許會比牡羊、獅子的火星更為溫和、迂迴，因為慾望的本性受到他人接納與贊同需求的平衡與調整，但火星還是火星。而與火星斷裂或火星受阻的狀況，通常會造成長期憂鬱。

顯然短期的憂鬱可能出於外在因素，如生離死別，我們偶爾都經驗過。不過，長期憂鬱的根源很深層，我常發現主要的根源是極度的無力、挫敗、憤怒，這些情緒來自一個人別無選擇，也沒有辦法掌握自己的生命的力量。憂鬱通常不是外顯的苦痛，反而是一種無感的死寂，沒有值得費心的事，就連憤怒也免了，因為這種問題不管無論怎麼做、怎麼說，狀況都不會有任何改變。當壓抑的黑暗威脅要突破進意識層面時，很多人與這種深層的憂鬱解離，意識上加緊進行生命表層的功能，尋找各種逃生路線，好比說強迫工作、狂看電視，訴諸性、酒精、鎮定劑。不過，能量還是會突破，通常會以疾病、疲倦、無法好好入睡這些狀態發生。火星因此轉向內在，開始對付當事人，這個人就摧毀了自己所有的可能。這就像是當事人找死，但很可能意識不到這種死亡的概念。

這個問題可能非常嚴重，我覺得與火星關係不好脫不了干係。這顆行星關乎生存的基本本能，太陽也許反映出生存意志的意義層面，火星卻反應出肉體與本能層面的存活意志。有時逃離這團黑暗糾葛的方式來自哲學或意識形態上的超然抽離，這種抽離也會出現在政治或宗教裡。這種做法將個人慾望貼上自私的標籤，然後譴責火星原則，將其打入地獄，火星的功能肯定會蒙上憤怒與羨妒。我發現能以憤怒語氣譴責一個人努力的人，通常在本命盤上擁有強大也困難的火星。各位知道，火星在委員會裡表現不佳，也無法成為良好的社會主義者，因為它對原則沒興趣，它的興趣在於生存與滿足慾望。火星現實且有時莽撞的推進只希望努力就有收穫，但如果跟其理論，說這些收穫應該為了那些無法努力的人犧牲，那這種理由是說服不了他們的。因為每張星盤裡都有火星，這種態度顯然會對天性理想的人產生困難，特別是如我所言，如果隱藏在集體無意識克制、犧牲背後的是個人從孩童時代就存在的無力感。

在這種狀況裡，我們都聽得到艾瑞斯在地下室發出的撞擊聲，他氣呼呼，覺得挫敗，不斷用寶劍敲上鎖的大門。受阻的火星通常也會形成盲目狂熱的現象，因為我們愈是對上鎖門後的敲擊、吼叫聲感到不安，就愈容易情感盲目，甚至激進，只想努力把他人擺進我們的意識觀點之中。我從來沒有看過哪顆誠實表達的火星盲目狂熱，你追尋你的目標，其他人追尋他們自己的目標。宗教迫害的歷史長河裡有許多火星，但都是病態的火星，受到罪疚侵害，遭到身體與本能譴責的閹割。無論我們意識到的理由是什麼，可能是出於意識形態、宗教，或只是害怕分離與寂寞，在生命裡與火星斬斷關係真的非常危險，對他人及我們自己造成的代價都相當嚴重。

亦正亦邪的陽剛之力

我們現在需要想想陽剛與火星關係的議題。因為男女星盤裡都有火星，也許可以假設男女都有展現陽剛層面的的需求。不過如同男性的符號顯示（就是占星裡的火星符號），相較對女性而言，男性的火星展現較為基本、急切，就是很男人。我們從身體開始，發展出性認同與自信，相較於女性，肉體層次的無能對男性更具威脅、痛苦，有時甚至是有損人格的經驗。

有時，火星問題（意識或無意識的無力或去勢感）常常會透過家族裡的男性心理一代傳一代。因為父親是每個男性後代第一個接觸到陽性原型能量的人，父親以軟弱無力表達火星，就意味著兒子沒有感受力量的好榜樣。男人感覺無能會以很明顯的方式展現，舉例來說，傳統的「懼內」丈夫，害怕但無法展現憤怒或拒絕，只能藉由情緒抽離逃避自己如母親般的太太的憤怒，但同時也會把握各種機會偷偷搞破壞。這種男人的兒子會鄙視父親的軟弱，想要藉由成為心理上的惡棍來補償這種情緒，企圖扭轉這種模式，可能就會用征服、拒絕甚至暴力來控制他的女人。不過，內在他還是受到同樣的軟弱無力所苦，不只別人看不見，連他自己都沒有察覺。

暴力或控制慾很強的男人與消極軟弱的男人，其實受到同一種火星帶來的難題，雖然，諷刺的是，如果他們在外面認識，通常會鄙視對方。極端的壯漢因此成了極端軟腳蝦的鏡像對比，雖然兩者都不會立刻得知，他們其實受過同一種傷。這種模式世世代代從父親傳給兒子，雖然也可能喬裝成外顯的狀態，好比說努力工作的父親與浪子般的兒子，或反之亦然。而父子之間肯定存在著競爭與祕密的戰爭，父親對自己的男子氣概覺得不安，兒子則努力想要找出自己的男子氣概。如果這種火星問題存在於把火星投射在男人身上的女性，那她很可能會發現自己必須面對兩個男人的問題，好比說丈夫與情人、丈夫與兒子、一個又一個的情人之類的，這些男人顯然會展顯出不同的兩極，卻私底下存在火星的陽剛問題。原本擁有控制欲強、暴力戀人的女性也許下次在意識上會想尋找順服聽話的男人，結果卻發現這兩種男人都有辦法讓她成為受害者，在關係裡感受到同樣的無力。

我們可以繼續反覆探索反映出這種陽性能量問題的情緒場景，但這些所有的劇本通通環繞著一個簡單的火星原則，也就是曉得你要什麼，且不擇手段得到。也許更重要的是我們需要想想這種模式在星盤上會如何呈現，以及我們為此能做什麼。其中一組暗示感覺與表達力量問題的相位是日火對分或四分。無論這兩顆行星在本命盤上是什麼關係，它們最終都需要成為朋友，因為火星需要向太陽提供其戰鬥力，而太陽必須替火星的戰役賦予意義。如果太陽否定火星（換句話說，如果因為火星對自我形象及意識目標的挑戰而否定自己的激進面向），我們也許就沒有任何願景的力量，能夠將其訴諸行動。然後，也許是「其他人」（伴侶、父母、孩子、老闆、政府、社會）否定了我們的創意努力，以他們的冷血自私阻礙我們。我發現這點男女都適用。如果我們想要在沒有火星的狀況下成為太陽，我們其實閹割了自己，最後只會虛假、沒有力量，而投射出去的火星也會從外在世界回來找我們。

別人造成的暴力問題挺棘手的，我們無法將所有的責任都歸於我們的投射。暴力行為存在於世界上，永遠如此，有時，整個社會都是它的受害者。如果覺得某一個人投射出去的火星產出了希特勒、史達林或愛爾蘭共和軍，這種想法實在很荒謬。不過，當暴力以一對一的方式出現在生命裡，我們就必須思考也許當時自己可能誘發了什麼，以火星的方式外顯出來。有些人有暴力傾向，只要這種模式存在，如果想斬斷這種關係，無論有多痛苦，我們都必須向內探索。有時，我會惹女性個案不開心，她們的丈夫有暴力傾向，我會暗示也許她們的內在無意識推了一把，或協助引發這種已經存在於另一人心底的暴力。我覺得將所有男人對女人做的壞事通通歸咎在男性本惡的意識形態觀點，實在是荒謬又危險的。承受男性的暴力是恐怖也顏面盡失的經驗，應該得到絕對的同情及法律保護，但讓人覺得很不舒服的議題冒了出來，這些遭受丈夫毒打的女性，每個都沒有離婚。

當負面的火星在關係裡爆發時，通常兩個人都有問題。如果一方懷抱著沒有意識到且沒有表達出來的深層憤怒，這個人也許會誘發伴侶演出這股能量，進而達到某種宣洩，同時又保全自己看起來的清白。我就直說吧，女人有各種幽微的方式可以閹割男人，以關愛的自我犧牲之名，把他逼到某個充滿盲目憤怒的境界。各位都讀過美國劇作家尤金・歐尼爾（Eugene O'Neill）的《送冰人來了》（*The Iceman Cometh*），劇本裡就駭人描寫了這種機制。因為這個社會譴責肢體暴行，卻無視偽裝成殉道的情緒暴力，覺得面對自己或他人的這種問題非常痛苦。不過，天底下有一種甜膩、順從的「好」人格，男女都有，最容易一再引發別人的憤怒與激進。

我這就跟各位分享我的一次親身經歷，這件小事發生在幾年前，我卻一直放在心上，因為它展現出投射火星典型的出現方式。循常的午夜，我家電鈴響了。我正與伴侶愉快交談到一半，我們也準備要睡了，雖然霍華先前說過，我的星座叫做「請勿打擾」，我有時也會以為自己的界線很清楚，因而犯錯，我覺得就算是太陽、月亮、上升都在雙魚，還日月海合相上升的人，都會覺得我接下來要描述的狀況不太舒服。

我家門口站了一個小伙子，他看起來就像是從一九六六年加州海特—艾許伯里走出來的嬉皮，一頭卷卷長髮掛滿珠珠，一臉甜膩的「咱們都是一家人」笑容。他說：

「妳好，我想請妳幫我解盤。」我在心底默數到十，然後客氣地說：「既然你曉得我家地址，你也許應該更有禮貌一點，先寫信或打電話跟我約時間。我不在半夜解盤。」他說：「噢，但我現在就必須知道。」他繼續露出那甜膩的微笑，一點點激進暴力都沒有，我卻感覺到自己愈來愈火大。重點不只他完全不在乎別人的隱私，這種行為含有一種無意識的深層侵略感，而他完全沒有注意到。我說：「那真是太糟糕了，對吧？因為你必須在不清楚自己星盤的狀況下繼續生活下去了。這裡不是園遊會的算命攤位，二十四小時不打烊，你方便就來的地方。走開，不准再按這個電鈴。」之後，他天真無邪地說：「妳在氣什麼？妳是不是有憤怒問題啊！」

我覺得我沒有當場殺了他已經很棒棒了。我只有在他面前把門甩上，他離開時無疑認為我必須有空接待他，我一定是有嚴重的憤怒問題。不過，因為他沒有展現出外顯的憤怒，他可以替自己的行為找藉口。他覺得自己是嬉皮花之子，滿懷愛、和平及人道精神，但他期待世界也會給他絕對的無條件哺育，不分晝夜，如果不如他意，他就會以指控他人「沒有進化」來宣洩憤怒。他完全沒有界線觀念，因此無視他人的狀況，當他人的狀況侵犯到他時，無疑都是別人的錯。我可以想像他在生命裡，帶著那甜膩的笑容，身後留下一大堆憤怒的伴侶、老闆、朋友及認識的人，然後時不時對著因為淪陷在貪婪、自私、邪惡、暴力狀態裡的世界發出無奈也哀傷的嘆息。

這個故事帶有幽默的色彩，卻也描繪出令人不安的深刻重點。如果這個人引來別人的暴行與騷擾，從這種行為看來，他遲早會按到不該按的門鈴，那誰該負責？侵略行為與控制有很多相當幽微的手段，能夠逼迫別人按照他們的意思行事，靠的就是玩弄別人的義務感與同情。我想各位明白，當我說關係中有暴行產生，很可能是雙方結晶的產物，而不只是一方難以控制的侵犯所致。如果在一起幾個月或幾年後，你每天都覺得自私、沒人愛，且在這些犧牲後，你沒有給予伴侶對方想要的一切（而你一開始很可能就沒有問過這個問題），那你會有什麼感覺？

這通常就是火星遭到否定，被迫在潛意識層面運行的結果。成為他人肢體、情緒、言語暴力下的受害者的確是很可怕的經驗，但我相信我們必須找到勇氣，檢視其中的共謀成因。我現在回想起來，明白我為什麼會吸引那個花之子到我家門口，那段時間，我還在掙扎劃界線的權利（這也是火星的議題），而他就是充滿罪咎的具體內在聲音，要我應該把別人的需求擺在第一位。不過，他所承擔的風險比我嚴重多了，我只是當著他的面甩上家門而已，如果我是六呎高的醉漢，他可能會重傷送醫。他毫無意識到自己的憤怒，這不是針對某人、與現實連結的憤怒，他的憤怒可以回溯到孩童時代，他顯然沒有得到每個孩童需要的無條件之愛。

人人星盤都有火星，我們每個人難免都會遇到透過公開表達自己的憤怒，進而與他人產生心理分離的問題。暴力與受害是火星走向極端的問題，如果我們一再發現自己成為某人怒火的順從接收者，也相信我們沒有任何堅毅的生存本能，這個時候，我們就該問問出生盤裡的火星到底怎麼了。

觀眾：我好奇，如果一個人遭到性侵，而兩人星盤的火星有所關連。這樣符合剛剛的解釋嗎？

麗茲：這個話題可能會引來各種反應，我不願意在沒有足夠時間可以撫平小組成員的情緒下討論。我相信遭到性侵不是女性的錯，但我們周遭有一股危險的集體態度，這是中世紀天主教的遺物，相信女性是惡魔的工具，因此常讓女性在遭到性侵後，覺得內疚、丟臉，不敢去報警，擔心會被指責是她們「引起」的。這種態度存在於女性內心，也存在於外在世界，但它在集體靈魂裡根深蒂固。說到這裡，我想每個個案都不一樣，尤其是在施暴者認識女性受害人的灰色地帶，前男友、前夫、不熟的朋友，也許都有共謀的介入，而女性對男人深層壓抑的憤怒也許無意識地佈置出了可以讓憤怒展現出來的場景。我碰過這種例子，也遇過很多例子是女性明知有危險，還傻到一個人走進危險之中，討論完美社會「不該」有這種地方其實沒有意義。事實就是只有最沒有意識的人會挑逗宿命（或他們的情結），在半夜獨自走進紐約的中央公園，或倫敦的布里克斯頓暗巷之中。

總言之，我覺得這要端看不同的狀況。有時，同樣的行運會同時啟動兩個人之間的火星困難對話，我曾看過這種行運發生時，情侶之間產生性侵或暴力的行為。不過，我忽然想到一張最近看過的性侵受害者星盤，跟這種狀況不太一樣。她是一位十六歲的女孩，在行運冥王星合相本命月亮時受到攻擊。她媽來找我談這件事，因為不知施暴者的身份，當然也不會有他的星盤。不過，這女孩晚上在迪斯可舞廳待到很晚，然後獨自行經倫敦特別不堪的地區。我就讓各位思考，其中是否存在自毀的元素，或從母親繼承而來的深層心理議題，也許沒有意識到的能量化成了非常奇怪的形式。當我們打開承裝這種事件的罐頭時，裡面會有一堆蟲，而且深不見底，我們的確站在暗水之中。

性侵施暴者很容易出現在女性的夢裡，值得好好思考這樣的象徵對一個人的火星具有什麼意義。雖然性侵通常帶有冥王星的色彩，神話裡的艾瑞斯也不是以求愛技巧聞名，夢中憤怒的施暴者也許反映出解離也憤怒的火星，從內在攻擊意識。惡棍或一群不良少年的場景很容易出現在男性夢中，也許同樣反映出這位先生沒有意識到的激進，從潛意識追著他跑。另一種火星代表人物是縱火狂，因為火代表壓抑的怒氣，威脅要掙脫出來，吞沒一個人意識價值的豐功偉業。這種夢如果一再出現，就是要求當事人注意，且明指出火星的相關問題，通常都會在活躍的行運或推運時發生。

觀眾：社會價值與壓力會不會影響一個人的火星？

麗茲：當然。我們對集體價值都很脆弱，社會的道德與倫理結構有時會以創意、有時則以傷害的方式挑戰我們的內行星。我先前說過，火星本身「反社會」，因此，這顆行星反映出的是一個人自足與生存的本能，到了某個階段，這種態度與群體裡其他人的意志必然會產生碰撞。為了與其他人共存，我們都經歷過某種程度的馴化火星。不過，在某些社會或文化裡狀況下，馴化的手段可能太過嚴厲。群體裡的人都飽受集體憂鬱之苦，我想，就我從我旅行過的國家來看，蘇聯統治下的國家就有這種狀況。我先前說過，火星是個糟糕的共產黨員，在共產國家裡，某種程度來說，整國人民的火星都遭到壓抑。當然也有的國家非常火星，找了各種理由去侵略別國領土。未經馴化的火星很容易就懷抱著「我的是我的，你的也屬於我」的態度。不過要聊戰爭的集體心理學，可以花上好幾個禮拜了。

表達火星

我們差不多要開始討論今天的星盤了，但我還是想再聊一下幾個關於火星的常見觀點。首先，我想跟大家分享的是我在幾年前參加了一個火星工作坊。主持工作坊的占星師是艾利西斯·愛德華茲（Alexis Edwards），現場準備了很多美味的甜食與巧克力，通通放在中央的大桌上。然後他請大家起身，去桌邊拿自己想吃的東西。大家吃到甜食後，開始討論每個人去拿甜食的不同方式，因為這種狀況可以反映出各個星座展現出較為「日常」的火星運作模式。

舉例來說，有人聽到火天秤對旁邊的人說：「你介意幫我拿一塊巧克力嗎？我實在累了，不想跟這麼多人在桌邊擠來擠去。」一名火牡羊小姐在艾利西斯還沒介紹完就出動了，拿了不只一塊，而是兩塊餅乾。有位日水火都在處女的先生，之後覺得整件事很好笑，他決定什麼也不吃，因為在接近中午的時候吃甜食「有助」他的血糖值。有人觀察到火巨蟹用慵懶、事不關己的態度在桌邊查看，繞來繞去，彷彿她似乎無法決定要吃什麼一樣，一度看起來沒什麼，然後忽然一個箭步就抓走她想要的點心。

用這種方式感受我們如何在日常生活裡使用火星的確有趣、具有教育意義，也值得我們反思，我們在生活的不同狀況裡會以何種行為模式追求自己想要的東西。求愛的場合當然是明顯觀察火星的場域，就跟任何委員會會議一樣，你想要達成你的目標，別人也有要爭取他們想要的東西。英國有一種國家組織，叫做排隊，這種組織比坎特伯里座堂還要神聖，如果我們去銀行辦事，或去商店買東西，有人排在我們前面，我們就會井然有序、很有禮貌接著排在後面。任何想要插隊的人都會遭到多數不敢插隊者的憎恨目光。因為我們是英國人，我們很少直接聽到對冒失者的侮辱與不滿，常見的是隊伍裡的人低聲對別人說：「真沒禮貌。」這是在說，那個插隊的人很不符合英國人的做事方式，實在無視文明規矩，這個人應該覺得很丟臉，最好挖個地洞鑽進去。相較之下，我去義大利、以色列或紐約的時候，我觀察到所謂的「有空位就把握」戰術，我在土耳其眼睜睜看到當地人把正要登上公車的人推開，自己搶上車。不過，沒有人覺得這種行為不文明或不道德，就是很平常，只有傻瓜會選擇繼續乖乖排隊，三個禮拜後，你還站在原地呢。也許這種狀況可以觀察國家盤的火星。

觀眾：女性比男性更難表達火星嗎？

麗茲：這個問題就跟太陽議題一樣。在歷史上，與這些陽性行星連結的表達方式其實很清楚。

男人可以成為戰士、作戰，他可以擁有雄心壯志，為了權力及財富奮鬥。女人則透過捍衛家庭及家人來表達鬥志，或慂促順從的伴侶替她達成夢想，這是較為迂迴的火星表達方式。女性總能活出火星，受到限制與約束的是表現的方法。不過呢，神話裡有很多像亞馬遜人的女戰士，早期的戰神也都是女性，埃及的哈索爾、塞赫麥特（Sekhmet）、巴比倫的伊絲塔、希臘古典期前的阿芙蘿黛蒂。歷史上也有很多具備強大火星特質的女性，如俄羅斯帝國史上在位時間最長的葉卡捷琳娜二世（Catherine the Great，按：凱薩琳大帝）或英國的伊莉莎白一世。這個議題很棘手。較為極端的女性主義者認為女性遭到「打壓」，毫無權勢，因為生理構造成為奴隸，只能仰賴父母提供的物質。不過，女性好像比較能夠展現出如熱情、羨慕、憤怒、激進、言語攻擊等這些火星感受，因為大家相信女性較為情緒化、喜怒無常。對於這種概括的說法我很謹慎，也只能如實表達出個案的情形。現在因為民風比較開放了，我覺得無論男女，如果火星內在有問題，就容易壓抑自我。我覺得真正的問題是如何拓展火星運作的方式與層次，且學習選擇真正可以自給自足，而不是必須配合內在與外在期待或原則的方式。

觀眾：但男人不喜歡激進的女人。

麗茲：如果所謂的激進是以盲目、充滿憎恨的方式表達，那的確是很不討喜的特質。不過，「激進的女人」到底是什麼意思？問我這種問題大概不準，因為我實在不喜歡用「性別歧視」來解讀這種議題。如果你是指，很多男人不喜歡女人又吼又叫，虐待他們，你大概說的沒錯，但其他女性顯然也不會喜歡這種人，誰能怪她們呢？我認識很多具有動態火星能量與競爭心的女性，但同事、伴侶及朋友都喜歡且敬重她們，因為她們的能量不是來自翻攪過後的兒時舊傷餘毒憤怒。男人在工作上不喜歡激進女性的以偏概全說法實在太荒謬了，要看他們在何種工作場合，共事的有哪些人，以及當事人如何與同事相處。如果你對自己不滿，你大概也會到處對別人不滿，但造成問題的其實是一個人對自己無法出口的責備，而不是直接表達的火星。

最後，我必須回到一個人內在的火星問題。在女性權利裡的確還是有些必須要在「外面」面對的真正問題（好比說墮胎），許多女性運動的目標與目的無疑都有憑有據，遲遲沒有平反。不過，儘管社會並非完美，我們還是有超越自己以為的能力，可以形塑我們的人生。我發現一個人一輩子無意識埋怨父母，或將自己的力量及激進投射到別人身上，都完全無法協助一個女人的使命。

觀眾：那組合中點盤裡的火星呢？也代表同樣的意義嗎？

麗茲：對，原則是一樣的，雖然我們必須記住，在組合中點盤裡，行星代表的是在關係裡的功能，而不是個人的功能。所以，火星可以解釋為關係裡奮鬥的原則，替組合中點盤裡的太陽服務，如同個人星盤裡的火星替太陽效命一樣。關係必須存在於世界之中，肯定會遇到他人的挑戰與壓力，必須能夠實踐關係的目標。如果我們將組合中點盤裡的太陽視為關係的核心特質，且為了滿足其「目的」，最需要的一切，那關係的火星就代表調動而來的共同能量，會以何種形式支持這種擴張。舉例來說，如果組合中點盤的日獅子在十宮，那這段關係的核心就是兩個人的創意發展，以及這兩個人作為一體對外在世界的貢獻，關係必須在集體意識裡留下記號，這通常意味著這對伴侶會一起進行投機、具有創意的計畫。如果中點盤的火星在二宮的天蠍座，那這對伴侶就會花精力發展穩定的財務及穩固的情感基礎，也會為這種事吵架，而這股能量也會支持兩人想在世界上留下成就的需求。

受到壓抑的火星對關係的影響也跟對個人一樣。如果關係裡的雙方及外在世界存在逃避競爭與激進的能量，無意識的憤怒必然會透過檯面下的方式找到生路。我們在個人星盤裡聊過另一個理解火星的方法，就是它能反映出我們追尋想要之物的手法，同理也可應用在關係上。相較於中點盤裡火雙魚對分海王星，火牡羊三分木星會反映出較為直率、開放的態度。你在派對上會認識一些伴侶，他們對於一起的目標非常明確直接，有些人則以特別低調的方式追尋目標。追尋我們的嚮往目標當然包括性慾，中點盤裡的火星也能反映出關係裡的性能量與風格。

我想花點時間在火星的星座與相位上。通則可以應用在個人及組合中點盤上。與火星產生強硬相位的行星可以在鬥志上增添一點色彩，同時也反映出追求自己目標時的阻力與助力。如果我們再次回想希拉克勒斯的十二項任務，或許會明白與火星產生相位的行星也許都描繪出生命歷程裡各種馴化火星的過程。因為與火星產生關聯的行星都反映出某種希拉克勒斯的任務。有些行星跟火星可以處得很好，特別是木星，就算是四分或對分，都可以替奮鬥的靈魂提供智識上的熱情及哲學思想。不過，如土、冥、凱這種行星，就算是三分相，似乎都暗示了非常辛苦的難題，馴化過程也不輕鬆，只能期待當事人最後發展出堅毅的特質，而不是苦澀與怨恨。

案例：擁有偉大靈魂的黛安娜

我現在想請各位看看這場講座的星盤，請看星盤四，因為這是探索火星星座與宮位的好起點。在我們還不知道個案的背景之前，我希望直接看盤，看看我們在不清楚個案背景的狀況下，能夠有多少解讀。火星在處女座一度，位於八宮，與冥王星合相，同時與另一邊獅子座天王星產生寬鬆的合相。所以這顆火星夾在兩顆外行星之間。火星也六分位於巨蟹座頭的水星，與月水瓶形成分離的對分相，最後跟金星也有分離的四分相。這顆火星的相位各種都有，某些較為和諧，某些顯然會產生困擾。也許我們該先來看看八宮裡的火處女。我們要記住神話故事，而不是用平鋪直述的句子，好比說「火處女愛批評」這種造句來解盤。還記得處女座的神

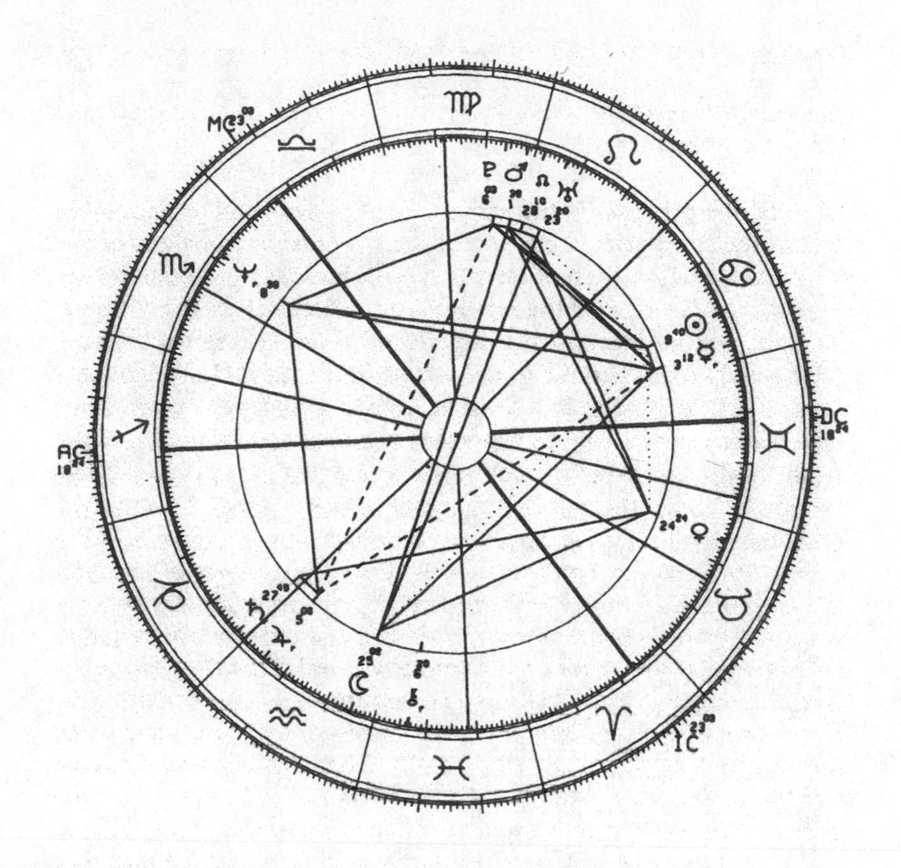

星盤四　約翰威爾斯王妃黛安娜

一九六一年七月一日晚上七點四十五分出生於英國桑德令罕。資料來源：白金漢宮。星盤由Astrodienst（www.astro.com）網站繪製，使用普拉西度制。

話神話形象嗎？

觀眾：也許黛安娜認為她需要一直清奧革阿斯的牛棚。

麗茲：這個特質的確是處女座的一部分，之後各位也會曉得這個敘述很符合當事人。不過，咱們先試試看能否捕捉到這顆火星是怎麼運作的，也就是它怎麼反映出黛安娜捍衛價值、得到目標的方式。想想九十公尺高的艾瑞斯，笨重易怒，然後把他塞進處女座的服裝裡。他看起來如何？出場後，他會有什麼樣的行動？

觀眾：他會變得難搞、挑剔。

麗茲：對，他會受到處女座服裝的束縛，沒辦法破門而入。他會變得拘束、受限、冷漠，帶有某種冰冷的尊嚴。火處女不會到處肆虐，反而會亦步亦趨，小心翼翼，仔細觀察周遭環境的細節。我們每次想到處女座的時候，就要想到不能出賣的處女之神，她就是自己的主人。火處女不會為了得到目標而「出賣」，這裡強調了一個人競爭天性裡的正直，願意為了目標努力。缺點是也許會有點不夠自動，因為火星能夠展現的燃燒特質通通被自重給限制住了。那八宮呢？火星在生命的什麼領域內追尋目標？

觀眾：八宮跟死亡有關。

麗茲：某種程度來說是沒錯，但死亡只是其中一個面向，八宮還有深層更全面的意涵。

觀眾：性。

麗茲：某部分是沒錯。不過，我們需要探討這個宮位的核心，才能明白為什麼同一個宮位會象徵如死亡、性、共同財產這些迥異的主題。守護八宮的星座是天蠍座，處理的就是這些生命面向，以及隱藏在表面下的人格。二宮探討的是看得見的有形之物，八宮處理的則是在掩體之下掌控大局的一切。所以當我們與八宮行星相遇時，通常會嚇一大跳或進入危機的原因，我們完全不曉得在意識人格的門檻之下，還有一整個生氣勃勃的王國。與其認為這個宮位的定義是「死亡」或「性」，我更傾向將其視為能夠整合意識人格的介面，透過前面七個宮位發展出來的穩定與適應能力，進入這個意識無法控制的無形領域之中，因為失去小我的力量，這裡的自我會遭受改變基本態度的經歷。身為有機體，死亡是我們無法控制的，家族情結也是（早在我們出生前就存在），還有共同的資源，我們必須把自己的經歷與物質拿出來，跟別人的資源擺在一起。

因此，八宮的行星會跟七宮行星一樣，帶來「他者」的感覺。有時在前半生，這個「他者」會投射在父母或伴侶身上，特別是在關係的情感層面，但更常見的呈現方式是感覺它很像是一個人內心強迫或會爆炸的「口袋」，而你無從控制。八宮行星的行為一開始總是偷偷來，不過經驗及探究的意願會改變這點。這些行星似乎會佔有我們一會兒，通常甦醒時，會帶來巨大的改變，我們必須開始探索人格的下層世界，進而理解自己怎麼了。所以火星的競爭、激進、鬥志功能一開始沒有辦法輕鬆整合進黛安娜的人格之中。她在年輕的時候，可能有點太客氣、和平、脆弱，甚至很好操控。火星會在重要時刻爆發，她跟其他人都會覺得很訝異，她可能要花點時間進行內在探索，學習如何以意識處理火星的本能。

某些火星的相位會凸顯這種詮釋。月火對分時更是如此，因為激進的本能會與安全感及歸屬感需求起衝突。這組相位通常會有自我確立及想要取悅他人的兩難，所以可能反映出當事人的尖銳脾氣，一個人一直懷柔、一直懷柔，忽然間忽然覺得夠了，就出來鬧事，讓大家都震驚，包括當事人自己。月亮在二宮的水瓶座強調了需要在社會團體的範圍之中感到安全。我們先前看過了，火星能量基本上不利於溫和的集體合作，因為它太講究個人性，太想服務太陽了。在場有人是月火四分或對分嗎？

觀眾：我是對分，沒錯，人家都說我脾氣不好。

麗茲：對分相就是需要在兩個極端的原則裡找到平衡。月火較能達到平衡的做法是需要規律小量釋放自我確立的能量，而不是一次跟大洪水一樣。通常這兩端有一端會被推進無意識之中（黛安娜應該是火星，因為火星沉沒在八宮，同時因為月亮守護日巨蟹，因此比較有力量）。各位可以看出，在意識上努力表達出對分相受阻一端的能量其實能夠大規模改善狀況。如果遭到壓抑的是月亮，當事人也許就不會有表達憤怒與激進的障礙，但也許會否定自己的情感需求。這種能量可能就會透過身體症狀、情緒化的憂鬱或強迫的依賴感爆發。

金火四分也強調了自我與他人的兩難。如果我們明白黛安娜的金星顯示出她認為生命裡什麼最美、最有價值，那我們就能假設她的價值與捍衛自己立場的本能有衝突。各位覺得金金牛在五宮該怎麼解釋？

觀眾：關係裡非常需要穩定感。

麗茲：對，這是一顆很和平的金星，需要關係裡的情感穩定、物質保障及傳統價值，還需要環境的美好與和諧。我們也可以看五宮，推測黛安娜也很重視老派的浪漫愛情（這點遭到火星分離的面向威脅），且將孩子視為愛情的結晶。金星同時三分土星，強調了她對穩定及結構的渴望，土星位於二宮的邊緣，這樣算有特別強調。黛安娜的星盤建構出基本的生活難題景象。月亮跟土星根生於二宮的安全感，土星位在自己守護的摩羯座（非常保守的配置），三分金星，月亮位在其中一個土星守護的星座。這一切都強調了黛安娜人格裡傳統、負責、鞏固愛情的面向，反映出極度的情感忠誠及可靠度。不過，她必須與八宮處女座的「淘氣」火星搏鬥，這是一股強大的鬥志，不能妥協，兩顆外行星夾殺火星，暗示出火星能量受挫，受到集體意識裡所謂「好」的行為（天王星）及複雜家族歷史帶來的無意識影響（冥王星）。

我們必須更謹慎面對這兩顆外行星與火星的關係。我想我已經提過天王星會讓其他行星「昇華」，將它們推進心靈層面運行，同時檢查它們較為本能、自我中心的行動。天王星與出現在亮光中的概括原則、集體概念有關，個人的價值系統還沒有機會處理處理這些東西。所以天王星會干擾火星精髓的肉體及本能運作模式，要求黛安娜依照理想的原則行事，而不是個人慾望。這點也許很正面，因為天王星賦予火星大腦，偏偏這就是火星缺乏的東西，反省的能力及寬闊的視野都能協助這九十公尺高的莽漢文明起來。這點也許也能運用在火水瓶上，這是一個比較理智的火星，可以思索群體的福祉。不過，各位也會看見，這裡的火星也會遭到困難，因為火星失去了原本的鬥志及能夠迅速反應的能力。我有點難把天王星與「個人性」連結在一起，因為它會以很難預料且斷裂的方式呈現（這是反映出其打破舊有世界結構的功能），天王星與新的集體意識較有關聯，而不是個人理念。神話裡烏拉諾斯的形象象徵了生命的理想概念，而不是生命本身，同時也象徵了完美主義，畢竟，這位神將自己的孩子打入地府深處，因為他們出於大地，醜陋、帶有缺陷。無論是一個人或社會上出現完美的概念時，就沒有個人的空間了，這個人永遠也無法符合統計數據，且會永遠挑戰企圖完美運作的社會有機體，這點真是謝天謝地。天王星展現水瓶座對比太陽守護的獅子座之間的面向，這點會以集體之名夷平個體，就算這個集體是「新世紀」也一樣。

所以雖然天王星也許會有破除舊習的行為，卻與個人無關，它真正想要努力的方向是以新的社會系統（改善過後的普羅米修斯系統，全人類的潛能可以根據新的理念與哲學釋放）取代舊有的系統（憤世嫉俗的過時土星系統）。少了天王星的文明效果，我們就會困在土星世故的「沒救了，就這樣吧」的泥沼之中，而這股普羅米修斯的社會改革精神在黛安娜星盤裡最好的證據，就是她的月水瓶對分火天合相。如果黛安娜能夠善用這組能量，她就能將火星使用在人道工作上，她也許會喜歡能夠改善現存社會問題的助人工作或慈善活動。不過，如果她無法得到平衡，她很可能會因為以太過普羅米修斯的方式使用火星，必須承受個人的挫敗，導致週期性的憤怒與憂鬱爆發。

觀眾：火冥合相是在跟這顆火星唱反調，會把火星拖進本能的國度。

麗茲：對，此話不假。不過，冥王星也是另一顆外行星，就跟天王星一樣，服務對象是集體而不是個人。冥王星不會反映出我們的個人慾望，象徵的是集體與種族的情感與本能需求，以及最重要的家族狀況，家族是一個古老部落有機體，一代一代將特有的生存模式傳承下來。當火冥產生相位的時候，我們常常需要面對的「馴化」或希拉克勒斯任務，其實是家族心理繼承而來的產物，這些東西很可能會讓我們產生某種情緒模式，也許會與我們本身的意志與慾望產生衝突。黛安娜必須找到方法結合個人自我主張，以及她無意識從家族吸收到的行為情感規則。她無法改變過去，也無法抹滅自己從家族承擔到的一切傷疤。要以具有創意的方式將火星與冥王星擺在一起，需要誠實面對家族背景及家族形塑她的方式。不然也許只會感到身邊群體的生存需求一再打壓，也許會將童年時期的挫敗感投射在她自己組成的家庭之中。水火六分相能夠大大改善這種狀況，因為這組相位能夠提供她理解的可能，且形塑她的需求與感受，在強大無意識席捲火星的考驗之中，算是一項資產。

觀眾： 如果火星與天王或冥王產生的是三分相，感覺也差不多嗎？

麗茲： 對，意涵是同樣的，但也許當事人不會有這麼沉重的壓力。合相是所有相位裡張力最大的，完全沒有放鬆的餘裕。當事人不得不處理迎面而來的能量，從孩提時代就是如此。另一方面，火、天、冥的張力與急迫感也反映出強大的人格培養。如果黛安娜撐得過生命扔出來的馴化過程，就會成為一股非常有力的正向社會力量，且能持續對周遭世界貢獻。

觀眾： 我們現在能夠知道這位黛安娜是誰了嗎？妳說晚點會揭開謎底的。

麗茲： 我想各位都很熟悉她，只是你們不知道而已，這是威爾斯王妃黛安娜的星盤。不過，我希望各位在不清楚她實際狀況下，專注在她的火星上。無論她在生命上的哪一種位置，這些解讀都適用，但各位看得出來，黛安娜必須處理集體繼承與期待的沉重負擔，同時維護自己作為個體的權利。她的火星直指某種集體服務，因為未來皇后的角色非常原型，她是一個人，卻也同時是一個象徵，必須想辦法榮耀這兩者。她的土星給她絕佳力量、任性及可靠，但我覺得我們必須欽佩她所接下的希拉克勒斯任務。媒體侵犯她隱私，在她的行為裡挑毛病的時候，我覺得很討厭，英國媒體該跟她交換角色，嚐嚐成為她的感覺。

占星的一大禮物就是讓我們多少能夠明白另一個人的感受與經驗。這是一個擁有害羞巨蟹座特質的女性，她擁有偉大的靈魂，需要作出獨立的貢獻。不過，原型層面上，她最要緊的就是生育出新的國王，沒有自己的權利。古時候，皇后的角色就是一個生育器。她必須是處女（現在還是有這種想法），這樣才不會惹出什麼醜聞跟忽然冒出來的私生子玷污皇室血脈（跟國王可是天壤之別，國王的地位會因豐富的性生活而有所提升），她必須是名門閨秀，必須要能生出繼承人。不然，除了慈善工作外，外人只期待她閉嘴、乖乖的就好。還記得亨利八世那些生不出兒子的眾太太嗎？我們現在也許覺得好笑，但當黛安娜開始展現出一點射手座的華麗，開始與知名歌手、演員交朋友的時候，媒體就大肆報導。她為什麼不行？但充滿原型色彩的背景在任何集體意識裡都根深蒂固，這過時、原始的冥王星能量要求這些魁儡（也許是國王及繼位者）持續留守在角色象徵的範圍之中。黛安娜志願接下她的角色，沒有人強迫她嫁給查爾斯王子，某種程度上，她也許至少有點期待她能在過程裡得到的一切。也許是二宮裡的月水瓶，還有土摩羯、金金牛，吸引她得到這天底下最大的保障（英國國王不能離婚），更別說七宮裡的太陽，夢想就是能夠擁有金光閃閃、權力無比的結婚對象。太陽也三分十宮裡的海王星，暗示了自我犧牲的元素，能夠為了深層、崇高的集體需求，放棄她的個體性。不過，因為本命盤上的火星宮位、相位配置，她必定會遇上艱鉅的任務，我相信在她承受的憤怒與挫敗感下，就外在看來，她表現得已經非常好了。她肯定期待童話故事般的際遇，因為她強大的土星可能沒辦法平衡日巨蟹三分海王星的能量，也許要等到二十九歲之後，土星回歸才會有所反思，而且她火星所遭受的馴化過程，對她來說可能特別痛苦、艱辛。不過，她已經發展成一個具有絕代風華、自重也堅毅的女性，顯然不只是生小孩的工具而已。

觀眾：可以討論比對盤裡，黛安娜的火冥會與查爾斯的土星合相嗎？

麗茲：這個我們晚點聊，我跟霍華談金火的時候，會以他們的星盤座位例子（請見第四部，星盤五、六）。不過，整體來說，比對盤的相位似乎反映出我們在本命盤裡練習表達行星的其中一種方法，因為如果沒有辦法徹底意識到自己的某些狀況，我們通常會在關係裡找到方法啟動這種遭到忽視的面向。有時這種感覺好像命中注定，有些個案會因親子關係而觸發沒有表達出來的行星能量。如果激進的本能在無意識運作，就很有可能吸引到與我們火星產生困難相位的行星，就算這些行星是土星或凱龍，我們還是會因此感到生氣勃勃，最後可能還需要與它們對戰。我們發現自己能夠透過戰鬥學習如何戰鬥。傳統的星盤比對觀念裡認為，戀人間的強硬火星相位令人亢奮，通常具有助「性」功能，因為這是封閉的關係，其中有鬥志及性征服與挑戰帶來的新鮮感。其中一個外顯的誘人元素就是衝突，衝突能夠保證一方永遠無法徹底擁有另一個人。

觀眾：如果是一個的海王星與另一人的火星產生相位，這樣的敘述也成立嗎？

麗茲：對，一點也沒錯。星盤比對裡的火海對話會特別有情色感。海王星會透過自己的脆弱（火星就喜歡為弱者而戰）及神祕的捉摸不定引發火星的興趣，雖然火星那一方可會因此非常生氣，因為海王星當事人不斷改變型態。希拉克勒斯如何對抗雲霧？他在神話裡的苦差事可沒有一項叫做「與看不見的瘴氣對抗」，他無法抵擋海王星的幽微，他雖然強，卻對模稜兩可的狀況不太在行。海王星不只會激發火星那人的熱情，還會引發暴力，因為火星會覺得海王星迂迴、混亂，甚至會騙人、造成傷害。如果你沒有注意到自己的火星，也過著看起來不夠激進的生活，你也許有天會忽然發現自己狂槌門，大吼：「拜託，快點出來，你到底是想怎樣？」然後你的海王星伴侶看一來一臉受傷、不解。

海王星跟天王、冥王一樣都是外行星，描繪的是集體想要回到生命源頭的渾沌渴望。在本命盤裡，火海的相位也許暗示了火星的馴化（希拉克勒斯的差事）是整合這股對於伊甸園的渴望，這股力量會磨鈍火星戰鬥的武器，讓其困惑、無力，必須投入更多個人本能奮戰求勝。海王星會對火星低語：「如果你太自私、太激進，就沒有人愛你，你會孤單寂寞覺得冷，再也回不了伊甸園。」這話某種程度上也沒說錯，但如果想要感覺到任何的力量及對自己生命的掌控，我們偶爾也該做好離開伊甸園的準備。海王星可能會淹沒火星，天性裡的激進因此可能不會以憤怒的方式展現，因此大家都曉得火海相位很容易有藥物或酒精成癮的問題。當然不是每個火海有相位的人都會是酒鬼，但通常他們都必須意識到自己的憤怒，不然憤怒轉進底層，表層只剩帶有暗藏消極毀滅的操縱行為。毒癮、藥癮、各種火海相位引發的疾病（好比說慢性疲勞症候群），其背後的憤怒都遠超乎我們願意坦承的程度。如果各位懷疑這點，只要問問家人就知道了，通常承擔最多無意識憤怒的人就是覺得最內疚的人。想想長年酗酒丈夫的妻子會有什麼滋味？各位明白了。火海相位通常會讓別人感覺受傷、羞恥，不得不去照顧受苦的當事人，這個伴侶很可能沒有表達類似憤怒的情緒，火海相位很擅長消極的激進行為。

不過，這組相位也非常有創造力。因為海王星對集體意識的需求與感覺非常敏感，火星的鬥志及實踐力能夠將想像的國度具體化，當事人對集體的風潮也許很有天賦，也能「讀懂」觀眾。火海相位有時跟劇場、舞蹈及其他將觀眾作為參與動力的創意媒體有關。演員的天份不僅僅只是背台詞、具備打造舞台上角色的技巧而已，優秀的演員打從心底感覺得到其他人的反應，曉得自己是否觸人心弦，因此能用近乎魔法般的方法操弄集體的情緒。演員曉得自己什麼時候讓觀眾分心，也知道第三排右邊數來第三個傢伙，什麼時候覺得無聊，開始偷看起報紙來。結合創意的火海相位能夠與集體產生這種細微的情感接觸，同時還能公然替自己贏得奧斯卡獎。

火星與土星、凱龍

現在要來聊聊火星與最不利它的兩顆行星相位了，這兩顆星分別是土星與凱龍星。如果各位還記得與凱龍有關的受傷主題，感覺傷口永遠都不會好，你們會怎麼解讀火凱關係？

觀眾：身體受傷？

麗茲：有時的確如此，但我覺得必須加看其他因素，好比說六宮的問題，然後才做出這種解讀。不過也許早年曾有疾病或意外，因此限制了當事人在身體上確立自我的能量與能力。凱龍的傷也許的確存在，但不見得是身體的傷，舉例來說，孩提時代非常貧苦，或經歷過父母或手足的暴力虐待。這些狀況可能在火星的肉體表達上留下深刻傷痕，但不見得會留下真正的傷。凱龍「無藥可救」的傷痛通常會反映出某段時間的回憶，那時當事人沒有力量，意志遭到打壓，受到他人控制，雖然當事人也許之後就能成功自由表達自己的目標，但那種苦澀感通常永遠不會消失。而且當事人對於狀況再度遭到他人掌控也充滿恐懼，所以凱龍會過度補償，跟土星一樣，就是想辦法控制自己。

我注意到火凱通常會成為工作狂，因為世俗成就也許會讓當事人感覺到力量與控制，而情感與性的議題可能會讓他們覺得脆弱，因為要承受另一人的意志或攻擊。有時凱龍會直接在性上傷害火星，可以反映出一個人小時候因為性，而受到的操控與恥辱。這裡的凱龍也可能過度補償，成為某種性愛專家或技巧高超的情人，且專挑比其更脆弱、更沒有經驗的對象，這樣才可以避免任何傷害與恥辱。這點男女都可能。凱龍通常會以技巧或知識的形式進行補償，用智識來填補未來傷害可能出現的漏洞。

土星與凱龍都有這種補償的動力，覺得自己不夠好或受傷，這點通常也是這兩顆星最有生產力及創造力的層面。我們努力學習保護自己也許能夠變成天賦，而這種補償通常會帶來些許成功，雖然最初的傷永遠不會痊癒。所以火凱能夠激發出更高層次的競爭技巧與嫻熟的戰鬥能力，燃料就是當事人害怕自己只要鬆懈一會兒，就會被迫回到那個受傷的老地方（儘管這種心態可能是無意識的）。如果這個人不斷追求，他也必定會面臨那些失落、受傷的感覺，但在補償後會帶來些許成就，此時在面對這些傷痛時，就會產生容忍度，可以好好藉機馴化當事人內在的火星。

我發現同樣的早期傷害、無力感、過度補償、未表的傷痛與苦澀，這些東西也會出現在火土相位上。不過，火土通常會帶來更大的挫折，因為土星守護十宮及集體價值與結構。通常土星阻塞的火星反映出對於「他們」會怎麼想的深層恐懼，且通常牽扯到父母對安全感、世俗道德觀或宗教價值。土星缺乏凱龍非人的特質（因為神話裡的傷害是意外），土星的議題一般來說則與父母較為有關，當事人長大後，在外在世界通常會與權威人物產生問題，因為內在的權威（佛洛伊德稱其為超我）永遠會告訴當事人該做什麼、不該做什麼。很多人認為火土相位像是一邊踩油門，一邊踩煞車。每次火星想要確立自我時，典型的老人就會開始嘮叨說這樣會失敗，這樣社會不接受。因為土星很容易投射出去，當事人可能會一直感受到「外界」結構帶來的挫敗。

火星需要確立自我，土星需要在安全結構下維護自我，這兩個需求要達成平衡首先要認清挫敗感的源頭來自內在，當然外界世界裡會有很多看似兇手的東西。有時引發火土個性問題的並不是無法找出創意解決之道的「命中注定」，而是當事人對於阻礙有種負面的失敗主義態度，有時會轉變成爆發的無情冷酷作為補償。土星可以用現實，健康地馴化火星，也就是我們在社會結構下，能否「肇事逃逸」，以及為達成目標必須做的努力。如果這項希拉克勒斯的苦差事圓滿達成，火土就具備絕佳穩定的毅力，所以這組相位通常在世俗角度下得以帶來成功。

火星與太陽

也許我們該更仔細討論日火相位，先前已經提過一點。這組相位，特別是強硬相位，會產生絕佳能量，這火光沖天的結合必須擁有直接且明白的出口，不然當事人會受到來自外界的火星攻擊。我也說過，這兩顆行星的困難就是帶有意義與靈魂的太陽原則通常會受到火星直覺原始的貶值，且不承認這顆太陽。換句話說，當事人不希望別人覺得他看起來是個激進、急躁、自我中心的人。不過，任何跟太陽產生角度的行星，反映出來的都是內在人格結構，也就是靈魂的財產。如果日火產生相位，當事人必須做好別人覺得他自私的心理準備，還要用清白的方式活出火星的功能。這點有時會讓當事人在外在世界演獨角戲，可能因此會引來他人欽羨或憎恨的目光。在場有日火形成強硬相位的朋友嗎？你們是替人工作，還是自營作業？

觀眾：我自己做生意，我受不了別人插手。

麗茲：沒錯。在場有沒有在公司裡工作的人，必須聽命於人？

觀眾：我在公司工作，但我必須確保自己具有一定的獨立自主。

麗茲：如果當你必須依循別人的命令或方法行事，會怎麼樣？

觀眾：會大吵一架。

觀眾：我日火有相位，但我金雙魚。我在醫療機構裡當護士，我很滿意我的工作。

麗茲：你有自己的負責的區域或病房嗎？還是你要一直對上級報告？

觀眾：噢，不，我受不了那樣。我是主管，底下有其他人。

麗茲：日火人來找我解盤，我看到他們在層級分明的機構裡替人工作，或完全沒有工作的時候，我通常就會建議他們找到自己可以經營、確立理念的領域，就算這意味著他們必須重返校園，進一步接受訓練教育都好。我會特別建議有這組相位的女性，一定要活出這股燃燒的能量，不要一直待在家裡，照顧家人的需求，日火能量如果聚焦於家庭生活，只會累積憤怒，甚至引發身心失調的症狀，如偏頭痛、皮膚狀況或腸胃問題。或者，另一個展現的方式是火星特質很強的伴侶一再完全掌控。

觀眾：六分相也會嗎？

麗茲：較為輕微。六分相是比較溫和的相位，想要掙脫的燃燒能量沒有那麼旺盛。不過，就算是六分相，無論多麼輕微，當事人還是需要舞台來確立自我。另一個觀察日火難題的方式是，當事人在某個領域裡一定永遠都要是對的。日火內在沒有能力妥協或從他人的觀點抽離出來。換句話說，這組相位通常相當狹隘，也許沒有日牡羊那麼嚴重。好，相信自己永遠是對的也不見得是什麼壞事，我們都要準備好有點自我中心，才能看到任何創意發想進行至結束。否則，一直在爭執誰的做法比較好，有很多方法可執行，要擔心別人的感受之云云，這些狀況會侵害我們的能量，讓我們覺得「不值得，何苦呢」。透過委員會，什麼都無法達成，因為等到大家想說的話都說完了，一開始的火花都沒了。各位都聽過委員會把馬設計成駱駝的笑話2。

觀眾：這跟火星在五宮的感覺一樣嗎？

麗茲：對，有類似的感覺。日火相位、日牡羊、火獅子、太陽在一宮、火星在五宮，通通都是以不同的方式表達這組太陽與火星的能量而已。雖然這兩顆行星產生關係時，背後通常有更深層的議題，但我會建議火星在五宮的人去找一個能夠發光發亮且得第一的領域。我看過很多火星在五宮的人擁有「孩子」問題。當孩子展現出一個人五宮裡行星能量時，我總會覺得好奇，彷彿這顆行星需要透過我們的「內在」小孩呈現出來一樣，也就是我們覺得好玩、具有創造力、自動自發、覺得自己特別的面向。如果阻擋這股能量，也許就會無意識把這些特質投射在下一代身上，他們必須成為我們無法活出的自己。這點可以套用在五宮裡的任何行星，有時命運似乎會造就殘障或生病的孩子，通常是因為內在的問題，如果能夠面對且處理這些問題，減輕投射在孩子身上的重擔，也許就能讓他們走出屬於自己的命運。

觀眾：我曾看過日火相位的女性，她有憤怒或暴力的父親。

麗茲：對，我也看過。任何跟太陽產生相位的行星都會描繪從父親那裡繼承而來的心理特質，就跟月亮可以描述母親的這個層面一樣。不過我覺得應該要在適合的框架下來看這種現象，而不是假設這組相位就「代表」父親有暴力傾向。父母其中一位具有暴力問題通常反映出來的是整個家族組成的狀況，反映出火星問題不只是在父母那一輩，而是許多世代以來的家族承襲。暴力的父母通常展演了很多人的狀況。這不是藉口，但也許對於家庭暴力能夠提出更深刻的理解，也許就是這種問題一再發生的解決之道。我不相信集體之中產生的議題只是一個人個體的問題。這位日火相位孩子口裡的暴力父親也許從自己的父親身上，承襲到無力與挫敗，然後可以一直推溯上好幾代。因為這種情結，他大概會選擇擁有同樣問題的太太，她也有同樣的火星議題。

與其將所有的問題推到一個人身上，將家族視為一個擁有自身法則與無意識機制的有機體，然後進行家族治療，這種方法較為有效。因此，如果個案說他們的父親有暴力傾向，我就會花點時間跟他們談談家族裡的暴力問題（對他們而言，這種天性會危害火星的自我確立），因為這些個案最終一定會與靈魂裡的內在議題起衝突。通常大家不會曉得暴力之人也許也曾感受過更無奈、更痛苦的無力感。加害與受害是彼此的鏡像倒影，受的傷都是一樣的。如果你對自己的力量覺得有保障、很安全的時候，你不會去攻擊別人，但怒火通常是遭到壓抑與閹割後的盲目反應。我想今天這個主題已經說了夠多了。

2 譯註：這個笑話說明繁文縟節加上與會成員互相衝突的意見，創意的火花最終必須妥協。而作為駱駝缺陷的壞脾氣與不好看的駝峰就是這種會議下的產物。

神話裡的艾瑞斯很容易受到刺激，只要荷米斯或阿波羅隨便挑個眉毛嘲笑他，他就會氣到不行。因此火星很容易受到無形的無意識操縱，不幸的是，火星特質強的孩子通常都會扮演家庭或群體的情緒暗流。任何反映出我們內在強勢特質的行星就跟避雷針一樣，會吸引身邊的投射。同理，冥王星特質強的人會扮演起家族裡的冥王星。或者，一直面對暴力與憤怒會讓火星小孩與自己內在的攻擊性斷線。這兩種狀況都很典型，同時可以套用在暴力的父親與孩子身上。

觀眾：我的父親有暴力傾向，我是家族裡想要維護和平的人。我也吞下了自己的火星嗎？

麗茲：當然，雖然你當時很可能也沒有別的辦法。不過，你需要研究一下，看這個和平使者的角色有沒有導致你長大因為害怕引發別人的暴行，而否定自己火星健康表達憤怒與攻擊性。在這一次的講座裡，我跟霍華某種程度是站在內行星那邊，強調它們的價值與貢獻，進而追求人格健全的發展。火星就跟日、月、水、金一樣，需要我們內在的忠誠與支持，這樣我們才能在面對問題時有效地捍衛自己的價值，進一步在生命裡追求自己的嚮往。包括暴力父母，許多問題也許會讓我們與自己的火星需求起衝突，但否定火星的代價是成為受害者、軟弱無能。艾瑞斯這位神也許看起來有點粗獷，但還是值得我們好好教化。

太陽忠實的追隨者

星盤裡的火星

霍華．薩司波塔斯

我今天的主要目標就是讓各位與火星做朋友。我曉得麗茲已經強調過火星原則的價值及正確使用火星的方法，參考這些資訊相當重要，這樣我們才能扭轉許多占星書上對火星不利的宣傳。火星之所以讓人感覺不安，可能是因為它與很多人覺得不舒服的兩個主題——性與暴力有關。不過我們實在無法忽視每個出生時，星盤上都有火星，這代表我們出生時也就具備性與暴力的驅力了。最好還是直接面對火星，瞭解這些本能驅力的正面意涵，而不要一直否認或譴責自己的這些面向。某些心理學家會爭論激進不是我們內在的本性，只是在孩提階段需求無法滿足的挫敗感之產物，我相信激進是天生的，我們出生就俱備某種程度的攻擊性。某些人的攻擊性比較強（這可能跟這也許有體質與遺傳的差異，如果你相信輪迴，那可能也跟業力及過去世有關），但我們內在都有這種攻擊性。火星及星盤上的其他元件會展現出與侵略性有關的議題。

性驅力是與生俱來的，具有重大使命，少了這這項功能，我們就不會存在。因此，侵略性也是我們必備的生理元件，肯定也有存在的目的。根據克蕾拉．湯普森的說法，我們天生就有根深蒂固的健康侵略性，能夠促使我們成長、掌握生命。她理所當然地加上一筆，如果這根深蒂固的攻擊性遭到打壓或阻礙，它最終會變成負面或醜惡[3]。

火星力量的正面價值

火星的國度充滿矛盾：火星賦予我們天生的激進感，我們應該尊重且利用這份力量，但同樣這份力量卻可能故障，或難以掌控，釀成悲慘的舉止、身心疾病，甚至自毀的行為。不健康的火星實在太普遍了，各位只要看看電視新聞就能看到每天都有死於非命、受虐或受傷的人。我相信如果能夠找到具有建設性的方法使用具有侵略性的能量，且用在自我發展上，打開自己的更多可能與資源，掌控自己整體的生命，這股力量就不可能以負面的方式呈現。如果我們的激進驅力能有正面的出口，以簡白的手法處理自己的憤怒或敵意，就是在替整個環境減少負面的暴力行為。我們也許不是謀殺與暴行的兇手，但如果壓抑怒火，不將內在的侵略性訴諸建設方法的出口，我們就是在人類累積的敵意與暴行中又添了一筆。

我現在想到榮格的話，如果壓抑自己的某些特質，其他人就會替我們展演出來。世界上有很多可怕的事情發生，對我來說，這是因為很多人沒有跟激進的衝動保持良好關係。我說過了，在外面性侵、搶劫的人不見得是我們，但很有可能我們沒有處理過的敵意與挫敗感及沒有出口的深層攻擊性，對於世界上的兇殺案、謀殺案等等狀況都有所貢獻。我們看電視、報紙，總會覺得自己可以義正嚴詞譴責那些不斷上演的暴行，訝異其中的冷血殘暴，本能地想要把自己與那種人分開。不過呢，根據榮格的理論，他們也許是乘載了我們的憤怒，扮演靈魂吸塵器，吸收且活出氛圍裡飄浮的東西。而飄浮的東西是什麼呢？就是所有人無意識且沒有處理的情緒與情感總和。我猜這就是為什麼很多人很喜歡暴行的原因，雖然可怕，但通常是電影的賣點，在電視上也能得到高收視率。

榮格又說，我們會同時覺得自己的陰影迷人也噁心。所以也許大家會譴責網球皇帝約翰・馬克安諾（John McEnroe）在球場上鬧脾氣的表現非常幼稚，但他們也會守著電視，看他今天是不是又發作了。而且，如果我們不替自己天生、根生蒂固的激進找到具有建設性的表達方式，這股能量就會儲存在潛意識裡，直到最終以難以控制的憤怒爆發。英國心理分析師、淵博的心理思想家唐諾・溫尼考特曾寫道：「如果社會上存在危險，這不是因為一個人的激進，而是因為一群人壓抑了個人的攻擊性。」[4]

3 原註：克蕾拉・湯普森，《人際心理分析》（*Interpersonal Psychoanalysis*），美國版一九六四年由 Basic Books 出版。第一百七十九頁。

4 原註：溫尼考特，《關係裡的激進到情緒發展》（*Aggression in Relation to Emotional Development*）論文集，英國版一九五八年由 Tavistock 出版。第兩百〇四頁。

無用的健康激進感與壓抑的憤怒也會導致疾病。如果我們確立自我的需求被壓抑住，原本應該朝外燃燒爆炸的行為會轉進內在，攻擊肉體。正面或負面沒有表達出來的激進能量與下列典型疾病有關：皮膚問題、腸胃問題、性功能障礙、心臟疾病、偏頭痛。同時，憂鬱症也與受阻的憤怒與堅持有關。心理學家會把三個H擺在一起，這三個H分別是：無望（hopelessness）、無助（helplessness）、敵意（hostility）。沒有表達的主張、沒有理解到的憤恨在你心底壓抑累積，這麼多能量都發不出來，受限的感受與行為讓你覺得自己遭到掏空，無精打采，對生命沒有熱情。完形心理學治療師弗烈茲．皮爾斯（Fritz Perls）在面對憂鬱之人時，他常會問對方：「誰讓你憂鬱？」

如果你長年生病或憂鬱，我會建議你仔細檢視本命盤裡火星所在的宮位。我們通常不會把火星想成疾病或憂鬱的指標，但這些現象可能是由「沒有使用」的火星引發。也許在宮位的領域增加行動力、表達力與主張可以解開枷鎖，改善你的健康與生命力，讓你繼續前進。舉例來說，火星在二宮的人應該可以透過發展技能、資源，或得到保證、有價財產這些面向來確立你自己。火星在三宮的人可以問問自己與他人的溝通是否足夠，因為這種行為有助於協助你對周遭的感受與想法更加開闊流暢，或是學習新東西、寫信、週末偶爾放個假，都能提升振奮你的精神。火星在七宮的人要透過關係來確立自我。同樣的概念也可以運用在牡羊座或天蠍座起始點的宮位，我們必須在這些領域挑戰自己，如果不這麼做，就會覺得不良於行，因此（有意識或無意識地）憤怒、挫敗。既然各位已經開始研究了，順便看看行運火星現在在你的星盤第幾宮，這個宮位就會是你人生現階段必須增加主張、精力及自我表達的場域。

表三：健康的攻擊性

(1) 健康的攻擊性能夠保護我們不受他人侵害、攻擊。
(2) 健康的攻擊性是一種正面的衝動，能夠理解且掌握外在世界。這股力量存在於我們內在，能夠提供促使我們學習新技能。
(3) 健康的攻擊性是追求獨立及脫離那些掌控或過度保護我們之人的基礎。
(4) 健康的攻擊性提供我們拓展自己的意志，且能成長為我們能夠成就的模樣。

在《無意識動力》論攻擊性的章節中，我列出四種根深蒂固的自然攻擊性類型[5]。各位也許很熟那本書，但我還是想迅速複習一下這幾點，作為各位對火星相位及星盤配置的序幕（見表三）。第一點說明健康的攻擊性能夠保護我們不受侵害攻擊。這點很明顯。如果有人侵犯你

5 原註：麗茲．格林、霍華．薩司波塔斯，心理占星講座卷二《無意識動力》（*The Dynamics of the Unconscious*），一九八八年由 Samuel Weiser 出版。

的領域，或威脅你、阻擋你前進的去路，感覺或表達一點激進或攻擊性是很恰當的。記得蛇與導師的故事嗎？一條健康的蛇去聽靈性導師在鎮上的講課。導師讚揚愛與和平還有不殺生論。蛇覺得好有收穫，決定改變自己，再也不傷人。兩個月後，靈性導師回來了。蛇呢？狀況一團糟，遭到踐踏、奄奄一息。牠跑去導師旁邊說：「我要退費。我照你的教導行事，結果差點死掉。」導師卻說：「我沒叫你不准發出噝噝聲！」如果有人侵略你、擋住你的去路，或別人想要控制你、操縱你，發出噝噝聲反抗是很恰當的，叫他們滾一邊去。6

第二點說明我們天生根生蒂固的攻擊性能夠刺激我們掌握外在世界且學習新技能，這些事物有助於我們的自尊與身心健康7。語言裡有很多說法可以描述攻擊性在生活裡不可或缺，好比說：我們對問題窮追猛打，我們與問題搏鬥，我們解決或征服難題等等。如果我們一點鬥志也沒有，當挑戰出現時，只好放棄，無法磨練技巧或徹底發展出內在資源。

一開始催促我們將潛能加上必要努力，將其轉化成現實的就是火星。我們一出生就有基本的需求或驅動力，能夠用火星獲得新技能或察覺到自己的潛能，如果不繼續發展，就會覺得挫敗、憤怒，沒有滿足。挫敗感需要出口，最後會渴望戰鬥，或引發別人演出我們的憤怒。現代西方社會有很多人，也許是因為失業，或生命整體缺乏方向與使命感，都遭受負面火星帶來的痛苦。積壓的攻擊性有任何出口都好，從搶劫老太太、喝醉欺負弱勢族群，到球賽鬧事都算。現在這種行為在英國已經蔓延開來。我剛剛才說，如果不用健康的方式宣洩火星或與生俱來的攻擊性，這股能量就會轉為負面。有些年輕人會透過外展類型的策略「改革」這股力量，好比說戶外求生營或遠征隊，這樣才有機會將火星能量導入對抗大自然的環境之中，找到勇氣爬上陡峭的岩石，面對其他諸如此類的挑戰。

第三點說明健康的攻擊性是追求獨立及脫離那些掌控或過度保護我們之人的基礎。我會認為月亮跟海王星是想要融合的代表，是一股渴望與別人在一起的需求。火星呢？卻提供我們勇氣與力量和母親分離，找到獨立與自我。火星會協助我們從太過緊密的照顧者、愛人、伴侶或糾纏的家庭關係裡掙脫出來。在這種概念裡，火星其實是太陽最忠實的追隨者，提供力量讓人進行個體化發展。我忽然想到糖果屋這則童話，在其中一個版本裡，母親要這對兄妹離家，因為她養不起他們。他們最後遇到了薑餅屋房子的女巫，她顯然擁有這對兄妹想要的一切。不過呢，在這個故事裡，反派不是派小孩出門進入世界的母親，而是提供一切甜頭的巫婆。巫婆才是危險人物，最有可能威脅要摧毀孩子。過度保護你的人，提供你一切所需的人，替你把事情

6　原註：皮耶洛・費魯奇（Piero Ferrucci），《明日之我》（*What We May Be*），美國版一九八二年由 Jeremy P. Tarcher 出版，英國版同年由 Turnstone Press 出版。第八十九頁。

7　原註：這裡的許多心理學概念皆摘錄自安東尼・史脫爾（Anthony Storr）的《人類攻擊性》（*Human Aggression*）一書，一九八二年由 Penguin Books 出版英國版。

通通做好的人，就是阻止你發展成獨立個體的最大威脅。[8]

我先前提過親密感、依賴感與憤怒的關係，它們是三位一體。其中一個理由就是，當我們跟某人親近、親密之後，很容易把自己孩提時代的情結投射在對方身上。事實上，我聽說過一個研究，不曉得是真是假，也沒有參考資料，這項研究指出，就統計資料看來，最常殺害你的人就是你最親近的人，而命案現場通常都是臥室！（對我而言應該是廚房。除非你確定你的火星沒有碰觸到我星盤裡的任何東西，不然千萬別來廚房幫我煮飯。）依賴也會帶來憤怒。如果你把自己的幸福維繫在某人身上，如果你必須仰賴某人才能感覺到被愛與自我價值，如果你仰賴別人的保障與經濟，那當對方不管因為任何原因讓你失望時，你很容易覺得憤恨、憤怒。我先前提過，正是因為你與另一個人之間的愛與親密感，憤怒與憎恨偶爾出現，最良好的關係是能夠包容這些負面情緒的關係。心理學家溫尼考特提出「夠好的母親」概念，這種母親能夠接受孩子對她的愛，但也能接受或包容孩子對她的憤怒。[9] 夠好的母親能夠接受自己就算愛孩子，但有時也會想殺了孩子。夠好的治療師就是每週都在那裡等你，就算你上次攻擊他，說他不夠好，他也不會因此拋下你。我們都必須學習自己對朋友、情人可以感覺到憤怒或負面的情緒，這不意味著我們就會摧毀對方或破壞這段關係，如果所愛的人偶爾對我們感到憤怒、贈恨，這些不代表一切就結束了。當然，也許有一天關係惡化到致命的程度，那打包閃人才是上策。

第四點是第二點的延伸，又是我們根深蒂固攻擊性的另一項重要使命。簡單地說，健康的攻擊性提供我們拓展自己的意志，且能成長為能夠成就的模樣。就跟蘋果籽「曉得」自己會結出蘋果，而不是橘子，每個人內心都有這個核心自我或深層自我，曉得自己該長成或變成什麼模樣。核心自我監督、規範、檢查我們的發展。有些人將核心或深層自我解釋成超個人自我，因為當你依照深層、核心自我行事時，你的行為自動自發，且不只對你有益，更有助於你所屬的巨大群體之中，因此你就超越了個人，換句話說，就是進入超個人的國度之中。我相信核心自我具有啟動元件，我們都需要某種程度的攻擊性、驅動力及堅持，才能實踐這個核心自我的承諾。存在哲學家保羅．田立克（Paul Tillich）提出了類似的信念：「人之存在並非一種賜予，而是一種要求。人必須為此負責……人受到要求，成為自己該成之樣，實踐其命運。[10]」田立克說我們必須走出去，成為我們應該成為的模樣，而不是坐在原地等著命運自然發生。

我一直在講火星，講其最有建設性的方式，作為英雄人格的意志，能夠站穩陣腳，追求小我的需求，榮耀你的信念及價值，不讓他者阻擋去路。根據榮格的說法，天底下有比小我更崇

---

8 原註：安東尼．史脫爾《人類攻擊性》。第六十三頁。

9 原註：唐諾．溫尼考特，《遊戲與現實》（*Playing and Reality*），美國版一九八二年由 Routledge Chapman & Hall 出版。第十一頁。

10 原註：歐文．亞隆引用田立克之言，《存在心理治療》（*Existential Psycho-Therapy*），美國版一九八〇年由 Basic Books 出版。第兩百七十八頁。

高的東西，我們必須為之臣服。意志似乎有兩種，一是個人小我的意志，以及深層自我或超個人自我的意志。火星象徵的是小我的意志，但小我想要的不見得總是與深層核心自我替我們打算的內容一致。如果你的核心自我是顆蘋果籽，但你的小我堅持要當橘子怎麼辦？各位看到問題所在了。火星會選擇主張小我的意志，但大問題是這個意志能不能與深層核心一致。如果火星想要自己當主角，企圖無視核心自我的藍圖或計畫怎麼辦？

小我意志與深層信念的兩難

伊莎貝兒．希奇說過，如果你打算打破宇宙法則（例如核心自我的企圖），過程中你就會摔斷脖子。如果你渴望的東西與核心自我對你的打算不符，你的核心自我最後還是有辦法贏。為了得到小我的渴望，火星可能會訴諸無情或一意孤行，但如果這個目標與你的深層或超個人自我的理念不相符合，你最後會發現自己辛苦追尋的結果並沒有你先前期待的那種滿足。簡言之，如果我們的個人意志與核心自我的意志能夠符合當然最好。對於自我中心的火星而言，要做到這點可能不容易，但我相信這是火星最終極的挑戰與試煉。某些人會透過冥想與禱告，主動調整火星（小我意志）符合上帝或深層、超個人自我的意志。其他人則被迫下跪，換句話說，無論火星是否願意，它都會被迫屈服於深刻自我之下。在榮格分析師愛德華．艾丁格（Edward Edinger）的《自我與原型》一中，他寫道自我的經驗「最可能在自我排空其源頭時出現，才能感知到自我源頭的精髓。」他又繼續說：「人的極限是上帝的機會。」[11] 還有另一句話，但我不會告訴各位出自哪裡：「你們必曉得真理，真理必叫你們得以自由。」[12]

就我看來，太陽跟火星的原則定義了過程的第一個階段，因此我們能夠形成健康、有功能的自我，這個自我具備了世界功能，這樣才能追求個人的目標與慾望。不過，為了要徹底成長與進化，個人意志到了某個時刻會被迫認清且榮耀高於自我的能量，理解自己作為管道的角色，於此超個人自我的意志才能表達。我在太陽的講座裡短暫提到這點，但我現在再說一遍。太陽代表的是個人性及分離的自我定義過程，同時也是我們超個人或宇宙自我的連結，這樣我們才會感覺到合一，與天地萬物有所連結。太陽的符號是一個代表完整的圓圈，中間有個人性的一點，因此描繪出榮格所謂的小我—自我軸線（ego-Self axis）。表達真正的自我（火星協助太陽），其實是被迫參與更浩瀚的策劃或計畫，因此生命的完整得以落實，這整件事幾乎不合常理。在《意志的行為》一書中，心理綜合學創辦人羅柏特．阿沙鳩里對這個話題提出看法，他寫道：「個人意志存在，超個人意志也肯定存在，表達超個人自我（我也稱其為核心自我或

11 原註：愛德華．艾丁格，《小我與原型》（*Ego and Archetype*），美國版一九七三年由 Penguin 出版，英國版一九八〇年由 Penguin 出版。第五十頁。

12 譯註：出自《聖經．約翰福音》第八章第三十二節。

深層自我），且從靈魂的超意志層次運作。這樣的行為，『我』這個個人自我能夠感覺得到，如同一種『引力』或『呼喚』。[13]」

一些占星師相信天王星是高八度的水星，海王星則是高八度的金星。根據這個脈絡，冥王星也可以是高八度的火星。這個概念很有趣，也與我們現在的討論息息相關。我們把火星當成個人意志，冥王星則是深刻自我的意志。冥王星是一股無可抵擋的力量，驅動個人與集體的歷史，因此，你實在沒有辦法抵擋冥王星的心願。青春期很像冥王星，你無法抵擋這巨大的轉變。你也許不想經歷青春期，因為你也許不會想以孩童型態死去，以青少年型態重生，但除了自殺，你真的束手無策。肉體的死亡也很冥王星，死亡來敲門的那一刻，我們也束手無策。星盤裡火冥的強硬相位通常顯示出個人意志與深層意志之間的衝突。火星，你的個人意志，也許真的很想要某份工作或某段關係，但冥王星，深層自我的意識也許覺得這份工作與關係不是你所需要的。這時，火星為了要得到心之所嚮，也許會變得冷酷無情（火冥相位通常會無情有關），但我說過了，就算你成功滿足了個人意志的抱負，你最後大概也會覺得這份工作與關係「不太對」。我晚點再來多聊聊火冥相位。

火星的各種相位

我想以比較「輕鬆」的角度來談談我們健康、根深蒂固的攻擊性，可以透過星盤裡火星運作的方式來觀察。我們一開始會聊聊火星的相位（見表四）。麗茲已經提過，火星會為了太陽及其他內行星奮戰。火星三分或六分其他行星可以增加該行星的表達力道，你就可以明智、理智地使用這股力量。火星三分或六分太陽意味著火星是太陽天生的盟友或好朋友。這組討喜的日火相位可以讓你捍衛自己的個人性，不會令人不快，也不會逞兇鬥狠（不過如果是火象星座的三分相，可能還是會有點過頭）。日火三分、六分暗示了強而有力的靈魂與堅強的性格。在流暢的日火相位裡，火星比較容易出動，為太陽的目標奮鬥，實踐其潛力。如果你月火三分或六分，天生就能替自己的感受背書，這種對話讓情感有所依，相信你有權利擁有需求與感受，因此，如果其他相位沒有進來攪局，相較於月亮的其他困難相位，你應該能夠輕鬆實踐情感需求與條件。流暢的月火相位同時也顯示能以與周遭環境和諧同步的方式確立自己。

水火三分或六分讓你有能力溝通，且心靈活躍。有能力透過語言與想法刺激其他人。金火三分或六分能夠增加你天生的人格魅力、吸引力，及你能體驗、享受樂趣的能力。同時也暗示你在主張及關係合作中能夠達到好的平衡。流暢的金火關係能夠提供你透過創意及藝術出口，進而表達自己。火木三分或六分則加強了追尋生命中木星目標的能力，且天生擁有透過分享熱

13 原註：羅柏特·阿沙鳩里，《意志的行為》（*Act of Will*），美國版一九七四年 Penguin 出版，英國版同年由 Wildewood House 出版。第一百一十三頁。

情與信念，刺激、激勵其他人的能力。雖然火象的日火三分跟火木三分很容易自以為是，或過度熱切催促別人，這種行為在英國就是讓人打消念頭的好方法。我晚點會在火土相位時多聊一點。火星與外行星的相位我們也之後一起討論。

表四：火星詮釋原則

十二星座的火星展現
(1) 火星的星座展現出你主張自我的方式，以及你如何得到想要之物的方式。
(2) 火星所在星座的天性展現出你主張、表達個人自我、力量的方式。舉例來說，火雙子可能會訴諸語言或溝通，火天秤可能會透過理念來達成關係或主張。
(3) 火星的星座顯示出性能量如何表達或主張。
(4) 火星的星座會替阿尼姆斯形象增添色彩，也就是內在的陽性形象。你也許會自己活出這個形象，或將其投射出去，尋找符合這種形象的人。

十二宮位的火星展現
(1) 火星的宮位配置（以及牡羊座及天蠍座起始的宮位）能夠展示出你透過展現力量確立個人認同的場域。火星所在的宮位就是我們需要發展出掌控生命及外在世界的場域。
(2) 火星的宮位展現出你覺得激進、不耐、容易遭到激怒的所在。如果你與火星能量斷線，或無法表達，火星的宮位很可能會展現出憂鬱或疾病的領域。

(3) 火星的宮位展現出我們想要藉由表現出自己有多性感、陽剛或孔武有力，讓人刮目相看的生命領域。

火星在不同相位裡的關係

(1) 任何與火星產生相位的行星都會影響我們如何確立自我。例如：火天相位會加強主張及自我表達的高度與張力，火土相位則會讓我們放慢主張的速度。整體來說，與火星生產生強硬相位的行星會在我們想要主張、表達自主性及個體性時，讓我們遭遇困難或衝突。

(2) 與火星產生相位的行星本質可能會顯示出我們感覺到力量或確立自我的生命領域。例如：火海相位可能顯示出必須透過與「海王星」有關的事物來得到力量與自我，如音樂或療癒。

(3) 與火星有關的行星會影響阿尼姆斯形象。女性可能會把這點投射出去，尋找這樣的男人。男人可能會企圖藉由展現出與火星產生相位的行星天性，確立他的男性自我。

我等等就來聊火星的合相，但首先我想談談相對簡單的火星四分相。如果你天生擁有火星的四分相，你在學習表達這種能量時，就有課題必須先學習。火星會為與其四分的行星增加力量與刺激，但如果使用那顆行星太用力、太衝動或笨手笨腳，都會帶來危險，就跟希臘戰神艾瑞斯一樣，人家認為他瘋狂、殘暴、嗜血、行動不靈活。很少有人知道艾瑞斯不只是戰士，他一開始的導師生殖之神普里阿普斯（Priapus）訓練他跳舞。跳舞能夠協調身體與感受。我先前提過，流暢的火星能夠透過身體的形式或某種行為，協助你表達、釋放驅力或感受。不過呢，火星的四分相則暗示了在確立自我與和諧自我表達之間的各種問題。

我們從日火四分開始。在我早年學習占星的時候，記得讀到一本書，上頭說日火四分的人千萬不要玩槍，因為可能會死於走火的槍口下。不知道耶，這種事可能會發生吧？我想那本書的作者可能有點太執著於字面或具體（或想太多）的表達方式上，他的解讀基礎大概是因為覺得日火四分會造成人格特質的高度張力。日火都是「陽性」行星或符合阿尼姆斯原則，如果你有這組四分，你也許會太過武斷，沒耐心、衝動、激進、強迫、自我中心、專橫，甚至暴力，這些字眼都與「負面的阿尼姆斯」有關。所以你必須學習和緩自己的主張與表現，不然對多數人來說，你會很過分，且會阻攔你自己的成長之路。你也許會想要補償這些特質，藉由努力扮演出和藹可親、外表甜美作為手段。假設如此，那你就是將日火驅趕到底層去，這股力量可能會以消極攻擊、操縱、無意識操縱行為來表現，否認太陽與火星意味著你會把負面的阿尼姆斯投射出去，吸引控制欲強、脅迫及不耐的人到生命之中，或是在你身邊出現符合這種憤怒與暴力行為的人。我已經跟各位在我太陽的講座裡談過這點，因為與太陽有相位的任何行星，一開始都會透過父親來經驗。把日火四分搭配上星座一起討論，更能描繪出這組相位是如何展現的。給我一個舉例吧？

觀眾：日牡羊，火巨蟹如何？

霍華：很好，很刺激。日牡羊天生具有強烈的自我表達驅力，顯示出領導或採取行動的慾望，火象的需求就是為了實踐個人潛能的冒險。火巨蟹在這裡能幫上什麼忙？也許不是火星的最佳好朋友，因為，首先，你的太陽是火象星座，而原本應該是太陽好盟友的火星卻在水象星座。牡羊座的領導、冒險、成就新事物的驅力可能會受到火巨蟹經常出現的迂迴、猶豫所阻礙，巨蟹座喜歡安全、熟悉的環境。各位看得出來，日牡羊、火獅子或射手也許會比較好操作。不過呢，認為巨蟹座是軟腳蝦就不對了，我認識幾個擁有這組相位的人，腦袋非常精明，因為他們具有巨蟹座的敏感，他們能夠「搞清楚」接近或避開某人的最佳方法，這點協助他們達成想要的目標與抱負。火巨蟹因此能夠成為很好的生意人。而且，火巨蟹當情緒受到刺激、撩起時，最能好好發揮，所以擁有這種配置的人無論他們喜不喜歡，對於使命、任務、對象，他們通常都能激起無比熱情。如果你日牡羊四分火巨蟹，太陽牡羊的火象特質加上增強的水象巨蟹特質，有時可能會太過情緒化，被熱情牽著鼻子走，這點也許會嚇跑別人。各位可以在日獅子四分火天蠍，或甚至日射手四分火雙魚組合裡找到類似的強烈情緒，當然雙魚這組感覺會比較散漫沒有目標。還有什麼組合？來點有風有土的組合，做個對比吧？

觀眾：日天秤四分火摩羯怎麼樣？

霍華：你來說說看如何？（一片靜默）沒有人想試試看嗎？好吧，我來。對日天秤而言，個人化及自我發展之路牽扯到在生活及個人特質中找到絕佳平衡。其中有幾個明顯的極端是天秤座需要平衡的層面，好比說：腦子與心（心智與感受）；現實與理念、靈性的實踐；確立自己的需求與看法對上與他人合作及外交手腕。土象的火摩羯對於自己相信的一切及執行的方法武斷專制，不見得擁有智識上的抽離或洞察力，能夠協助天秤座太陽追尋的客觀與平衡。天秤座是個理想家，具有風象組織經營事物的遠見，火摩羯對於事情該如何成就則有僵固的看法。我注意到擁有這組四分相的人常常會執著在完美主義之中，對於對錯、適當與否擁有僵固的看法。他們可能會對自己及別人特別大驚小怪、過分批判或批評。這組相位及星座的優點是絕佳的毅力，能夠下定決心把任務做好。如果我想讓一件事高標準達成，我顯然會考慮雇用有這組相位的人，雖然我不能期待事情一夜完成。把事情做到盡善盡美（天秤座）就是需要時間（摩羯）。

我希望上述討論讓各位明白，為什麼日火四分算是蠻具有挑戰的相位。月火四分跟三分、六分具有同樣的情感確立問題，四分通常顯示出迅速、無法控制的情緒，好比說情緒保險絲容易燒斷或怒點很低。擁有這組相位的人，想要什麼就必須得手，如果他們等太久，他們很快便會覺得挫折、憤怒，彷彿肉體不擅包容情緒一樣。小心這組相位因行運或推運觸發的時候，這些人的母親情結可能會遭到觸動，一點點小小的挑釁都能讓他們大爆炸。擁有這組相位的人也許需要學習耐心，找到方法規範且掌握情緒的反應及情感的天性。

水火四分能夠讓心智增加能量，但也可能牙尖嘴利，引發意外或爭執，同時也會焦躁不安。念頭與思緒來得太快，無法處理，也許會脫口而出某些之後會後悔的話。這組相位需要當事人學會控制、處理心智與言論。

金火四分與三分、六分一樣，都能提供同樣的美感天賦及個人魅力，但通常四分顯示出天性裡強烈的熱情，可能會對當事人的生命造成浩劫。我常看到擁有這組四分的人會行使或在關係裡引來暴力。薩德侯爵（Marquis de Sade）[14]是火牡羊四分金巨蟹，各位曉得他都在忙些什麼，施虐狂（sadism）這個字就是源自他的探索。根本的張力通常會阻礙力量的議題，雖然你也許會想責備他人或任何出現的困難，但衝突其實來自內在，也就是，你想要追求和諧、取悅伴侶的慾望，以及希望事件通通以你的方式進行，兩者之間具有重大衝突。

在極端個案裡，火木四分的人會很狂熱，非常熱情，到處潑灑熱情與瘋狂，他們也許是出於好意，但他們對於真理通常只有一個看法，也就是他們相信的才是真理，而其他人都該皈依。哲學或政治爭論時常上演，可能會吵得很難看。在溫和一點的個案裡，他們會是「我不接受這個答案」的銷售員，在你還沒開門前，他們已經一隻腳跨進門裡了，他們也可能是誇張的

14　編註：薩德侯爵（Marquis de Sade, 1470-1814），法國貴族出身的哲學家、作家和政治人物，也是色情書籍作家。「施虐狂」（Sadism，薩德主義）以其姓氏命名，成為西方語言中的通稱。

藝術家，有才華讓你對他們狂熱的目標立刻打消念頭。其他的火星四分相，我們晚點再聊。

火星的合相與四分相類似，火星都會增加合相行星的力量。日火合相會增加自主的驅力、能量及自我表達。月火合相會增加感受及情緒反應，諸如此類。顯然任何合相都必須考慮所屬星座帶來的效果，且分析這組合相與星盤裡其他條件的搭配，特別留意跟這組合相產生其他對話的相位。與火星合相產生的四分或對分通常會讓狀況惡化，是非常挑戰的配置，難以處理，但這樣的能量組合肯定對你的幸福、成功、你該成為的模樣非常重要。

火星的對分相通常很奇特。許多人會透過與他人的爭執與衝突，學會經驗火星對面的行星。舉例來說，你日火對分，必須透過與別人爭執或對抗，才能以你的方式釐清你到底是誰。這種戰爭第一次的展現可能是對抗父親的意志，他要你成為某個樣子，但這不是真正的你，因此你必須起身維護成為自己的權利，在過程裡，更確定你是誰。之後，繼續與父親形象或其他權威代表對抗。你也許會覺得對方固執倔強，但我敢保證，你日火對分，肯定也不是什麼軟腳蝦。與火星有關的對分相都會讓我想到政治裡的反對黨，他們會協助定義執政黨的政策，反之亦然。月火相位最終都會與月亮原則開戰，或為其抗戰，包括與母親及一般女性的衝突、家庭不合、小規模領域戰爭，當然還有為了情緒需求的爭執。認同情緒需求的戰爭是他們清楚界定需求，且學習自己站起來的方法。水火對分的人通常會發現自己捲入與他人的爭執之中，這也是他們釐清、區別自己思緒與想法的方式。金火對分會引發與伴侶的衝突，特別是你的價值、慾望及珍視的一切容易與對方的慾望與價值產生不合。不過呢，這是你定義自己的價值系統及瞭解什麼東西能夠帶來歡愉感受的方式。火木對分的人會與別人就哲學、宗教、政治領域產生爭執，進而學習如何在過程裡維護自我，且形塑自己的信念。解放印度的聖雄甘地就有這組相位，承擔起整個英屬印度的命運。約翰．馬克安諾月火合相，與木星對分，加上對分冥王星的日水合相，形成一個大十字。怪不得他最出名的就是常對裁判及職業網球機構的遠見與看法（木星）不滿、唱反調。我沒有期待各位成為下一個馬克安諾，但我覺得各位如果你的火星具有對分相，常常捲入與他人的衝突戰爭之中，其實也不用太難過，因為這就是你瞭解自己及自己立場的好方法。獅子就是要怒吼，而不是嗡嗡嗡。在場多少擁有火星對分相的人常常與他人起衝突？

觀眾：我日火對分，我的確對抗父親，現在我很容易與權威人士糾纏不清。

觀眾：我金火對分，我會吸引具有暴力傾向的對象。結果我學習替自己站出來。

觀眾：我火天對分，這種事常常發生。

霍華：我敢說是這樣沒錯。我晚點會提火天相位，咱們先來聊聊火土的變化。

火土三分或六分，你會曉得該投入多少精力與努力來進行某件事。土星能夠穩固、組織，作為火星的聚焦，協助火星擬出策略，提供火星耐心與毅力，堅持到最後。雖然這兩顆行星呈現和諧相位，但要能以正面的方式結合這兩股能量，你還是需要相當的生命經歷，且藉由一開始的犯錯，學習到慘痛的教訓。三分及六分相顯示你會控制火星，能把時機抓得剛剛好，而且不會像合相或強硬相位，產生過分或不足的情況（雖然三分六分還是會讓火星慢下來，謹慎行事，而不會急躁衝動）。從另一個方面看，火星會替土星增加能量，也許會站在法律與規則的那一邊，能夠替混亂帶來秩序，在生命各方面支持規範與努力的價值。

合相與四分相則帶來更多問題。首先，土星也許會威嚇或阻擋火星。你考慮要進行什麼作為或你要展開行動，結果土星殺出來，說：「等等，火星，你準備好了嗎？現在時機對嗎？你已經優秀到可以做這種事了嗎？」所以才會說這叫「一邊踩油門，一邊踩煞車」。15 這是火土帶來的低檔面向兩難問題。兩難這個字很適合形容這兩顆行星的組合，它們天性對比，因為合相或強硬相位產生對話時，註定會在靈魂裡產生張力與衝突。在我剛剛描述的狀況裡，土星會過度壓抑火星，但反之亦然，也許會想罔顧限制或法律（土星），來確立自我（火星），結果卻摔斷脖子或入獄，或搞得狼狽不堪，最後這個可能也許是最輕微的，但對你的自我及自尊還是不太妙，雖然如果你想從這種經驗裡學到一點教訓，一點恥辱是值得的。這就是兩難衝過頭的狀況，火星沒有給土星足夠的尊重，土星提供的時機、謹慎、計畫無疑能夠替火星加分。狀況最好的時候，火星的確需要土星的一點加持。

火土對分相的確跟四分相很像。不過，跟所有的對分相一樣（合相與四分相也會），你也許會喜歡或認同對分相裡的其中一邊，結果就是否認的那一端能量從外面入侵。這點在火土對分相也適用。這麼說好了，你認同火星，相信急躁、過度激進或衝動的行為能夠得逞。你大概不會成功，因為你在外面會遇到土星，某人或某事會想辦法阻止你。或者，你也許走另一個方向，認同土星，猶豫不前，延遲行動，因為你太過謹慎，害怕失敗或覺得自己不夠好。如此一來，你就會從外面吸引火星出現，最可能會是有人催促你前進，逼迫你做你覺得猶豫或不安的事情。我要說的重點是，無論你與外在世界有多少衝突，行動（火星）與不動（土星）的兩難其實是內在問題，你背負著到處跑。只有化解這些原型的內在衝突，只有找到方法和解內在的火星與土星，你才可能從投射的問題中解套。也許這點可以鼓勵你們，榮格相信投射不全然是病態的行為。他強調投射出去的形象其實是內心深鎖的潛力，當這部分的你需要出現時，就會透過投射的人事物認識這樣的自己。如果你乖乖來，認清投射是你的一部分，那你就是前進了一大步，重新拿回且重整你扔在別人身上的力量。假設你與火星同一陣線，將土星投射出去，它可能就會問你：「我為什麼會吸引來這種限制與條件？是不是因為我內在想要放慢速度，冷靜一下？」或者，如果你選擇了土星，否認火星，你應該要問：「為什麼大家都這樣催促我？

15 原註：亞蘭．歐肯，《占星：道路與旅人》（*The Horoscope, the Road and Its Travelers*），美國版一九七四年由 Bantam Books 出版。第兩百四十八頁。

我內心是不是想要行動，但我卻沒有發現？」

觀眾：火土形成一百五十度呢？也會有同樣的狀況嗎？也會有投射的問題嗎？

霍華：因為火土繼承而來的張力與緊繃天性，我會把這兩顆行星的一百五十度歸類於主要的挑戰相位，這代表（跟其他困難相位一樣）在你學會處理之前，這股能量很容易投射。解讀一百五十度或十二分之五相總會遇到一些問題，所以值得花點時間大致介紹一下。在多數個案裡，我發現一百五十度是很有力量的相位，各位在星盤裡看見都要特別留意。在你們開口前，我會說我對容許度很寬鬆，大概看到五度左右。我曉得如果看到這麼寬，肯定會與許多次要相位重複，但就我解盤、聽當事人的生命闡述經驗，我幾乎確定一百五十度在這個範圍裡都會產生作用力。所以如果你把容許度限縮在兩到三度，你也許要重新用寬鬆一點的容許度檢查你的星盤，你對靈魂或生命的狀況說不定會有不一樣的體認。有人描述一百五十度為「神經」相位，不是因為這種相位讓你變神經病（雖然難說），而是它們會不定時發作，通常會以很矛盾的方式呈現。亞蘭．歐肯覺得這組相位像蹺蹺板，有時很和諧，有時惹麻煩。[16] 這點很合理，因為一百五十度發生在一百二十度的三分相及一百八十度的對分相之間，因此會表現出類似三分相的正面效果及對分相的挑戰效果。有時，形成一百五十度的兩顆行星會似乎合作得很順暢，舉例來說，如果你的火星與土星形成一百五十度，有時這樣的組合會運作起來像三分相，你本能地可以在主張穩定及常識之間找到平衡與結合。不過呢，有時同樣的一百五十度感覺起來卻像對分相，製造出如我先前提過的問題與緊張。

當火土一百五十度的表達出現困難時，你的任務在於如何微調、融合或在這兩顆行星裡找到平衡，直到一切都沒有問題為止。一百五十度會要求你以建設性的方式使用兩端能量。我說過，有時這種能量會順暢到讓人以為那是一百二十度，有時，這兩顆行星的狀況也會是一團糟。舉例來說，金木一百五，能夠以正面的創造力及擴張自己的天性來結合，但同時也會以過度放縱來呈現，或是讓你在關係裡呈現兩極的反應，一下心情特好，一下當伴侶沒有活出你過度理想的期待時又失望到底。許多占星師用先天十二宮來解釋一百五十度，認為這個相位有牡羊—處女（一宮／六宮）及牡羊—天蠍（一宮／八宮）的色彩，因為處女座、天蠍座與牡羊座都形成一百五十度，而從一宮出發，六宮與八宮也與之形成一百五十度。處女座與六宮、天蠍座與八宮，本能都會尋求調整、微調與轉變，因此替兩顆形成一百五十度的行星帶來調整、微調、轉變的特質。各位可以私底下找時間研究這組相位，但咱們現在要繼續火天相位了。

16 原註：亞蘭．歐肯，《占星：道路與旅人》。第兩百〇六頁。

火星與天王、海王、冥王星

本命盤裡有火星三分或六分天王星實在很不錯。如同早先說過的，和諧的火星相位會增加碰觸的行星原則表達能量及動力。火天之間正向的連結能夠提供你改變生命的能力，或催化集體的改變。讓你有能力展演出天王星本性裡嶄新的想法或靈感，卻不會太過分，且通常能夠預示更高層次的個人性及原創性，且有本領因為如此而得逞。不知怎麼著，大眾就是接受你的「不一樣」。流動的火天相位會增加你的吸引力及魅力，提供你底層的力量與毅力。如果你遇到困難、阻礙，覺得低潮憂鬱，這段期間也不會維持太久，你很快就會找到突破或跳回生命裡的方法。

這兩顆行星所組成的合相、四分相與對分相也跟三分相、六分相一樣，具有同樣程度的原創性及創新能力，但別人可能不見得能夠欣賞或接受你的不同。天王星會讓與其產生對話的行星觸電、提升高度。天王星加上火星的組合會讓這組相位電力極高。顯然這股高能量與高精力不可能一天二十四小時高速運行，如果這樣，你很快就會消耗殆盡。不過，火天合相、對分相或四分相有時會傳送強大精力到你的身體裡，你也許無法好好處理這股能量，可能燒壞保險絲或短路。擁有這兩顆行星合相或強硬相位者，必須想辦法增強且穩定自己的神經系統，也許可以透過瑜伽、冥想或規律運動，進而強健體魄，包容這組相位有如閃電一樣的電流。火天強硬相位（我把合相擺在這裡）顯示出當事人有絕佳的主張能力與強烈的主張需求。他們可以透過建設性的出口、計畫、使命、活動來引導自己的主張或激進能力，這樣很適合。不過，如果他們需要主張的需求遭到阻礙，或沒找到有趣或亢奮的出口，就會變得非常憤怒、焦躁不安或憂鬱。火星與天王星都是阿尼姆斯型的行星，當它們產生對話時，就是兩股「陽性」能量與力量的衝擊。強硬相位通常需要意識上的努力，才能正確使用，且拿捏健康的力道，不然你也許就會展現出「負面的阿尼姆斯」特質，好比說暴力、專制、狂熱及專橫傾向。

火天對分相是很有趣的相位。就跟任何火天對話一樣，擁有這組對分的人擁有確立自我的強烈需求。他們似乎很想尋找有同樣強烈主張動力的對象，與其爭執對戰。他們對攻擊弱者沒有興趣，他們的本能會尋找或吸引其他天王星特質強的人來戰鬥。想想天王星特質強的人湊在一起對戰，放煙火囉。不過呢，我們之前也討論過，就是透過激烈的意志戰爭，這些人能才確立力量、信仰及自我，且更以他們的方式瞭解自己到底是誰。

火海相位的風格就大不相同。伊莎貝兒．希奇曾說火海三分或六分相是「實際的理想家」。流暢相位，火星（行動的行星）與海王星（理想主義者、療癒師、遠見家或藝術家）同調，能夠透過理想、夢想、療癒力、創造靈感的行為來實踐。合相、四分相及對分就比較棘手了。自我主張與海王星扯上關係，也不是輕鬆的模式。首先，海王星可能非常迷濛，所以你也許不太確定或不解在某個狀況裡該採取何種行動。或是，因為海王星自我消融的特質及自我犧牲的傾向，也許會因為確立了個人意志而覺得內疚，甚至相信「隨宇宙流動」比較「高級」或進化得比較好，你也可能為了身邊的人調整自己，而不是要求必須照你的意思來。這兩顆行星代表的原則就有原型上的衝突。火星亟欲想確立小我的自我認同，透過展現作為一個人的力量，及努力想要掌控世界、在生命裡有所作為達到這個目標，而海王星卻催促你要與他人融合、結合、不分你我，超越或跨越小我的「我在這裡，你在那裡」現實觀點。各位看出問題所在了嗎？

我相信有辦法解決這個問題。火海相位的人可以成功達成目標與抱負，只要這些努力不只是為了滿足私我即可。某種程度來說，他們需要臣服於海王星想要超越分離小我的願望。舉例來說，假設我有火海四分相，正要開一間高級餐廳。如果我的主要目標是替自己賺很多錢，或是我開餐廳的目標是為了向我父母及世界證明我多有才華，或是我是為了名氣才經營高檔餐廳，那海王星（天性就是反小我的）就會想盡辦法破壞我的成功。不過呢，如果我的其中一個主要目標是開餐廳服務他人，我可能就會進行得比較順利。火星與海王星合相或形成強硬相位時，心態的轉變不可或缺。再說一遍，如果我懷抱的是這間餐廳能為大眾提供高品質的飲食，我的目標不只是為了填充小我，那海王星對這整件事的努力就會比較滿意一點。

天底下大概沒有百分之百利他的事業，這樣我比較好坦承小我中心的個人動機的確存在，但至少這種心態對我而言是次要動機，我才能作為一種管道，把值得端出去的東西帶給世人。

通則就是，如果你有火海相位，而你只是為了助長自己的小我行事，那海王星最終會找到方法從中破壞。我常注意到火海有相位的人都會替別人服務，而不是替自己做事。他們替同事爭取權利、在動物解放活動時都特別有力量，但如果他們是為了自己而做某件行為，通常無法好好進行這種計畫，或到頭來就是會失敗。火海相位要求的就是你可以確立自我與力量，但要透過服務他人，或作為一種管道，讓比你更加浩瀚的能量能夠顯化。

最後一點需要詳細解釋。火海相位可以用在建設上，只要你作為一種讓超個人或超意識層面生命顯化的管道。舉例來說，真正的藝術家從所謂的「想像國度」或「神祕國度」接收訊息，也就是原型及普世意象、念頭、感覺流通存在的面向。透過某種創意的展現，火海強硬或柔和相位的人可以作為一種從想像國度與他人溝通的媒介。真正的靈媒、神祕主義者及療癒師天生就對這種超越個人小我邊際的力量抱持開放的態度，因此，他們也是一種管道，能夠連結比自己更高層、更浩瀚的能量。海王星可以進行自我超越，如果火星能夠以感知的方式進一步連結，那海王星會很滿意。

有火海對分相的人常常會遇到讓他們以為世界會打壓他們雄心壯志的經驗。他們會想確立自我（火星），卻遇到各種讓他們白費努力的「狀況」，他們最後會覺得自己是生命的受害者。用一個人的失敗來責備世界是在逃避。感覺他們認同了火星（確立小我自我的需求），卻犧牲了海王星，因此他們註定要在外在世界面對偽裝成各種情況的海王星，來破壞當事人「我」的目標，這樣才能取代全然小我中心的慾望，進而替比自我更浩瀚的能量臣服效命。

我們在比較個人意志（火星）及核心自我意志（冥王星）時，已經稍微談過火冥對話的其中一種展現方式。相較於火冥合相及困難相位的人，火冥三分相或六分相可能會讓當事人比較好與深層自我的意圖同步，最後小我打的算盤比較不會受到太多阻礙。火星與冥王星也象徵了兩種憤怒。火星等同於「自我的憤怒」（ego anger），冥王星則是「本我的憤怒」（id anger）。早在嬰孩時期，五、六個月大前，我們還沒有把「我」跟整個宇宙分割開來，這個狀態心理學家稱為原初自戀（primary narcissism）。我們在這段沒有小我的階段感受到的憤怒都是整體、無差別的憤怒，生氣的不只是你，而是全世界。在《無意識動力》一書中，我引用了克萊恩學派分析師漢娜．西格爾（Hanna Segal）的話：「肚子餓的憤怒嬰孩又踢又叫，幻想自己其實是在攻擊乳房，扯爛它、摧毀它，他自己的尖叫也會撕扯他、傷害他，如同受傷的乳房會攻擊他的內在一樣。」[17]

蠻沉重的吧？我們因為外在世界受挫，但因為我們還沒有跟萬物分離出「我」的概念，所以也是對著自己發脾氣。這就是所謂的本我憤怒，這是一個很黑暗的地方，充滿張力的憤怒，完全沒有光線與希望。因為這樣的狀態太痛苦、無可忍受，我們通常都會慢慢脫離開來。早年壓抑的本我憤怒會讓一個人較為順從，但同時也是直接掐斷了脖子以下的生命。我相信多數人無意識都承載了不同程度的嬰孩時期未解憤怒，之後在生命裡，只要遇到適當的觸發，這些怒火就會重新啟動。

隨著時間過去，我們慢慢形成自我及分離出自我的意識出來。一旦我們建議出「我」的概念，就能經驗屬於自己的憤怒，不再是整體、無差別的憤怒了。一旦「我」形成了，感受到的憤怒就是「自我憤怒」了。自我的憤怒來自別人對我們的不公平對待，或擋住我們想要前進的去路。所以火星代表的是自我的憤怒，冥王星則與本我的憤怒有關。如果你有火冥困難相位，也許一開始處在想要表達正當自我憤怒的境界，結果不知怎麼地，忽然轉變為本我的憤怒了。這麼說好了，你有火冥四分相。有天早上，假設有什麼行星行運觸發這組相位，你跑去店裡買了一件新襯衫。晚點你發現衣服有點褪色，所以回去退貨。你已經練習主張自我的技巧了，還能單獨面對店員提出這項要求。如果她拒絕，你的火星就會弱化，觸發冥王星的本我憤怒，在你注意到之前，已經暴跳如雷，因為她不肯退貨或退費。約翰．馬克安諾月火合相在雙子座，四分冥處女，我們常在球場上看到他進入本我憤怒的狀態（對了，如果你天生火冥對分，你很有可能會引發別人的本我憤怒，也就是讓別人來演出你內心的部分）。

觀眾：如果一個人有火冥相位，在經歷到剛剛那種狀況時，還能怎麼做呢？

霍華：你要解答，我就給你解答。首先，你不能覺得因為你有那種憤怒的骯髒情緒，覺得自己

17　原註：漢娜．西格爾，《梅蘭妮．克萊恩作品概要》（*An Introduction to the Work of Melanie Klein*），美國版一九八〇年由 Basic Books 出版，英國版一九六四年由 Heinmann 出版。第二頁。

就是個糟糕的人。人非聖賢，人天生就有各種程度的慾望、憤怒、嫉妒、貪婪什麼的。

很多人樂得否認他們認為是原始或不文明的本能與情緒，但如果你否認這些東西的存在，又該怎麼轉化呢？接受這些狀態是你作為人類的一部分，不要再去想你很糟糕，這些東西不值得關照。想要轉化你譴責的情緒在心理學上是不成立的。如果你開始認清且接受這種狀態存在於你內心，處理的基礎這才能夠展開。不過呢，我是不建議各位直接展現出不受控制的火冥憤怒，你最後可能會去坐牢或下場更悽慘。當你還是嬰孩的時候，經歷到張力強大的憤怒或挫敗，幻想殺死母親之類的，你當時的生理條件並沒有成熟到能夠展演出這些衝動。不過，長大之後，這些孩童的情緒與情結會再次浮上水面（就跟它們偶爾會出現一樣），你的肉體已經可以搭公車去販賣槍枝的商店，或想出如何在人家的下午茶裡下毒了。監獄裡滿是被早年無差別本我憤怒佔據的人。他們會被貼上精神病或反社會的標籤。

如果你感受到過多的憤怒，最好的辦法是用陽剛的方式排解，讓它從你體內消失，這樣對你自己及他人都安全。你也許會想搥枕頭、去街上跑好幾圈、游泳、大掃除、除草、進行具有競爭性的運動等等。有人稱這叫情緒大掃除，能夠清瀉體內容納的憤怒。在皮耶洛·費魯奇的《明日之我》裡，有一章叫做「憤怒之虎」，談到我們該怎麼轉化負面的攻擊性。[18] 你可以寫充滿憤怒的信件，但不要寄出去。你可以拿起畫筆，畫下你的感受，這是開始轉變情緒狀態的好方法。你也可以重新把憤怒的能量投入在較為建設性的出口上。這麼做一開始就是要挑選一個需要大量精力的計畫，然後連結憤怒感受的振動與活力，重新將能量導入你想要完成的任務之中。下一步是想像自己以同樣的攻擊性能量執行這個計畫。最後，從這個練習裡退出來，開始時間完成這項任務的任何實際步驟。這就是所謂的將激進的能量重新投入另一個出口。你可以用自己的憤怒作為心理自我探索的起點。為什麼特定的人與狀況會引發這種憤怒？是不是跟早年與父母、手足的經驗有關？換句話說，憤怒能夠讓你更深入瞭解你自己。

火冥相位可以讓我講上一整天，但我現在只想再提一點。我觀察到擁有這組相位的人會把自己逼得很緊，彷彿他們被迫以冥王星張力強大的方式使用自己的火星一樣。他們會測試自己的力量、勇氣、本領，進行任何具有風險或挑戰的活動，好比說爬山，長時間獨自待在樹林裡，住在帳篷裡，看看他們能夠如何存活，或進行會帶來生命危險的運動。火星也會刺激冥王星想要解構、轉化的慾望，火冥的任何相位都能用在社會及政治改革上。

---

18 原註：皮耶洛・費魯奇（Piero Ferrucci），《明日之我》第七章。

觀眾：火冥在性上會有什麼樣的表現？

霍華：這是個好問題。我一直忙著談火星的攻擊性，沒有提到它在關係及性上的表現。火冥相位顯然有很強烈的性驅力與感受。許多人會很直白或強迫的方式來展現。其他人則會害怕自己強烈的性慾，彷彿避免發生問題的方式就是不要碰觸一樣，否認或壓抑其存在。我覺得這樣不是很健康，因為能量只是壓抑住，會以更可怕的方式冒出來。我並沒有反對把性衝動轉化或昇華成其他的活動，好比說創意的媒介、靈性追求，或以其他方式服務，但我覺得你這麼做應該是出於你的選擇，而不是因為你想逃避、不願面對自己的內在。

觀眾：可以聊聊火星逆行嗎？

霍華：火星逆行也許會壓抑一個人主張驅力的外在展現。你有股想要確立自我的衝動，但卻約束自己，也許需要再檢視一下，確保這樣的行為是沒問題的。還記得英國跟阿根廷的福克蘭群島戰爭嗎？我們在火星逆行時正式宣戰，結果什麼事也沒有發生，因為英國艦隊還是需要航行到福克蘭群島附近。我想大概花了十天。現居倫敦的占星師艾琳·蘇利文，現在也在我們中心開課，她寫了一本很不錯的逆行書[19]。她相信逆行的火星會推翻或反抗小我正在尋找實踐的東西，或反抗本命太陽配置所尋求的個體化路徑。她的理由很有趣。在天文學上，本命火星只能在太陽對面的時候才會逆行，也就是說在逆行期間前後，太陽可能跟火星形成三分相，而時值逆行的火星則可能與太陽呈現對分或一百五十度，因此與太陽原則產生衝突。當事人必須想辦法把逆行的火星重新與太陽連上線，如此一來，你的作為或不作為都不是導致你失敗的原因。

火星冥想練習

我還有很多內容，但我想現在最好轉換一下氣氛，讓各位做火星練習，類似我們在金星講座時的練習（我發現麗茲告訴各位，我原本想讓你們朝旁邊的人臉上揍一拳。也許有人躍躍欲試，但我覺得不是每個人都下得了手，畢竟我們在瑞士啊）。所以，請閉上眼睛，深呼吸，讓身體與心靈都放鬆，然後進入寧靜的內在空間。首先，想到火星的符號，冥想一分鐘。然後放鬆，看看你能否看到什麼與你內在火星狀態有關的畫面或意象。彷彿你是在看電影，你不曉得接下來會怎麼樣。火星可能會展現出男人、女人、動物或抽象的東西，就讓任何畫面出現。一旦你在腦袋裡看到火星的形象，花點時間與之對話。問問火星想做什麼，有沒有得到它需要的東西？問問看你能做什麼，讓它感覺更滿意、更舒服？同時，你可以問這個火星意象對你的感覺。各位有三分鐘可以進行練習。

19 原註：艾琳．蘇利文，《逆行星：橫渡內在風景》（*Retrograde Planets: Traversing the Inner Landscape*），英國版一九九二年由 Arkana Penguin 出版。

好，現在告別你的火星，慢慢睜開雙眼，準備好之後，花幾分鐘寫下你的感覺，然後轉向隔壁的人，朝對方臉上揍一拳。不，我是開玩笑的！我要你們找個夥伴，跟對方聊聊這次練習的經驗。我很想聽聽各位的火星帶來什麼樣的意象。誰要先分享？

觀眾：我是火星，我想赤手空拳與敵人打鬥，但他們太多了，我寡不敵眾。所以我投降彎下身軀，忽然間，就跟海浪一樣，我的敵人遭到沖刷，消失在海中，淹死了。

霍華：你本命盤的火星在哪裡？

觀眾：在一宮，四分海王星。

霍華：對，肯定跟海王有相位，對不對？好妙，你必須先投降，然後才會贏。你彎腰的感覺讓我想起希拉克勒斯，他必須跪在沼澤之中，然後才能打敗九頭蛇海德拉。彷彿你必須放下正面對決，狀況才會有所起色一樣。你能不能把這樣的經歷運用在生命裡。

觀眾：我有一隻德國牧羊犬。牠被鎖在圍欄後方，當我問牠想要什麼的時候，牠怒吼著說：「我要自由！我要離開這裡！」我是火天蠍四分海王。

霍華：聽起來像是來自你無意識的重要訊息。如果你不讓狗自由，牠只會愈來愈生氣。靈魂裡的儲藏室只能儲存到一個量，之後就會爆炸。也許你偶爾該帶狗出門牽繩散步，直到牠習慣不用繩子。不然牠一開始可能會亂跑。麗茲說，如果你把什麼東西鎖在地下室很久，那他一開始出來的時候，肯定不會乖乖的或多有禮貌。再一個分享？

觀眾：我火雙魚對分處女座的海王星。我想像火星在水底，但他抱怨起來，因為他想在陸地上。所以我們搭上一艘小船前往陸地，碰巧海王星住在那裡。他們見面時，互看不順眼。他們很氣對方。

霍華：真巧，至今大家分享的火星都跟海王星有關？我猜當火星與海王星產生相位時，很適合進行幻想引導。你的火星、海王星很氣彼此，就我看來，你必須整合你靈魂裡的這兩顆行星原則。如果兩個原型起衝突，有時值得找來調停者。你也許可以想像金星替火海主持起會議，看看金星能不能協助它們在差異下找到解決方法。感謝各位分享。在我們繼續前，我必須告訴各位我的火星意象，它是一隻大猩猩。我已經對火星努力了好幾年，但我每次都看到大金剛。

我覺得很有意思，想跟各位再玩一個火星遊戲，但首先我們要把場景架好。火星跟我們如何接近某人或某物的方式有關，以及我們如何實際接觸另一個人或狀況有關。想像這個場景，我剛講完課，還在講台上，正在收拾東西，同學裡有位火巨蟹的先生想要問我一些關於課堂內容的私人問題。我們都知道巨蟹並不直接，他可能不敢直接來找我。他可能會在其他人離開後，在座位上遊蕩，起身在我附近打轉，最後才緩緩從旁邊接觸我。他一開始可能會先聊聊天氣什麼的，然後才冒險提出疑問。這就跟跳舞一樣。在他接近我之前，我大概就會感覺到他想找我，只要我瞪他一眼，散發出「走開」的訊息，他大概就會乖乖消失了，後面也不用討論了。現在，想像一位女性，她的火牡羊很有力量，而她想在課後與我交談。她大概會走到講台前面，直接提出問題。這就是我所謂的火星展現出我們如何接近或追尋目標。

男女運用火星的差異

觀眾：女性跟男性運用火星的方法一樣嗎？

霍華：在古老傳統的占星教科書裡，各位常常讀到男性會認同且活出火星，同時透過女性來尋找他的金星。女性則會認同金星，透過男性來尋找適合的火星。現在還是有這種人。某些男人覺得當火星沒問題，但不能展現出金星的樣子，因此金星遭到否認，在他的生命裡必須透過他覺得具有吸引力或誘人的女性來展演他的金星。反之也會發生在女性身上，但我覺得現在沒這麼簡單了。愈來愈多男人能夠自在展現自己的金星與火星，愈來愈多女性能夠整合自己的阿尼姆斯，而不是投射在男性身上，這代表女性也能自在地展現火星，就跟她們的金星一樣。我絕對支持這種發展，因為這意味著我們正活出更寬廣的自己。讓事情變得更複雜一點，你也許會遇到一位阿尼姆斯類型的女性，她喜歡火星，否認金星，假設如此，她就需要透過伴侶來尋找金星，無論這位伴侶是男是女。而你也會看到阿尼瑪類型的男性，否認內在的火星，因此他們尋找的對象，無論男女，都要成為他的火星。某些男同性戀就是認同刻板主義下的金星，尋找戀人的火星，但其他男同志則會認同火星（看起來陽剛的那種），將金星投射在男性伴侶身上。看起來很典型的中性女同志也許認同火星，外表陽剛，也許會受到反映出她金星形象的女性吸引，她自己卻無法活出這種金星形象。不過，天底下也有跟金星處得很好的女同志，她們可能就會尋找符合火星形象的情人。同性戀可能本身內在就擁有順暢的金火能量。因此，沒辦法用刻板印象的男人是火星，女人是金星來討論，生理性別真的不是重點。無論你的性別及性傾向為何，如果你認同的是火星，那你就會尋找金星伴侶。如果你偏好金星，那你就會尋找火星。

為了讓各位思考不同星座的火星，請各位想像紐約的單身酒吧，咱們假設這是愛滋病還沒有成為全球問題的一九八〇年好了。

火星除了顯示我們接近、接觸另一個人的手法之外，同時也暗示我們讓人刮目相看的方式，我們認為能夠讓自己看起來有力量、性感、迷人的特質。為了讓這個練習簡單明確，這個酒吧裡有男有女，而男性想用自己的火星星座來迷倒女性（請記住，女性也會想用火星的星座來展現自己的力量，雖然我覺得大多數的女性在這種狀況裡會用金星展現出自己迷人、令人渴望的一面）。好，現在我們要聚焦在男性的手法上，但也可以應用在女性身上。如果酒吧裡有個火雙子的男性，他想接近一位小姐，他會用什麼開場白來吸引她？

觀眾：靠講話，顯示出他有多聰明。

霍華：對，他也許會想藉由他多會搭訕，及對各種話題都有涉略來吸引她的目光。他也許會提到剛讀完的書，或剛看過的電影，提供他仔細研究過的看法。火水瓶呢？

觀眾：會告訴你他們最近剛買了什麼新上市的電器用品。

霍華：這話聽起來有點怪怪的。我想到的是他們會用願景、理念或原創性來打動對方。那火天蠍呢？

觀眾：裝神祕。

霍華：對，看起來神祕也許是他們吸引別人的方式，或他們會展現出自己多有層次、知識有多淵博之類的，也許立刻開始跟對方展開心理分析。或者，他們會想用自己在床上有多厲害來吸引人，他們會說「跟我來個妳畢生難忘的夜晚」或隱諱一點的「來，我有大驚喜」。有些火天蠍或散發出這種訊息：「我也許複雜難懂，但妳很難忘記我」。

觀眾：那土象的火星呢？他們只能用他們很有錢或很成功作為賣點嗎？

霍華：這個嘛，火金牛也許覺得只要能夠證實自己是個可靠、穩定、有決心的人就有機會。對，這就是他的手段。他也許會希望你看到他土象的特質，他也會跟天蠍男一樣，會跟你吹噓自己在床上有多厲害。或是，他會提到最近買了什麼東西，好比說新車或新的音響之類的。

觀眾：火摩羯會展現出自己很有才幹也成功，他睿智又成熟，讓別人看到你跟他在一起是件好事。

觀眾：火處女也許會提議幫你修繕漏水的水龍頭，或幫你把書架架好！

霍華：或者他們會用自己精準的批判目光及辨識能力，建議你該選酒吧裡哪支酒最好。我們的討論愈來愈蠢了，但各位捕捉到這種概念了。風象的火星會帶著智識及小聰明過來搭訕，土象的火星會想要看起來實際、有幫助，且能適應物質世界。那火獅子呢？

觀眾：他們會想呈現看起來很重要的樣子？

霍華：我想他們會希望對方注意到他們很特別、獨一無二，跟現場的人都不一樣。他們也許會吹噓自己的成就及他們認識什麼重要人士，或是透過講笑話或誇張的故事來吸引對方的注意力。那火射手呢？

觀眾：他們也許會想說自己去過哪些地方旅行，或邀請你一起去巴黎度週末之類的。或者，他們會想讓你看見他們有多時髦或重視運動。某些火射手也許會跟你分享他們的哲學或信仰系統，覺得這樣可以啟發你，贏得你的心。

霍華：很好，那火巨蟹或雙魚呢？

觀眾：火巨蟹或雙魚的男人吸引女性的方式可能是展現出他們有多敏感。也許火巨蟹會提議下廚，替你做做飯，或以某種方式照顧你、協助你之類的。

霍華：對，有可能。或是他們會以有點悲傷、悲慘的模樣出現，你也許就忍不住想要哺育他們。火雙魚也一樣，他們會展現出自己多有同理心，如果你跟他們在一起，你就會有個肩膀可以哭，在困難時，有人可以依靠。相反的是他們也許會扮演起需要拯救的受害者，某些女性很難抗拒這種人。

各位可以自行練習其他的火星配置。我手邊有張火星表格，但現在時間不夠了。我跟麗茲晚點有時間會再談。我們只剩五分鐘，我還有個小活動。在安·狄克森的《做自己的女人》一書中，她列出我們都該遵守的一系列基本權利。**20** 我在投影機上列出我編輯過的版本，我向各位宣讀這些權利的時候，我希望你們也跟著我一起大聲唸。這是火星研討會，所以我們最後大聲堅定地說出自己身為人的權利是很恰當的。

(1) 我有權利主張自己的需求，設定自己的優先次序。（來，大聲唸。）
(2) 我是一個有智慧有能力的人，應該收到尊重的權利。（大聲唸出來，或在心底默念。）
(3) 我有權利表達自己的感受。（這是月亮的權利。）
(4) 我有權利表達自己的意見與價值（這是水星與金星的權利。）
(5) 我有權利替自己說好或不好。

(6)我有權利追求我想要的東西。

(7)我有權利改變想法。（我喜歡這點，免得你有錯誤的追尋。）

(8)我有犯錯的權利。（某些人沒有給自己這項權利。他們犯了錯，立刻覺得自己好糟糕。拜託，人非聖賢，用不著那麼完美。）

(9)我有權利拒絕解決別人的問題。（有時你也許會想幫別人，但有時你寧可窩在家裡看電視，這是你說不的權利。）

(10)我有權利面對他人，但沒有必要仰賴他們的贊同。（這點有點難，因為我們小時候都相信我們要贏得他人的贊同，才能贏到愛及自己的生存。）

好了，今天到此為止。咱們用熱烈掌聲感謝我們的好朋友火星。

---

20 原註：安．狄克森（Anne Dickson），《做自己的女人》（*A Woman in Your Own Right*）第五章，英國版一九八二年由Quartet Books 出版。

第四部

星盤解析

星盤解析裡的金星與火星

麗茲．格林與霍華．薩司波塔斯

個案討論

麗茲：我們今晚要唱雙簧了，我想我們可以先來一曲《藍月》（Blue Moon）。霍華唱男高音，我唱中音。

霍華：我以為我才是中音。

查爾斯親王與黛安娜王妃

麗茲：我就是沒辦法強迫你，對吧？算了，不要唱《藍月》了，我們要繼續來看查爾斯與黛安娜的星盤，然後我們會看比對盤（請見星盤五、六）。這種觀察金火的方式很有意思，能夠看出它們在兩張星盤中對雙方的影響互動。也許我們該先來看看查爾斯的金海合相。霍華，我想你已經提過金海相位的各種可能了，因為我在講金星相位的時候時間不夠。

霍華：對，我已經在金星講座裡的個案歷史時提過。

麗茲：我想再提一下，因為金海合相在查爾斯的四宮。這隱藏的合相暗示了他性格裡非常有意思的部分，雖然大眾可能一開始不會注意到這點。我們看見海王星反映出我們內在的渴望，想要放棄個體，融合進更浩瀚的集體之中。這是對伊甸園的追尋，想要回到子宮隱匿的魔法之中，想要回到生命的源頭。這裡的海王星與金星守護的金天秤結合，所以查爾斯的價值觀，也就是他覺得美麗、有價值的東西，反映出世界大同的概念，亦即土星殞落之前的金色年代。也許大眾還是觀察得到王子這強烈的合相，他喜歡消失的過往，好比說田園風光或和諧的古典建築。他追求美感，許多沒有靈魂的當代建築讓他卻步。許多建築師因此很不滿他，雖然這種公開批評甚至嘲諷不少，他還是忠於表達自己的金海價值，他對榮格心理學的神祕面向很感興趣，應該也算是金海的影響。

許多占星師認為金海是最浪漫的相位。對於伊甸園的追求替查爾斯對於關係的看法增色不少，所以身為一名年輕人，他很容易理想化愛情，並希望愛人能夠療癒他所有的傷痛，消解他所有的寂寞，且讓生命裡的苦難通通消失。金海相位的確有必然的破滅，因為顯然天底下不會有任何一個人類伴侶能夠打造出這完美的融合狀態。海王星的魔法仰賴幻想與無法擁有。最完美的伴侶是你永遠也得不到的人。所以就我而言，查爾斯帶有一種哀傷或憂鬱的氣息，因為任何女人都無法滿足他對愛情的夢想。

霍華：許多建築師覺得他的理想不切實際，太理想化了。

麗茲：某個程度的確如此，他在一九八四年稱一些地景為「可怕的紅斑」，這種造反的論點我

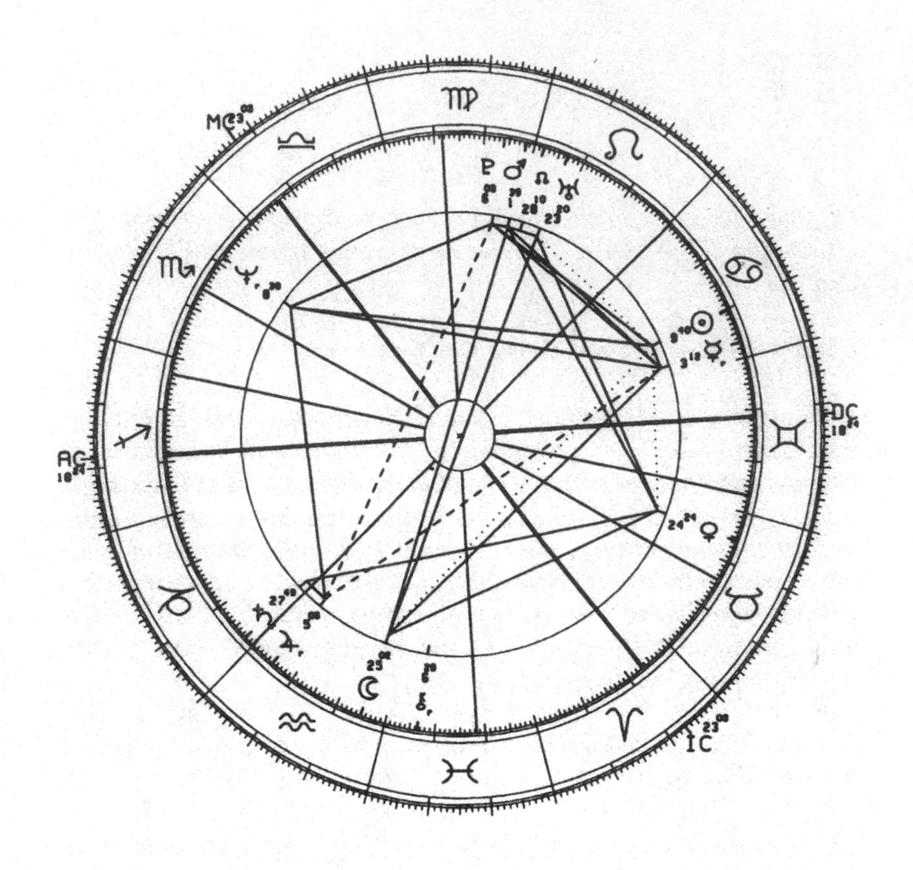

星盤五：威爾斯王妃黛安娜

一九六一年七月一日晚上七點四十五分出生於英國桑德令罕。資料來源：白金漢宮。星盤由Astrodienst（www.astro.com）網站繪製，使用普拉西度制。

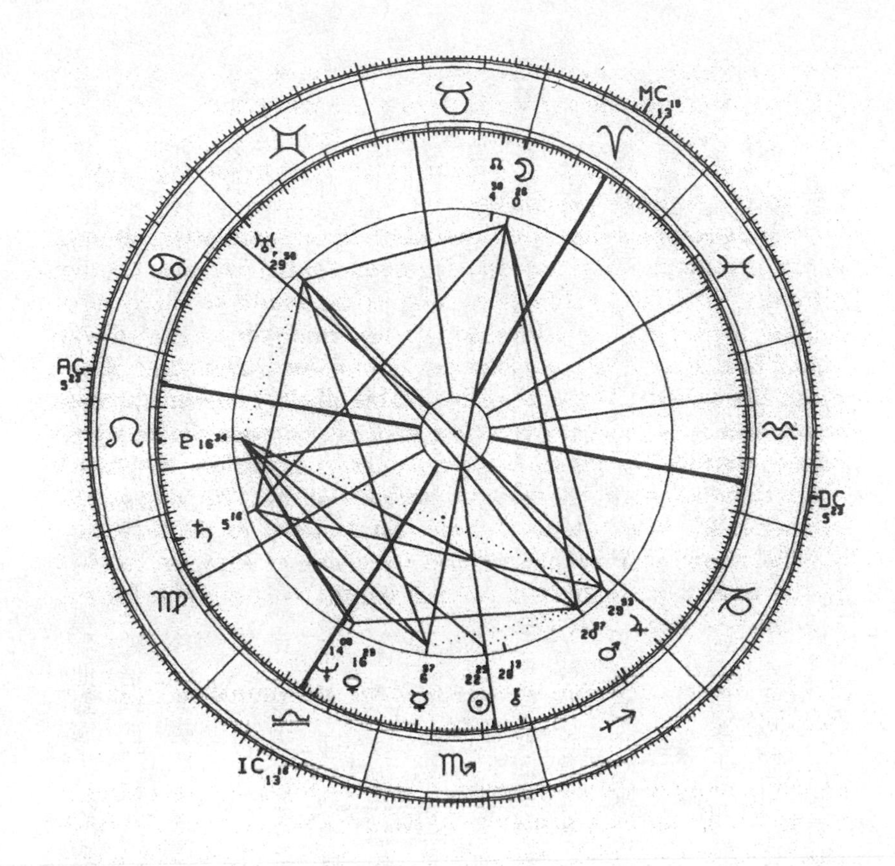

星盤六：威爾斯親王查爾斯

一九四八年十一月十四日晚上九點十四分出生於英國倫敦。資料來源：白金漢宮。
星盤由Astrodienst（www.astro.com）網站繪製，使用普拉西度制。

實在心有戚戚焉，但現在也沒有辦法重現他對海王星的願景。可能要拆掉半個倫敦，對另外半個倫敦噴砂。查爾斯鍾情的建築總是過往時代的建築，好比說喬治風格、維多利亞風格或愛德華時代風格，現在重建這些建築實在不經濟也不適合，因為現在的人工比幾個世紀前貴多了。

大家都知道查爾斯視勞倫斯．凡．德普司特爵士（Laurens van der Post）為導師，凡．德普司特浸淫在榮格的理念之中，他是作家、理想家也是探險家。凡．德普司特是射手座，我相信他對查爾斯的思想影響甚鉅。我覺得有趣的一點是，查爾斯的金海合相在四宮，反映出父親與其根源。我覺得查爾斯總想要超越他的生父菲利普親王（Prince Philip），且覺得凡．德普司特是他靈性上的父親，啟蒙了他內在世界的理想與願景。

霍華：查爾斯的舅公蒙巴頓伯爵（Lord Mountbatten）對他來說也跟父親一樣。各位可以看到水星在四宮，守護三宮，因此將父親的宮位與代表親戚的行星與宮位連結在一起。我相信蒙巴頓的死對查爾斯來說非常難受。我們可以說，金海會把人理想化，然後失去他們或幻想破滅。

麗茲：各位看得出來這組金海合相透露了多少威爾斯親王的訊息。現在我們要來看看黛安娜的盤，看看這組合相有沒有產生什麼影響。希望我們可以找到一些線索，因為這樣我們就知道黛安娜多少反映出查爾斯重視的特質。各位有沒有看到兩張星盤的關聯？

觀眾：黛安娜的天頂在天秤座，合相查爾斯的金海。

麗茲：對，這是最主要的連結。金海也六分了黛安娜的射手座上升點。不過與天頂的接觸是比較有力量的相位。各位覺得這代表什麼？

觀眾：與她在世人面前的形象有關。

麗茲：天頂反映出來的是一個人的形象，他們怎麼呈現在外在世界的樣貌。也許是重要的外表、體型因素，甚至比上升點還重要。所以我們可以猜測查爾斯覺得黛安娜呈現出他所追尋的美，也就是她在公眾面前打扮、呈現出來的模樣，以及她的外貌特質。

霍華：他的金海合相再過幾年就會與海王星四分了。

麗茲：然後天王星會跟著過來。這個嘛，也許他情感上會有一段難過的日子，他的關係生活似乎會變得混亂，情緒不穩定。如果查爾斯跟黛安娜各自出門，媒體總會大肆報導，他們就跟任何一對夫妻一樣，一定會有困難跟不合的領域。查爾斯可能會經歷一段他覺得破滅的時光，他完美的理想對象結果只是個平凡女子，但行運的天王星可能會改變他的態度，從海王星的過度理想化理解放出來。當然這種行運會反映出困惑與其他領域的改變，好比說他與父親的關係，以及他展現出來的價值及外在的形式。現在，各位覺得黛安娜如何反應丈夫的金海合相她的天頂？

觀眾：她會覺得被人崇拜。

麗茲：對，這是一個可能。在他眼裡，她也許覺得自己更光鮮亮麗，她的自我形象會成長綻放。事實上，她從天真無邪的黛安娜．史賓沙女爵到優雅及風尚的形象，真的進步了很多，我覺得這不是白金漢宮化妝師能夠替她打點的。她在大眾面前成為了這組金海合相，彷彿是她賦予了這組由查爾斯投射而來的美好形象實際的形體一樣。

霍華：黛安娜本身有金天四分，讓我想到她可能有時會覺得自己困在這段關係裡。

麗茲：我覺得會耶，為什麼不呢？除了他們必須解決的問題之外，這樣的生活有如在水族缸裡一樣。現在來看看她的金星，在查爾斯的星盤裡有什麼作用力？這顆金星對分他的太陽與凱龍，度數蠻近的。她的金星是金牛座二十四度，他的太陽是天蠍座二十二度，凱龍是天蠍座二十八度。所以黛安娜的金星準準落在查爾斯的日凱中點上，同時也與日凱對分。這樣的盤際相位很有力量，特別是因為牽扯到了中點。

觀眾：某種程度上來說，這不算是好相位嗎？

麗茲：某種程度上來說，所有的相位都是好相位。不過，你說的沒錯，金星跟太陽在比對盤上的相位通常都算是正面的，因為會產生強烈的吸引力。黛安娜最重視的東西，她覺得美、有價值的東西，通通展現在查爾斯身上。所有的對分相都有其張力，但這是互補的張力，不是四分相那種敵對的張力。對分的星座通常都有祕密的共同點，金牛跟天蠍都有深層的感官滿足、強烈張力與忠誠度。不過，黛安娜的金星對分查爾斯的凱龍則是比較困難的配置。他的日凱合相描繪出他人格的複雜程度，這組相位讓我覺得他是個鬱寂寞、緊繃的嚴肅之人，在展現自我的時候，散發出受傷的感覺。合相在天蠍座也強調了這點。也許這點跟他的父親有關，父子兩或之間都有一種孤立或受傷的特質。可能就是為什麼查爾斯會尋求如同凡・德普司特跟蒙巴頓伯爵這種「靈性上的父親」人物了。凱龍帶有「負傷的醫者」特質，哀傷及孤立感都會造就他深刻的沉思與哲思特質，這點讓黛安娜受到吸引，也許同時也讓她不安、傷害了她。她也許沒有辦法理解他的嚴肅與內斂的特質，雖然她或許尊重這點，也受到吸引。

霍華：還沒完呢。她有一組很緊密的T三角，月亮在水瓶座二十五度，對分獅子座二十三度的天王星，兩者又一起四分位在金牛座二十四度的金星。所以查爾斯位於天蠍座二十二度的太陽，補足了她形成大十字空缺的一角，他的太陽不只對分她的金星，同時也四分月天。只要任何人的行星能夠補足大十字空缺的那一角，都會替你帶來重要的考驗與挑戰。如果你把月亮定義成她的本能需求，那他與其四分的太陽就會替黛安娜造成麻煩，她的本能也許沒辦法接納或回應他成就自我的需求。黛安娜的天王星四分查爾斯的太陽，各位覺得這樣代表什麼？

觀眾：可能會造成分手或嚴重的紛擾。

霍華：分手是不可能啦，但她需要空間、個人性與自由（天獅子合相她的北交點），這點可能會與他本命盤裡的一些相位產生衝突。她的天王星在八宮，也許顯示出她必須把自己焦躁不安的一面隱藏起來。

麗茲：我覺得你剛剛提到的T三角組合反映出她內在的反動特質，從她的狀況看來，這個組合的確遭到觸發，這也許跟查爾斯不喜歡表明自己真正的感覺有關（日天蠍合相凱龍）。日天蠍喜歡低調、講直覺，認為別人的感受也跟他一樣纖細，我們很少會在討論任何事的時候指責天蠍座「放得太開」。這點對黛安娜來說可能很辛苦，她的月水瓶傾向風象的態度，以理智論究問題。我一直想到那個很糟糕的燈泡笑話——「要幾個加州人才能換一顆燈泡？其中一個人負責換燈泡，剩下五個人忙著分享這件事。」對我來說這是很典型的美國笑話，反映出美國人很極端的月水瓶面向。我不是說黛安娜像美國人，畢竟她是英國人，但月水瓶擁有一種非常誠懇、開放的特質，可能會對天蠍座的深度沉默感到非常無奈。因為黛安娜的天王星在八宮，我會期待她的反抗能以非常古怪、難以預料的無意識方式呈現。她也許非常冷靜、包容、自制，然後，忽然間就再也受不了了。天王星在八宮的人行動時不會以意識注意自己的情緒，情緒會出然冒出來，以非常爆裂的方式突破，彷彿屋子底下的炸彈忽然爆炸了一樣。八宮行星就有這種火山般的特質。因為天王星四分她的月亮與金星，這種情緒大爆炸可能會打亂她的安全感需求，威脅到她的金牛座特質。我猜，有時她會懷疑自己怎麼會說出剛剛脫口的那種話，或做出剛剛幹下的那種事。

觀眾：大家都在說凱龍，但我還是不懂它的意涵。

麗茲：我建議你可以先讀梅蘭妮．瑞哈特的《凱龍星：靈魂的創傷與療癒》。這本書是這顆行星的絕佳分析之作，好，精確點應該說是小行星。

觀眾：我買了，但還沒有時間看。

霍華：也許麗茲在金星講座時講凱龍神話時你沒有來。簡言之，在神話故事裡，凱龍是一名受傷的醫者。他身上有一處無法治癒的傷，但他卻能療癒別人的傷痛。在星盤裡，凱龍顯示出我們受傷或帶有殘缺的領域，象徵我們努力想要填補的空洞。就算這種傷永遠無法痊癒，我們還是能夠因此認識生命與自己。麗茲指出查爾斯出生時，太陽與凱龍星合相在他的五宮，暗示了這股傷痛可能與自我表達的領域有關。

觀眾：但凱龍是什麼？它在哪裡？

霍華：凱龍是一顆小行星，一九七七年由天文學家查爾斯．科瓦爾（Charles Kowal）發現。你會看見它在天空出現於土星跟天王星之間，我相信週期是五十二年左右。

麗茲：它的週期是不規則的，就跟冥王星一樣，軌道是橢圓形的。在某些星座待的時間比較長。

霍華：有時它會比較靠近土星，有時又會比較靠近天王星。

麗茲：目前占星師對它只觀察了十三年。早期有些臆測的東西出版，但之後，透過觀察個案的星盤，占星師蒐集到了更多資訊。梅蘭妮的書是這陣子出的，有很多她親身的觀察。

霍華：在解盤時真的很好用。如果各位的星盤裡沒有凱龍，你們真的要去弄張星曆表來參考凱龍的位置。凱龍的盤際相位很容易出現在比對盤上，不只是戀人、夫妻盤，也會出現在親子盤上，或親密的朋友星盤之中。凱龍某種程度就像土星，顯示出我們害怕、受傷、痛苦的所在，但如果妥善理解消化，我們就能更瞭解自己。凱龍也顯示一個人的療癒能力或能量，在對健康及療癒感興趣的個案星盤上（特別是輔助及另類療法），凱龍會佔有重要的一席之地。

麗茲：我覺得凱龍像土星，雖然傷痛的本質不太一樣，感覺傷痛的起源不是明顯與個人及父母有關，處理的方法也不同。土星透過防禦及頑固的實際努力補償解決傷痛感受。凱龍則透過獲得知識來面對，最終這些知識會成為智慧。

霍華：因為凱龍顯示出來的傷是無法治癒的，它也教導我們要接納、臣服在小我控制之外的一切，而這種接納與臣服能夠啟開更高層次的認知，及一個人與生命整體意義與使命的洞見之門。對了，我們看到查爾斯王子的太陽與凱龍合相在五宮的天蠍座。各位曉得他在醫療機構發言時，說他如果沒辦法實踐王子的義務，他就會選擇受訓成為醫生或療癒師嗎？

麗茲：這是他好幾年前在英國醫學會發表的演說，提出他對疾病的看法。他說很多人有病去看醫生，但這些疾病是靈魂的病，偽裝成身體的疾病。這點實在很符合他日凱合相在天蠍座的世界觀。我相信他不會成為主流醫學的醫生，他無疑會取得精神科醫師的資格，然後在榮格機構受訓。

霍華：在神話故事裡，凱龍是第一個全人治療師、教育者，且擔任許多神明半神子的養父。他教伊阿宋如何航海，教希拉克勒斯占星術，阿斯克勒庇俄斯（Asklepios）跟阿基里斯也是他麾下弟子。他強調給徒弟全才、整體的教育系統，教他們如何作戰，卻也指導他們在戰場上受傷該如何療癒。凱龍象徵了非常當代的能量或原則，且因為查爾斯的凱龍合相太陽，他跟滲入集體意識的最新潮流應該不會脫節。

麗茲：在查爾斯與黛安娜的比對盤裡，我們看見她的金星對分他的凱龍，她也許會對他的這一面感到不安，卻又深受吸引。金星位在其守護的金牛座，金金牛有一種美好、簡單的感覺。大家可以看到黛安娜與孩童的關係，她善良、穩固的土象本能會讓孩童自然而然受她吸引。因為比對盤裡的相位都是雙方互相的感覺，很有可能是黛安娜讓查爾斯不安，因為她這種美好的健康土象特質會讓他注意到自己有非常多面、複雜的本質。他也許羨慕她有能力享受生活，接受生命的樣貌，這是金金牛的其中一種天賦，而他卻必須深掘、尋找事物表層之下的意義及動機。金金牛也許會喜歡跳舞、派對、美食、美酒，凱天蠍則會讀榮格跟帕拉塞爾蘇斯（Paracelsus），思索人類苦難的意義。所以各位可以看到這兩張星盤裡的相位都很複雜、有力。在比對盤裡，凱龍碰觸到的兩人會受傷也會傷人，同時也能療癒或被療癒。不過，我猜這對黛安娜的天王星來說有點吃力，因為這顆天王星偶爾會爆發，讓她暫時離開所有的緊張局面。

觀眾：查爾斯的土星合相黛安娜的火冥。

麗茲：對，我們正要講這個。

觀眾：我對皇室家族及其代表的價值有疑問。你們不會覺得這種身份過時了嗎？查爾斯王子被困在這種身份裡，擺脫這些頭銜他可能會開心點。

麗茲：抱歉我無法同意你的說法。不過你住在瑞士，你們一直都有民主，集體意識的心理需求本來就不一樣。如果有人強烈建議瑞士應該有王室家族，你們大概會覺得荒謬，更糟糕點，應該會覺得憤怒、威脅吧。英國也是民主國家，但王權作為神在人間的理想形象這種概念已經深植在英國人的靈魂之中，許多其他國家也是。這不蠢，也不過時，因為這是一種原型，這是這個國家個體化的一部分特質。除了一些八卦例外，英國人熱愛也需要他們的王室，因為王室象徵了在混亂之中一種穩定、恆久不變的力量，而且王室也反映出光明與黑暗的全體人性，也提供類似宗教的神祕規範。我覺得認為可憐的查爾斯困在錯誤的價值系統，最好快點離開，這麼想是有點簡化了整件事。他的角色更複雜、更重要，我相信他很清楚。他所信奉的價值會影響無數人，而他與他的母親，女王她本人，都試圖以全然的廉正接下如此責任。顯然他們偶爾會走下坡，因為他們只是常人。不過，雖然他們沒有實權，但他們在英國人心裡的地位還是不容小覷。

查爾斯擁護的古怪、過度理想的觀點，顯然與女王的價值觀朝不同方向前進，但彼此之間沒有衝突。我覺得這樣的發展非常有意思，因為他們的態度似乎維持著相對和諧的光譜兩端。查爾斯生性謹慎，表達意見時總是非常小心，這一部分是因為他的月金牛在十宮，且三分土星，雖然他金海合相，但他還是夠現實，曉得他不該跟瘋子一樣到處亂講話。

霍華：月亮在十宮也意味著，他必須小心，不能距離女王以及大眾會贊成或認可的一切太遠。各位知道，十宮與事業、站在大眾前面有關，通常也與跟母親的關係息息相關。我實在不敢相信查爾斯的月亮十宮的金牛座零度，而他媽伊莉莎白女王的太陽也在金牛座零度。這樣就什麼都說完了。畢竟，他必需繼承母親的頭銜及「職業」，而月亮也合相十宮裡的北交點，他的確應該要延續母親的傳統。

觀眾：他會成為國王嗎？

霍華：不曉得耶。我有時會懷疑幾年後行運冥王星合相他太陽時會發生什麼事，可能跟權力有關，但現在女王退位還太早了。我現在要換個話題，但我一直注意到五宮、十一宮軸線上的緊密木天對分。這組對分通常會以罕見的想法及哲學有關，就政府機構來說，可能不符常規。我想這與他的凱龍天性有關，但我懷疑他的哲學與信仰系統可能偶爾會以不妙的方式安撫他媽，雖然他月天六分，月木三分，也許會有所紓解。

麗茲：天王星在十一宮，他身邊會集結一些奇奇怪怪的人。也許這就是他讓人驚嚇的原因。不過，在這深究之前，我們還是要回來看看查爾斯的土星與黛安娜火冥的對話。這樣會造成什麼影響？

觀眾：他會想要形塑她，賦予她生活的結構。

麗茲：對，我覺得這是其中一個面向。對他來說結構與穩定非常重要，他土處女在二宮，他很可能也是習慣的動物，處女座天生有很多儀式，不喜歡混亂。他無疑想要穩固包容她非常強大的自我意志（火冥組合）。有時，她可能會覺得非常侷限、挫敗，因為無論理由多完善，火冥對任何打壓意志的行為反應都很大，我猜她會很氣很氣他。不過，他同時也讓她以正面的方式展現出乖巧的一面，協助她學習駕馭自己的能量，且運用在具有創造力的目標上。她的情緒張力，特別是憤怒，有時會讓他覺得難以掌握，他也許會抽離（土星在二宮），去鄉間待一陣子。這樣的組合說明，如果他們發現自己是在意志的戰爭之中，他們有時就必須離開彼此，因為他們都是很固執的人。

霍華：我只是忽然想到這點，但他們在一起之後，查爾斯的打扮看起來就帥多了，她的火冥處女也許協助他轉變自己的形象，或他與自己肉體的關係，他的土處女在二宮，土星守護六宮。

麗茲：對，他的確變帥了。

霍華：我只是在幻想，但我想像查爾斯穿好衣服正要出門，而黛安娜建議他該怎麼穿比較帥。

麗茲：對，他的土星合相她的火冥，如果她的建議太超過，他會故意跟她做對，這麼難搞就會讓她很生氣，然後查爾斯又會覺得受傷，因為黛安娜想要改變他，之類的啦。我們在寫連續劇嗎？

霍華：不，在寫言情小說。

麗茲：我們真是入錯行囉。算了，占星比較有內涵。總之呢，土星對火星會用批判的不滿包裝欽佩與羨慕。火星在這些領域會很有力量，土星卻覺得羞赧尷尬。他們之間肯定有身體自信與外表的問題。比對盤的火土相位也有強烈的性吸引力，雖然土星通常都害羞到不敢公開表達自己的脆弱，也許會退縮，表現出冰冷的防禦機制，但不是沒有熱情。

霍華：對，我也是這麼想。火星通常是我們想要主張的領域，我們想要表達自己的領域，但土星則是我們受到阻礙且覺得不安的地方。對她來說很自然的事物（火處女），可能對他的土處女來說困難也尷尬。同樣的動力也會出現在比對盤的金土對話上。一個人的金雙子可能會展現出自然的溝通、閒聊天賦，但土雙子的人就會覺得這樣與人交流很難。因此，作為防禦，土雙子可能會批判金雙子的流暢。

麗茲：土星可能會深深受到他人天賦的吸引，想要支持、加以形塑，但同時也會批判對方外顯的膚淺。土星人常常表達指責膚淺與表象，因為土星對於所在星座的議題必須非常努力，以非常嚴肅的態度面對，可能會覺得很痛苦，也可能覺得討厭，看著一個人毫無自我意識的表達這種天賦，而自己卻非常有意識地在其中苦苦掙扎。

查爾斯的土星同時也對分黛安娜的凱龍，只相差一度。她的凱龍在二宮，很符合他們盤際相位的狀況。因為黛安娜的凱龍在雙魚，她的傷痛會環繞在情感沒有保障與寂寞上頭，也許反映出她不安穩的童年。我只是猜測，但父母之間的事情也許讓她覺得無助，甚至成為受害者，她後來對病患、殘疾人士與孩童發展出同理心與關懷，我覺得這實在很有意思。她隨時隨地都會回應無助之人與生命的受害者，我覺得這反映出她二宮裡的凱雙魚。

觀眾：這點會讓查爾斯覺得不安嗎？因為黛安娜的凱龍對分他的土星？

麗茲：可能會，但因為他的土星也在二宮，我覺得如果他們能夠對彼此表達這種脆弱與不安，他們的同理心是有連結的。好，那查爾斯的火星在黛安娜的盤上有什麼作用力？

觀眾：他的火星合相她的上升點。

麗茲：對，度數很靠近，只差兩度。他的火星也三分黛安娜的天王星，同時六分她的月亮。所以查爾斯的火星在黛安娜的星盤上似乎有正面的效果。上升點不是行星，它會接收能量，而不是產出能量的點，任何人的行星接觸到你的上升點，都會影響你對自己的感覺，以及你向外在世界表達自己的方式。所以查爾斯，透過他的生命力、經歷及探索自然的浪漫冒險（火射手在五宮），對黛安娜產生巨大的影響，打開她的視野，也促進她跨越世俗藩籬的需求。

霍華：我覺得說查爾斯打開她的世界這點實在很對。黛安娜的太陽在七宮，暗示了她會透過婚姻與伴侶找到自己。我們通常覺得婚姻是「我」的死亡，重生為「我們」，但她卻透過婚姻，成了名人，透過婚姻，她成為完整的自己。之前人家都叫她「嬌羞小黛」，我覺得這種稱號不適合她了。現在她似乎已經找到作為自己主人的力量，矛盾的是，她是透過與查爾斯的婚姻才達成這件事。大眾很愛她，這點符合她七宮太陽三分十宮海王星。事實上，這組三分相與她二宮雙魚的凱龍形成大三角，受到民眾如此愛戴與喜歡，肯定多少療癒了她，查爾斯的火木都在她的上升點附近，也許有助於讓她透過他，找到自己的力量，且透過這段關係，整個世界都敞開在她面前。

麗茲：我相信他打開的不只是心靈的世界，還打開了實際的層次。也許他打開了她的心胸，雖然她不見得支持他的看法，但因為他的興趣廣泛，遠超過剛結婚的她。木射手，還與天王星對分，關心的是全球議題與哲學，射手座內在就對知識充滿熱愛。這樣的潛力一直環繞在黛安娜的上升點，但每個人的上升點發展得都緩慢吃力，而她需要查爾斯作為推動的催化劑。我覺得查爾斯欣賞也誘發了她的固執，因為他的火星與她的天王星形成三分相。他較為內斂、敏感的面向（日天蠍）也許會覺得很難掌控，但他內在較為火象的冒險精神則喜歡黛安娜叛逆的特質。當他能夠從天蠍座的深淵裡爬出來，暫時離開憂鬱冥思的日凱時，他就能跟她一起開心。他們大概在一起旅行、滑雪或進行大計劃時處得比較好。

霍華：對，我想這種時候他們應該處得比較好。回到他的火木合相，對分天王星，這種組合通常與意外有關。他也許容易引發意外，打馬球打到從馬上摔下來之類的。

麗茲：對，有場滑雪意外，他也在場，結果他的朋友因此死掉。他會遇到意外，他身邊的人也容易出意外。火木天的組合很敏感，有點躁動不安，不見得會一直留意到土星的限制。這種引發意外的體質不是因為深層的自我傷害衝動，只是沒有注意看路而已。身體協調（火星）有時具有急躁、緊張的特質（天王星），如果當事人一個不小心在關鍵時刻（木星）失神進以太之中，那他就會從馬上摔下來。

霍華：妳之前有提過黛安娜家庭破碎的背景嗎？

麗茲：真巧，正要提，因為跟二宮的凱龍有關，反映出不安全感。

霍華：對，這也符合月金天的T三角，暗示了童年時期的斷裂。我在金星講座裡，提過安全感需求與自由需求產生的內在衝突，親密感與自主性的衝突。我忽然想到她可能有這種兩難，因為喜愛空間的月水瓶對分天王星，同時又四分喜歡保障的金金牛。她父母的離異與動盪反映出這組相位對她造成的影響。

麗茲：黛安娜八宮的行星會帶來命中註定的感覺，特別是天王星與北交點的合相。八宮裡的行星會忽然莫名其妙爆炸，跟命運一樣，雖然這個「莫名其妙」通常是指無意識，個人與家庭的無意識。同時月交橫跨二八宮，北交在八宮，暗示了她需要學習生命的深度及轉化無可控制狀況的能力。如果出生盤裡的八宮能量很強，當事人的生命就不會是一條安穩的道路，我覺得從二宮與南交合相的月亮可能很不喜歡這樣。就算是令人興奮的好事情，好比說忽然間成了威爾斯王妃這種事，可能都帶有一種「命運之輪」的色彩。生命裡看不見的面向總會冒出來與黛安娜對峙，要求她接受現實，挑戰她二宮裡的月亮及金金牛。她也許沒有自願選擇如此，但她必須學會如何與之共處。好，現在對於這兩張星盤，大家還有什麼意見或問題嗎？

觀眾： 那查爾斯的水星合相黛安娜的海王星該怎麼解釋呢？

麗茲： 簡單來說，黛安娜可能會理想化查爾斯的智識能力。她會把他的思考及反思能力當成一種救贖。也許她很欣賞他有深度的腦袋，但有時，她也會覺得太超過，或期待他永遠都有一切的解答。她也許會同意他所說的一切，因為他的洞見與淵博讓她覺得安全、有包容感，有點像伊甸園的感覺。困難點在於查爾斯可能會對她不耐，因為她可能對他來說會很模糊、逃避，黛安娜可能會覺得他對她表達自我的態度很批判。兩張星盤之間的水海相位可能會很有創意，因為水星能夠說清楚海王星的感覺與幻想，同時海王星則能讓水星的感知增添色彩與想像。他們之間的問題在於水星對海王星迂迴的不耐，以及當面對水星的精確時，海王星會閃躲迴避。不過，整體來說，我覺得這是具有建設性的盤際相位。

霍華： 我覺得他們兩個人的水星三分也有加強的效果，黛安娜水巨蟹，查爾斯水天蠍。

觀眾： 也許她愛上的是他的聲音。我很喜歡他的聲音。

麗茲：你的海王星在哪裡？

霍華：那你喜歡我的聲音嗎？人家都說我講話像查爾斯王子。事實上，麗茲講話比我更像他。

麗茲：這個嘛，我的英國腔比較標準，但你騎馬比較好看。

霍華：我不會打馬球。

麗茲：怎麼不早說？

觀眾：你們會怎麼看這組比對盤？我覺得兩張盤蠻協調的，都是火象上升，太陽都在水象星座。

麗茲：我同意你的看法，我覺得這兩張星盤整體來說都很強烈，也很契合。的確有些困難點，好比說兩人之間的土星與火冥，我相信這組能量偶爾會激發出不小火花，但正面的組合還是很強大，足以凝聚兩人的結合。查爾斯的金海可能一直都有問題，必然會去尋找愛情關係裡任何可能的完美浪漫，而黛安娜的月金天也可能會是問題，因為她會任性地想要在親密與自由之間魚與熊掌兩者兼得。不過他們狀況的架構不會改變，我相信他們之間是有真愛與感情的，這樣的架構會包容這兩顆躁動的金星。他們必定會替這些本命盤的相位找到可行方案，如果媒體不要一直覺得自己有權利侵犯他們的隱私，他們也許會處理得更好。

觀眾：你們覺得冥王星行運合相查爾斯的太陽時，會發生什麼事？

麗茲：我們大家都很想知道會怎麼樣。霍華先前提過了。不過呢，這件事一定是大事，而且無可挽回。我猜他可能會登基，但冥王星會在那邊來來回回好一陣子，時間會拉得很長。

霍華：當冥王星合相查爾斯的太陽時，同時也會填補黛安娜T三角空缺即成大十字的那一角。那時對他們來說都會形成重要相位，因為冥王星行運不只會合相他的太陽，也會四分她的月亮及冥王星、對分她的金星。現在這一刻，我不會想要進一步解讀這種行運。

麗茲：他那時可能登基，但也不太可能。不過登基的確符合他的星盤配置，因為同時也撼動了她的生命基礎。霍華，你知道女王的上升是摩羯座幾度嗎？

霍華：女王是日金牛零度，摩羯上升二十一度。

麗茲：那當冥王星行運合相查爾斯的太陽時，天王星跟海王星都會靠近女王的上升點。

霍華：土星現在差不多在女王的上升點。天王跟海王會到一九九三年才靠近，冥王星那時應該會在天蠍座二十二度左右。

麗茲：英國總有各種謠傳說女王最終可能會退位。

霍華：誰曉得為什麼。

觀眾：真不曉得當海王星四分查爾斯的金星時會發生什麼事。

麗茲：海王星已經很接近了，已經在四分相的容許度裡了。無論到時會「發生」什麼事，現在其實都已經開始醞釀了。我實在不想繼續臆測這些未來的行運，因為預測事件很難也充滿問題，而且呢，我們也不見得會曉得查爾斯王子到底「發生」了什麼事，因為他生命的很多面向都是很隱私的。我們繼續好嗎？霍華準備了兩張星盤，希望在今晚一起討論。

盧與馬克父子

霍華：對，我準備了盧與馬克的盤，他們是一對父子（請見星盤七、八）。我只有父親盧的太陽起始盤（solar chart），但我想先看看他星盤裡太陽的配置。盧出生時日海四分，太陽還跟天王星形成寬鬆的四分相，同時太陽三分木星，六分冥王星。讓我感興趣的是日海四分。與太陽有關的相位都顯示出一個人接近父親、與母親分離的過程會有什麼遭遇。各位覺得盧在接近父親時，遇到了什麼狀況？

觀眾：日木三分暗示了他覺得父親是個英雄，或在他身邊令人亢奮。不過，太陽同時也四分海王星，與天王星形成寬鬆的四分相，感覺好像不太一樣。

霍華：對，根據馬克的瞭解，盧在很小的時候很喜歡他的父親（日木三分），不幸的是，盧的父親死在一戰。日海四分與日天寬鬆的四分相顯示出這股失落，同時，我猜，日冥六分也有暗示。當時盧才四、五歲，他就失去了父親，這是他的榜樣，他所欽佩的人。這點會如何影響成為人父的盧？

觀眾：盧因為父親的死，多少損害了他成為父親的能力。

霍華：對，盧摯愛的父親有天出了門就再也沒有回家。盧肯定覺得受傷、失望，大概也讓他不敢敞開情感。結果就是成為人父對他來說很不簡單。現在看看馬克的盤。他跟父親一樣都有日海相位，且與四宮有關，因為馬克的四宮宮頭是獅子座，這個宮位是父親的宮位。彷彿盧自己對於父親的議題也傳承給了馬克。馬克在生命裡蠻成功的，但他還是覺得不安，不確定自己的價值。我會把這點與他跟父親的困難關係連結在一起，這個男人受到自身父親經驗帶來的傷害。

麗茲：我覺得很妙的是他們兩人的太陽都在牡羊座。牡羊座的主要神話主題就是父子間的競爭，而且在心理學上，這反映出牡羊座需要有個強健的父親可以對抗、衝突，這樣兒子才能挖掘出自己的力量。父子議題與牡羊座息息相關，他們小時候會尋找能夠展現出足夠陽具能量的理想父親，認同這種父親。這兩個牡羊座的男人都沒有找到這種強大的父親。

霍華：犧牲是海王星的關鍵字，當海王星與太陽產生相位時，父親跟犧牲就會扯上關係。盧必須為了戰爭，犧牲他的父親，然後馬克必須承受與父親之間不順暢的關係，因為盧早年對父親的傷害與痛苦。馬克說，他與父親的關係一直都疏遠冷漠，他們在馬克童年時唯一真正的接觸，是在馬克不聽話或不乖時，父親用拐杖打他的時候。

麗茲：盧的金牡羊合相馬克的太陽，我覺得他們之間的父子關係有愛，但問題是藏在溝通及表達感受障礙的背後。盧的形象在兒子心底最完美、最有價值，展演出牡羊座的特質，但盧卻因為自己的情感障礙，沒辦法表達愛與讚美。

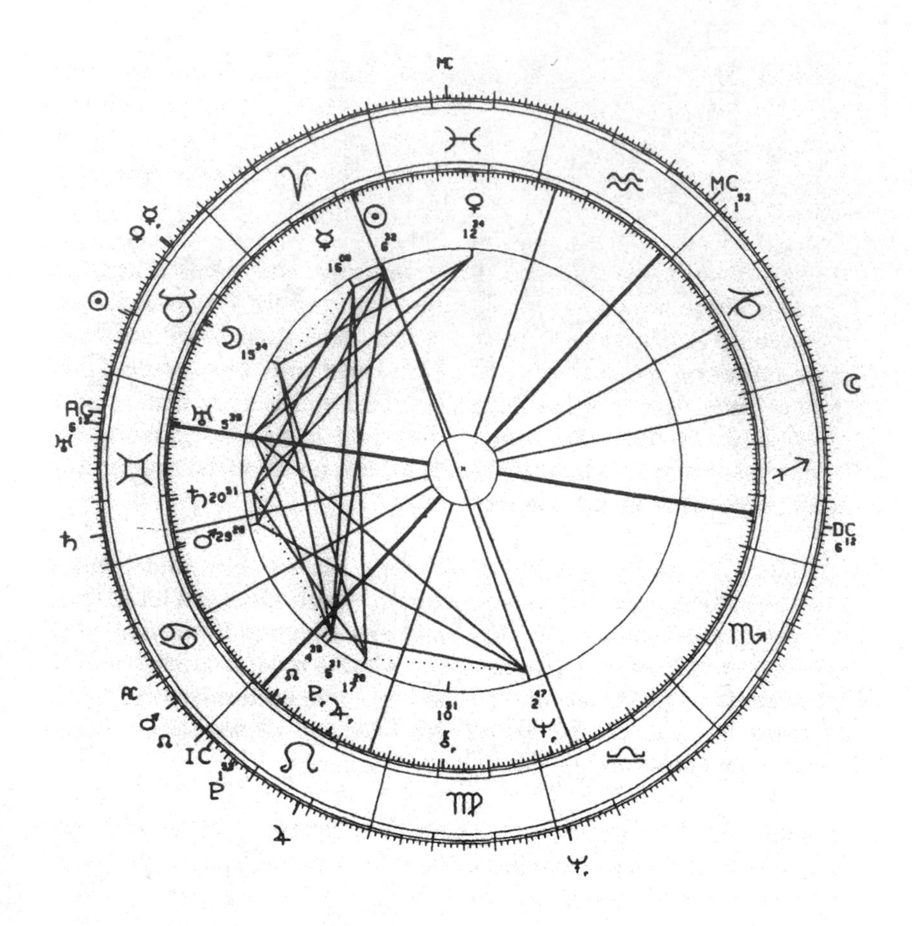

星盤七　馬克

出生資料保密，星盤由 Astrodienst 網站繪製，使用普拉西度制。

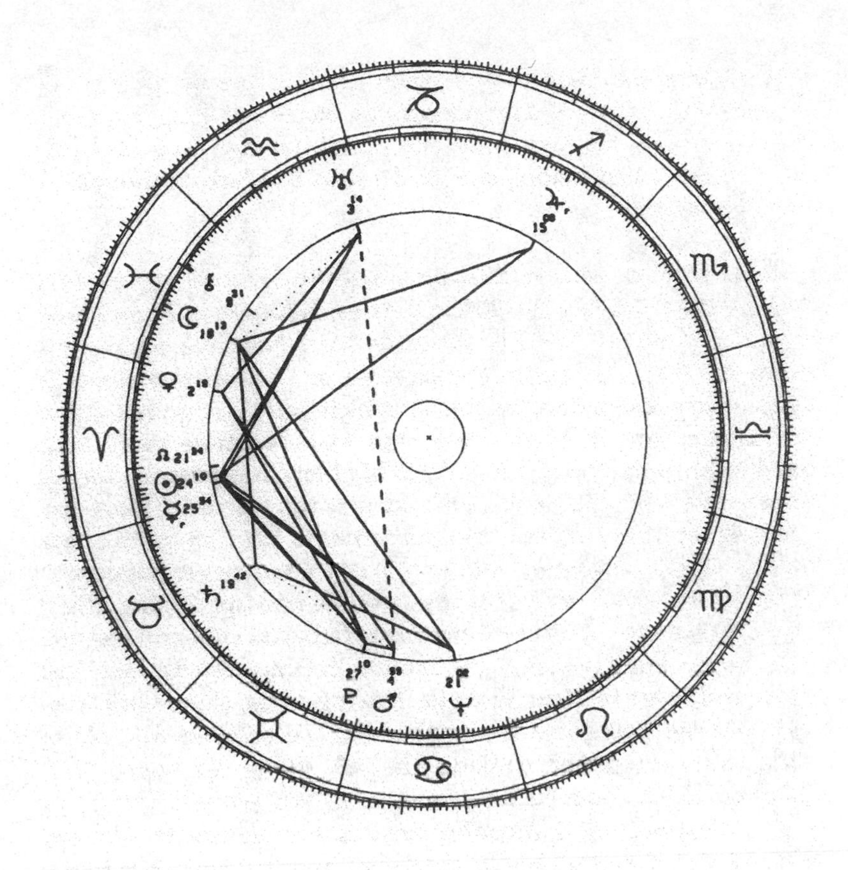

星盤八　盧，馬克的父親。

出生資料保密，無出生時間，太陽起始盤由 Astrodienst 網站繪製，使用普拉西度制。

霍華：對，我們回到很常見的主題了，父子對彼此有愛，但複雜的情感議題擋在愛的表達之前。我問馬克，他想從父親那裡得到什麼的時候，他說：「我只是希望他能抱抱我。」

麗茲：聽起來很像是馬克的金雙魚在講話。看看他的金星在盧星盤的幾宮？

霍華：碰巧在盧的月凱合相上頭。

麗茲：兩張星盤裡的月海相位其實蠻不錯的，充滿關愛與感情。馬克想要雙魚座的溫暖與親近，他很重視這種感覺，他的父親也有回應，因為他的月亮在雙魚座，但不是在意識層面。盧的凱龍跟月亮在一起，他在本能需求及情緒安全感上深受傷害與孤立。我們先前提過，凱龍有時會像土星，當馬克帶著本能的金雙魚情感出現時，他就會遇到冰冷的反應。盧有自己早年的情感傷害，大概覺得自己笨拙也匱乏，因此用不在乎來回應馬克。

霍華：我想用稍微不同的角度來解讀。馬克有一組T三角，日牡羊在六度，海天秤在二度，火雙子在二十九度。我們今天下午才聊過火海四分，顯示出無法滿足的絕望需求或渴望，沒有辦法實踐填補。在馬克的星盤裡，火海問題與太陽也和父親有關。馬克畢生都渴望著愛與贊同，而盧就是無法提供。馬克一再嘗試，只希望父親拍拍他的背，說聲：「兒子，幹得好。」至今這件事還沒發生。讓我告訴你們馬克的童年與成長背景。馬克很小的時候就記得父親冰冷疏遠。他十二歲時，母親離家，她就是忽然起身，然後跑去紐西蘭，把馬克扔給盧。馬克說，他媽離開後，他就接下照顧父親的角色，煮飯給他吃，做家事之類的。馬克跟我坦白這段期間的心情，他說：「母親離開後，我覺得這是我贏得父親關愛的機會。我成為他的母親，照顧他，眷顧他，我會努力取悅他。」不過呢，雖然馬克如此努力，他還是感覺不到盧的愛與賞識。馬克十四歲離家去商船訓練學校。他在受訓期間非常認真，十六、七歲時，馬克獲選為「船長助手」，這是一個很受歡迎的職位，就是船長的私人助理。所以馬克還是想取悅父親，只不過這次父親打扮成了船長。馬克很驕傲自己在商船學校能有如此表現，他告訴我：「我希望父親能夠讚美我的成功，我急著希望他能夠恭賀我成為船長助手。我等他來學校看我，希望他能對我的成就展現出一點興趣，但他從來沒有來過。生日時，他只會寄錢給我，我要的不只是錢，他從來不買禮物給我。」同時，盧經商成功，馬克最後回來替他工作，但直到今天，他還是覺得父親讓他失望：「就算現在，替父親工作了二十年，他還是從來沒有稱讚過我所做的一切。」我不確定這是實際的狀況，還是馬克的感覺而已，但馬克無疑對父親有這種強烈的傷痕，至今還沒痊癒或舒緩。他還說：「我只希望得到父親的一點認可，覺得我很好，但他是那種覺得瓶子是半空不是半滿的人。」

麗茲：我猜馬克的敘述應該蠻客觀的。一方面，木冥在四宮，他對父親有全然的理想形象，而馬克覺得自己不是個好兒子，不配擁有如此閃亮、強大的父親。這組合相出現在父親的宮位，馬克會傾向將自己的獅子座能量投射在父親身上，然後因此覺得壓迫受辱。馬克的日海會讓他傾向具有不切實際的期待與之後的破滅。當四、十宮有行星的時候，我們會把父母視為原型，而不是一般人，我們的靈魂必然會扭曲我們的感知。

不過，從另一方面來說，當我看到兩張星盤裡的金凱合相及月土合相時，我會覺得盧對馬克的態度真的很差。如果土星的一方沒有意識到自己的羨妒與防禦機制，肯定就會傷害月亮那一方，而月亮當事人如此脆弱，接受一切，基本上毫無防備，可能會慢慢累積，只要土星那個人出現，月亮這方就會陷入憂鬱與挫敗之中。金凱的組合也是一樣，因為聽起來，盧完全沒有注意到自己的情感情結，很容易促成馬克否定自我價值。

霍華：馬克的火星不只四分他的太陽與海王，同時也合相土星，他非常努力想要贏得父親的愛，但至今所有的努力都沒有結果。馬克的經濟狀況很好，有個可愛的妻子，兩個可愛的孩子，在英國有個漂亮的房子，在國外也有住所，但是他內心深處還是覺得自己不完整、不滿足。

麗茲：沒有處理過的海王星就是會有這種問題，一直沒有辦法滿足渴望。不過除非馬克可以放下他對父親的幻夢，透過接納彌補，不然他就會一直處在這種不滿足之中。我覺得馬克必須「犧牲」父親的愛，放下他深信父親能夠救贖他的這種信念，這樣他才能找到自己的力量。我相信這是海王星犧牲的深層意涵，放棄透過外物或外人來救贖自己的不切實際幻想。如果一個人將自己的救贖擺在別人手裡，如同馬克對父親一樣，那當事人一定會被阻擋在伊甸園大門之外，生命蹉跎流逝，徒留自憐挫敗。

霍華：馬克跟我諮詢的時候，行運天王星四分他的太陽，他與父親的關係掉到冰點，彷彿惡化得很嚴重。

麗茲：也許那是有機會突破的時刻。行運冥王星也跟他的月亮對分，我很好奇馬克把多少對於母親的需求也加諸在父親身上，這位母親「忽然起身」就跑去紐西蘭，而父親一個人背負起所有的父母重擔。就是行運冥王星對馬克本命月亮的影響讓我思索，他也許會找到辦法探索這些課題，且想辦法面對自己童年深層、無意識的感受。加上天王星四分他的太陽，他也許會重新找到自我，能夠釋放精力，從內在與他過度投射的父親分割。

霍華：當馬克描述自己與父親相處的悲傷時，我開始很氣盧，我不禁思索，馬克的憤怒都跑哪裡去了。所以我問他有沒有憤怒地與盧談過自己的需求。馬克的說法暗示了典型火海相位的恐懼，他說：「如果我向他坦承我的憤怒，我擔心我會無法控制自己的情緒。我害怕如果我展現出來，就會傷害他，然後我就會失去他成為我想像中父親的機會。我還是希望他會改變，希望他能對我展現出一點愛。像我父親這種多疑、霸凌的人內心肯定也有柔軟、善良的一面。也許他只是不敢展現，就跟《小氣財神》裡的壞脾氣守財奴老頭一樣。不過他已經七十七歲了，還沒有改變。也許是我要求太多，也許就是這樣，他才遲遲不肯釋出善意。」然後他又問我：「你覺得還有時間嗎？」

麗茲：馬克對父親的執著讓人覺得不太舒服。我並不質疑他覺得父親對他真的很糟，但狀況不只如此，還年復一年，日復一日下去。馬克的日火四分解釋了這樣的脈絡，就跟他的日海一樣。我覺得馬克有內化及表達力量的障礙，我覺得這點與這組四分有關。他內在有個部分不想成為火星般的男人，四分相的本質就是會讓人覺得他必須在兩個無法和解的特質中擇一，如果他選擇太陽，那意識表達就會把「粗魯」的、較為原始的火星特質推去一邊。因此造就馬克難以內化火星能量，與父親的關係就會採取消極被動的姿態。能夠拯救或摧毀這段關係的人是盧，不是馬克，而馬克成了盧行為之下的無助受害者。只要父親持續把持住這種權力地位，馬克就不用替自己的人生負責。他可以指控父親成為負面的火星，冷酷、無情、跋扈、鐵石心腸，還會霸凌（這是馬克用的字眼），因此覺得父親就是可以凋壞他的人生。不過，這種行為卻讓馬克無法發展自己的火星，將火星能量整合進自己的人格特質之中。我懷疑盧永遠不會改變，要求一個大半輩子都處在防禦模式裡的老人家改變實在太難了。除了死亡，他還能怎麼改變？但馬克也無從得知死亡是否就能讓盧改變吧？因此，雖然我很同情馬克對父親的傷痛，但我同時也覺得他在逃避自己的火星，火星畢竟是他太陽的守護星，守護著馬克這個「孩子」。為了要能撫慰他真正的牡羊認同，他必須願意擁有這些他投射在盧身上的火星特質。投射是很常見的四分相手法，日火四分典型的展現方式就是外人或外物會讓當事人覺得軟弱無力。我相信馬克最終必須要挺身面對父親，表達出自己正當的怒火，甚至離開老爸的公司，從老人家的生命裡走出來。他必須冒險放棄父親會改變的念頭，不然，他就無法尊重自己。

觀眾：這樣也會讓他的父親自由。

麗茲：可能吧。有時的確如此，因為無意識情結緊緊卡著這兩個人，當一人掙脫出去，另一個人也能得到解放。不過，我們當然不能期待這種事情發生，我們必須假設有各種可能，而最可能發生的狀況是他失去了一切。這種事也會發生，而如果犧牲還有祕密附加條款，說只要當事人夠聰明，就可以完全不用付出代價，那這種犧牲根本不叫犧牲。這種海王星正面的情緒大掃除與大更新，必須在內在真正放手後才能啟動，講難聽點，這才是所謂的長大。盧跟馬克某種程度都像小孩，玩起了權力遊戲，互相交惡。他們的情節羈絆著他們，一舉一動都像操場上的小男孩，喊著：「你好臭！」然後是「不，你才臭！」最後是「你最臭了！」他們的糾纏不清反映在盧的火星緊扣著馬克的日火海。這兩顆火星的配置其實是合相的。盧的火星影響到馬克的日海，就跟馬克的火星影響到他自己的日海一樣。所以馬克很容易把自己的火星投射到盧身上，他只要看看父親的火星，然後告訴自己：「你看，都是他的錯。」

霍華：盧的冥王星也跟馬克的火土合相，這點也有關係，盧會掀起馬克的不安、猶豫、脆弱感、失敗感。這幾年來，馬克都猶豫要不要離開父親的公司，徹底遠離，但他持續工作，陷入僵局，卡在狀況之中。他的日火海T三角看起來似乎還是想從父親那裡得到些什麼。他採取一切行為，只想取悅盧，他說：「我以為我學會開飛機，就能讓父親刮目相看。在我第一次獨自飛行後，我打電話跟他報告我的成就，結果電話那頭只有靜默。」馬克也提到另一件事：「我跟太太非常努力修繕這棟古老的大房子。完工時看起來很棒，我急著告訴父親，我完成了什麼大事。等到他來訪的時候，他只有說前門的柱子沒有弄得很好。」馬克從來沒有徹底哀悼過他不曾擁有的理想父親，他只有不斷想要把盧變成那種理想。

麗茲：不過有件事馬克始終沒有做，那就是取悅他自己。他的一切選擇都是為了理想的父親。這就是我所謂的，他放棄了他的火星。是他自己要求別人打他的臉跟頭，每次都會爬回去繼續要求被揍。這通常是因為火海幽微的被虐傾向，體現在他遲遲不肯放棄這無望的夢。這根本就是在當烈士。你也提過兩張星盤裡的月土相位。土星通常會對月亮那一方冷淡、批判，月亮那人則會帶著傷心與拒絕爬走。

不過，我覺得這一切的關鍵在於馬克必須放下他覺得父親會改變的這個妄想，他以為這樣他就能滿足心願。這也很火海，一個人很渴望某個東西（火星），卻不願意自己承擔責任，讓其發生（海王星），因為當中需要這個人獨立自主。

霍華：對，馬克才是必須要改變的人。也許天王星會帶出這種力量。

第五部

結論

綜合討論

問與答

麗茲．格林與霍華．薩司波塔斯

霍華：我們這個時段特別留下來進行問答及小組討論。歡迎各位爬梳我們的腦袋，有問必應，應該啦。

行星集中在不同半球

觀眾：我想請問，星盤上的行星都集中在天頂天底軸的左半邊，我聽說這種人比較自我中心，真的是這樣嗎？

麗茲：行星都集中在星盤東半球的確很引人注意，但我不會定義這種自我中心為普通的「自私」。這一半的宮位都聚焦在上升點上，暗示了強調自我發展與自我激勵，而不是與他人關係緊密有關（這是下降點及星盤西半球的事）。強調上升點的人通常都傾向於自力更生，常是週遭狀況迫使當事人如此（雖然，「週遭狀況」大多只是反映出一個人無意識的需求）。如果所有的行星都集中在西半球，當事人可能要等待別人的指令，或透過關係尋找到自己的動機。我不覺得這裡有什麼「自我中心」的成分，因為一個人可以很大方，對別人敏感，卻還是能夠在生命裡找到自己的道路，同理，一個人可能非常仰賴依靠他人，卻對其他個體的狀況非常遲鈍。面對「自我中心」這種字眼時，我們必須非常謹慎。我很喜歡安布羅斯．比爾斯（Ambrose Bierce）在《惡魔辭典》（*The Devil's Dictionary*）裡對「自我中心者」的定義，他說：「自我中心的人就是厚顏薄恥到覺得他比我重要的人。」

霍華：整體來說，你可以說東半球比較主動，西半球比較與反應有關。很多行星都在東半球，你也許本能就會成為生命裡造就事物推動的力量，也就是主導你的遭遇，用你想要的方式打造生命。行星都在西半球，你也許比較能夠適應外界提供的一切，因此，如何應對生命裡的人事物則成了左右你命運的重要關鍵因素，也就是你如何面對迎面而來的一切。有人說過，東半球讓你能點菜，西半球則給你配好的套餐。

麗茲：濃湯、紅酒燉雞、焦糖布蕾，總共才四十八法郎，太超值了，除非你不喜歡紅酒燉雞。

霍華：西半球行星很多的人不用成為被動的轉黃落葉。你能夠選擇該怎麼應對面對的一切。不過，我不會馬上就用明確的方式界定東西半球。如果你有很多行星在東側，但你上升雙魚，或海王星在一宮呢？這種因素也許就能改變界定你人生的特質。或者，你的行星都在西半球，卻日火木合相在五宮的獅子座，那我就懷疑，在這種配置下，你是否還是會被動，還是會為別人調整。

麗茲：這意味著，如果你不喜歡紅酒燉雞，菜單上又沒別的選項，你可以把菜退回去，要求廚房以你喜歡的方式烹調，也許換新鮮一點的雞，或用不同的葡萄酒或香料搭配。我也不會立刻用半球來判斷，一部分是因為霍華說的，但另一部分是因為行運或推運的行星會觸發側重的行星，形成相位，在星盤另一邊產生新的作用。雖然這點不會「改變」本命盤，但還是能在一個人的生命裡帶來彈性。

霍華：很多人也說，如果你的行星都在上半球（基本上是靠近天頂的南半球），那你就是個外向的公眾人物，就是要積極參與社會，另一方面，行星都集中在下半球或天底附近，你就是個內向、注重隱私的人，需要查看自己的內心，而不是外在生活。這話也許不假，但以整體發展之名，我們都需要發展星盤裡的每個星座及相位，而不是只著重在有行星的地方。

麗茲：所謂的「外向」也有兩種，其一是一個人識別自身外物狀況的基本特質（這是榮格的定義），還有另一種外向是需要在社會上有所成就。第一種也許可以用本命盤的星座及相位來表示，第二種也許要觀察宮位配置。一個人可以在心理上外向（日木合相在雙子座），卻有很私人的目標，好比說重建家族十七世紀留下來的老房子（太陽在四宮）。同理，一個人可以在心理上內向（日土合相在天蠍座），但可能會被迫吸引群眾的目光，很多演員都這樣，起因可能是童年時代的壓力，或對於集體的義務感（太陽在十宮）。

行星落在宮位邊界

觀眾：如果一顆行星在靠近宮位結束的地方，你們覺得它跟下一個宮位有關嗎？

霍華：如果有一顆行星在宮位邊界四、五度的地方，我會考慮它所在的宮位及接近的宮位，譬如，你的太陽在二宮，但距離三宮只有幾度，找到你自己的方法（太陽）也許就跟溝通或教導（三宮）你的價值（二宮）有關。或是，如果你的金星在六宮靠近七宮的地方，你也許會愛上同事。或者，如果你的木星在十宮靠近十一宮之處，你的朋友圈會透過職業生涯拓展。多用一點想像力吧。

麗茲：我覺得這種行星很像是站在自己家，但靠在隔壁的邊界上，很像我們站在兩扇門之間的門口一樣。舉例來說，它們站在九宮（暗示出它們對我自我的基本感受是要追尋人生大哉問的解答），但它們的注意力已經進入到十宮的大門之中（暗示出他們需要將自己的世界觀、哲學，轉化成實際的社會貢獻）。我想我們都同意這種說法。

觀眾：可以請兩位說說最好的宮位制是哪一種嗎？

霍華：不好意思，我要睡一下，大概十年後再叫我。

麗茲：抱歉，我也要睡一下，我們最好調個鬧鐘。各位為什麼不自己分組討論，等到有答案了再叫我們起床？

霍華：宮位制在占星學裡爭論不休，也會一直吵下去。我記得吉波拉．都賓斯（Zipporah Dobyns）曾對宮位制提出解答，她說，你可以從不同角度拍攝同一棵樹，沒有一個人拍攝到的角度或觀點比另一人更正確、更真實。宮位制沒有對錯，只是某種宮位制更適合預測事件，另一種則適合解讀一個人的心理特徵。你可以多試幾種，找到你最喜歡的宮位制。

麗茲：在占星裡有很多這種難題，最後你必須接受這個事實，適合你，就用吧。不過，如果你想找到最真實的宮位制，我跟霍華都沒辦法給你最好的答案。我們都是水星人，我們喜歡換上不同的眼鏡，用不同的目光看待同一個場景。如此一來，占星跟人才比較有意思。

霍華：我喜歡天底天頂都在宮位起始點的宮位制，因此我不喜歡等宮制。我不喜歡看到天頂在九、十、十一宮飄來飄去，我覺得麗茲也同意這點。

麗茲：對，我喜歡這樣。如果你有很精確的出生時間，會用好幾種不同的系統看推運（二次推運、Naibod推運、太陽弧等等），你看到當推運的宮頭合相行星時，會有一些狀況發生。這點說服了我使用「四象限」的宮位系統，天底天頂形成四宮與十宮，能夠提供等宮制看不到的東西，不過呢，這個象限系統可能是普拉西度、柯赫（Koch）、錐心分宮法（topocentric），就端看你是要解哪種盤了。

我覺得跟霍華說的一樣，你必須多試一些宮位制。在英國，我們的出生時間很有問題，因此我們不斷實驗。在瑞士、蘇格蘭與美國，出生時間都比較精確，雖然可能會有幾分鐘的誤差（讓醫生剪斷臍帶、清洗寶寶，然後才記得要看看時間），足以在普拉西度及柯赫制裡爭論一度的差異。不過，在英國，我們的出生時間都很模糊，例如媽媽會這樣說：「噢，這個嘛，差不多是下午茶的時間吧，我記得你爸正要吃小黃瓜三明治，那時陣痛就開始了」或「大概是早上吧，我記得那時跟你外婆說送牛奶的人少送了一瓶牛奶」之類的。所以，你要麼就是必須忍受象限制，要麼就是得慢慢用神祕的推運系統校正你的星盤。現在我們可以聊點別的話題了嗎？

星盤裡的自戀型人格

觀眾：在星盤裡，什麼樣的配置會展示出自戀型人格疾患？

麗茲：通常我會看到月亮的困難議題。自戀在臨床上反映出的是早期母子之間的深層問題。寶寶從來沒有受到鼓勵，讓其發展獨立的靈魂存在。溫尼考特描述一連串會引發這種典型母子傷痛的問題，母親一下太關切，一下太抽離；母親因為自己的依賴需求，沒辦法跟孩子分開；母親因為外在的緊張及狀況，沒辦法與嬰孩產生足夠的連結。這些問題都是由很正當的外在因素造成，好比說嚴重的經濟問題、與丈夫離異或環境忽然改變，我們實在沒辦法每次都指責「壞」媽媽「不愛」她的孩子。不過，在每個孩子必須感覺安全、形成初期自我的鏡射階段裡，也會因此造成極度的不安。

在占星上，這種不安會反映在如土、凱、天、海、冥這種重量型行星與月亮的強硬相位上。很多人都有這些相位，如我先前所言，多數人在人格特質裡都有自戀的小口袋。記住自戀是童年早期的正常狀態，我們只能在一個人深陷於自己對生命極度幼稚的認知下，才能說一個人有自戀的「毛病」。困難的月亮相位暗示了當事人可能卡在這裡。同時，如果月亮有問題，而十宮裡有天、冥這種份量重的行星也可能反映出同樣的困難。我覺得通常也有一個人在嬰孩時期形成個體認同的內在衝突，常與強烈的海王星特質有關，或強烈反抗現實的界線，這點經常也會透過有力但相位不佳的土星呈現。不過，天底下沒有一張星盤寫著「自戀型人格疾患」，也不會有星盤說這個人「世界級獨裁者」或「音樂天才」。只有各種因素加在一起的各種可能。

霍華：關於一般的自戀，我想說幾句。我們傾向於用自戀這兩個字形容對自己過度關注的人，有點類似自我崇拜，通常是已經可以貼上病態的標籤。就心理學來說，有個名詞叫作「原初自戀」（primary narissism），也就是我們在六個月大左右時，以為身邊的一切就是我們的延伸。根據這一陣子的心理學思想，新生兒必須有這種成為萬物中心的體驗。在子宮裡，我們覺得自己跟母親好像是一體的，出生後，我們需要時間適應她其實是獨立的人。這樣的適應過程是很重要的，如此一來，我們才不會覺得立刻就離開合一的感覺，過快地獨立出來。在生命的頭幾個月，別人對我們的愛與滋養永遠都不夠。如果母親能夠在這段時間寵溺我們，應許我們的所有需求，那我們就會一直覺得事物永遠繞著我們打轉，讓我們有時間習慣在這個世界上獨立起來。

然後，在生命的自然發展上，我們就準備好要放棄成為宇宙中心的幻想，且明白我們的分割。許多一九四〇、五〇年代的教養書（如班傑明．斯波克〔Benjamin Spock〕及特魯比．金〔Truby King〕）都提倡很不一樣的觀點，他們認為寶寶一出生就該學習適應母親的生活作息，寶寶按照規律嚴格的時程安排進食，而不是因為肚子餓了尖叫就有飯吃。如果在生命裡的頭幾個月，我們被迫持續配合母親，而不是母親配合我們，那我們就無法體驗健康的原初自戀，我們會留下一個大洞或空虛，在生命裡持續因渴望太早遭到剝奪的伊甸園完整感而覺得失落。所以，之後我們就會到處尋找願意把我們擺在中央位置的人，或是會強迫試圖重拾重回出生後立刻失去的子宮合一感。

反過來說，如果原初戀階段太長，如果母親一直到孩子兩、三歲時，還過度配合我們，也會發展出病態。這樣一來，我們就永遠學不會分離，我們永遠沒辦法發展出想要適應生命的必要機制。我們期待立刻滿足所有慾望，沒辦法面對挫折，沒辦法接受別人跟我們不一樣，或與我們是分離的個體。健康的原初自戀同時也是自尊的基礎。如果母親在我們生命早期愛護我們、聚焦在我們身上，我們就會學會自己是可愛的，在這穩定的基礎之上，我們才能開始發展自己的生命。遭到剝奪的原初自戀之後會發展成次發自戀（secondary narcissism），這就是病態了，也就是當事人會想要用過度的自我關注補償健康的自我形象，彷彿是我們想要彌補在出生到六個月左右，沒有得到的關注一樣。

麗茲：因為育兒的風潮，如霍華所言的斯波克醫生及特魯比．金，也許顯示出整個世代的人都有這種透過虛假補償追尋「真實」自我的自戀問題。戰後出生的孩子也稱作「唯我世代」（"me" generation），他們也許會被控自戀，某種程度來說，這話也沒錯，不只是因為斯波克醫生及特魯比．金的風行，而是因為家庭還籠罩在二戰的餘波之中，且全球局勢還沒有穩固到讓母親覺得自己很安全，更別說提供寶寶安全感了。

亞歷山大．羅溫（Alexander Lowen）寫了一本很有趣的書，書名就叫《自戀》（*Narcissism*）。他跟其他學者一樣認為在自戀光譜上較為病態的一端來自缺乏深層自我的真實與分割，因此外在世界肯定會成為部分個體（part-object），難與自我分割，這樣當事人才覺得安全。如果任何人事物闖進這場幻想之中，舉例來說，另一個人建立起界線，說了「不！」，然後就會引發巨大的焦慮感還有不少憤怒，來面對這種焦慮。自戀的憤怒通常具有毀滅性的批判，會譴責冒犯的那一方又壞又沒良心，這種情緒都是在偽裝深層的恐懼，這種恐懼會在真正的自戀傷口中化作駭人的空虛。

羅溫也強調現代社會的本質就會容易引發家庭與社會之中的自戀問題。換句話說，以病理的角度來看，自戀問題是一種流行病，因為會一代傳一代（我們缺乏的東西無從傳承給下一代），因此反映出日益嚴重的問題：我們持續與真實的情感關係解離。這樣的畫面令人不安，一整個族群的人都為了補償心理的孩童，急著透過與某人或某物結合，摸索尋找自我，但我覺得羅溫大概說的沒錯。我們所處的文化飽受這種家庭裡的問題之苦，急著油嘴滑舌指控別人自戀實在一點幫助也沒有，因為某種程度來說，在這集體的傷痕之中，我們都受傷了。

霍華：在新聞從業人員兼作家南希．弗萊戴所著的《妒忌》中，她提到《紐約時報》裡的一篇報導，列出自戀型人格疾患的各種特徵[1]。讀者可以檢視這個列表，勾選出符合你的項目。這些問題不外乎是：你是否有時覺得自己超級重要且獨特？你是否幻想過自己有錢有勢又聰明？你是否渴望許多關注與欣賞？面對挫敗與批評時，你是否感覺過憤怒與羞辱？還有別的選項我一時想不起來，但說真的，我在看這個列表時，一直想打勾……我是說，我根本隨時等著穿白袍的人把我推進精神病院了。這就好像是在醫學書籍上看到

1 原註：南希．弗萊戴（Nacy Friday），《嫉妒》（*Jealousy*），美國版一九八七年由 Bantam 出版，英國版一九八三年由 Fontana / Collins 出版。第一百八十頁。

一種病，覺得你就得了這種病一樣。不過，在現代這種高度競爭，瘋狂追求成功、享樂與個人成就的社會裡，誰沒有這些自戀的特質？

麗茲：自戀在業界稱為「邊緣型」問題，廣義地說，就是糟糕到足以造成嚴重問題的情緒障礙，但又沒有糟糕到讓你失能。白袍人不會來抓自戀狂，只會抓占星師。「邊緣」衝突也許只會展現在特定的生命領域，好比說婚姻，而也許當事人在工作時很有能力又可靠。這樣也許就能讓人逃過很多法眼，因為不斷反映出自戀憤怒爆炸鬧脾氣的歇斯底里狀態也許只會在關上門後上演，而且不會有人相信自己的丈夫、情人或孩子就是這種爆發的客體。

關於自戀，各位還可以讀愛麗絲．米勒的書，助人工作者都該讀她的書[2]。用很粗糙的說法來解釋她的觀點，大概就是任何覺得強迫要解決別人問題的人，都有自戀的傷痕，我覺得這個極具爭議的說法非常正確。只用同情與利他實在無法解釋諮商工作的情緒壓力與張力，雖然這兩點的確存在，但我們同時也有自己無意識的情緒投資在工作之中，根據米勒的說法，我們的訓練從兩天大起就開始了，當時我們被迫反射出母親，而不是接收我們的鏡像投射需求。這點賜予我們一份曖昧的禮物，我們對於別人的情感需求有近乎敏感的察覺，加上無意識期待我們會被愛、被認同，只要我們持續服務他人的需求，就跟我們曾經配合過母親的需求一樣。醫生、治療師也跟演員一樣（還有占星諮商師），通常都有這種罕見才華，能夠滿足觀眾深層的需求。

霍華：而且你會因為依靠你的人，得到附帶好處（secondary gain）。

麗茲：對，這點重置了早期的原始設定，像孩子般的母親從孩子身上要求關愛。且這種行為補償了一個人強烈的依賴需求，當事人必須壓抑這種需求，進而照顧母親。如此這般，我們也會得到好處。所以任何自重的自戀狂都無法拒絕這種機會。

霍華：浮誇也與自戀有關，就是一種自我中心的誇張型態，你過度專注於覺得自己很重要。你想要最好的房子、最棒的車子，你會拋出幾個你認識的重要人士名號，你期待走到哪裡都是注意力的焦點。浮誇就跟自戀一樣，也是在補償缺乏健康的自尊。就我的經驗來說，火象星座很容易浮誇，失控的牡羊、獅子與射手，但我也在別的星座上看過浮誇的表現。

麗茲：這是火象星座拒絕無助與劣勢時，最典型的防禦機制。每一個元素，及其中的星座都有自己適應生命的典型光譜模式。當一個人覺得自己凌駕一切的時候，會展現出某種特定範圍的力量、技能及能力，而當狀況不佳的時候，也會有一連串的強迫防禦出現。如果你威脅任何生物，這些生物都會依照天性反應。譬如說蚱蜢，受到驚嚇的時候，牠會釋

2 原註：可見兩本愛麗絲．米勒的著作，一是《幸福童年的祕密》，另一本是一九八三年由 Farrar, Straus & Giroux 出版的《全是為你好》（*For Your Own Good*）。

放咖啡色的臭液到你手上。驚嚇河豚，牠就會漲到原本體型的四倍大。踩到毒蛇，牠就會用致命的毒牙咬你。嚇到負鼠，牠會裝死。威脅火象星座，它的反應就是浮誇。

霍華：沒錯，對火象星座來說，膨脹就是抵抗覺得自己是人且平凡的感覺。

觀眾：那其他元素呢？

麗茲：我注意到土象星座會很執著於儀式之中。當土象人經歷威脅的時候，他們會爬梳一切，列表，拿出保險契約。因為土元素跟物質國度息息相關，它會以想要控制物質世界作為面對焦慮的做法，就跟火象星座會試圖透過幻想自己優人一等來控制想像國度一樣。火元素對於神話的世界非常自在，遇到威脅的時候，就會被迫加速逃進那個世界裡。土元素在現實世界比較舒服，因此會發展出強迫症的模式。值得記住的一點是，我們的防禦機制也可能是我們的禮物，因為它們是從強大的內在需求形塑出來的。

與水元素最有關連的就是情緒的國度，還有情感融合，也就是回歸伊甸園，在水象星座受到威脅時，最自然的防禦機制可能是透過另一個人或藥物、酒精融合。受到驚嚇的水象星座可能會展現出極致的依靠與操縱。風象星座則會閃進腦袋裡，因此最典型的風象星座防禦機智就是過度理性及情感抽離。

霍華：我想到一件事。幾年前，我參加一個心理治療的訓練團體，我們進行的練習始終停留在我的腦海。我們分成小組，分成A與B兩個人。A必須說：「拜託、拜託、拜託。」B

則說：「不、不、不。」這樣進行二十分鐘，這個練習是要讓我們回歸到真的有需求，但被剝奪所要之物的情境。小組裡成員的盤我大概都知道，看著各個星座成員的哀求遭到拒絕的不同反應真的很有趣。我大致分類一下，當人家對火象星座說「不、不、不」的時候，大概過了三分鐘，火象人就會說：「去你的，你是有多好？我不需要你。如果你不給，我就去更好的地方找。」土象人聽到拒絕只會繼續哀求，求了整整二十分鐘。

麗茲：對，三十年後，他們還在原地，想要用重複的毅力磨損對方的決心。

霍華：真的很好玩，看不同星座對拒絕或否認的反應都不一樣。火象星座的防禦機制是「反正我不需要你」，土象星座則會一直試、一直試，不斷經歷被挑起的情緒。遭到拒絕的風象星座會跟對方理論，告訴對方為什麼必須幫忙，且滔滔不絕講起為什麼我們必須要互相幫忙，或說出類似這種話：「我之前幫過你，所以你現在可以回報我了。」換句話說，受到拒絕的時候，他們會想與另一個人理論，想辦法說服對方把拒絕改成同意。那水象星座……

麗茲：……就哭哭了。

霍華：欸，對。他們真的跪下來苦苦哀求，各位知道，真的抱著人家的大腿說：「你不幫，我就去死。」或是他們會用另一種方法，說：「好吧，我接受你不肯幫忙，但我能不能幫你做點什麼？」顯然我的描述是誇張了點，但這個練習展現出不同的人在避免傷痛及拒絕時，會有各種不同的防禦表現。就跟麗茲說的一樣，其中某些防禦機制可以提升到創意天賦的層次。

本命與推運的日月合相

觀眾：兩位覺得哪種組合比較有力？是推運的月亮合相本命太陽，還是推運的月亮合相推運的太陽？

麗茲：今天這種話題還沒聊夠啊？我不覺得哪個比較「有力」或比較「重要」，它們帶有的是不同層次的意涵。當本命太陽引動時，它與一個人的核心人格、精髓有關。核心代表的是一個人的英雄之旅，生命主要的神話主題，當任何行星，包括推運的月亮合相本命太陽時，就會產生相關的意涵。通常會跟「我」有深刻的連結，且會感覺更真實，充滿可能性。相較之下，推運的太陽則是英雄在旅程某一點上的快照，也就是我們在這一刻抵達的所在。當推運月亮觸發推運太陽時，反映出的是旅程的特定階段。所以我覺得事件比較容易在推運日月合相時發生，而不是推運月亮合相本命太陽時發生。本命太陽的可能性會透過推運太陽滋養，所以在重大的生命經歷時，推運裡的日月合相可能非常強大。

霍華：在我解盤的經驗裡，我發現推運新月，也就是推運的月亮追上推運太陽的時候，是很強大的推運。舉例來說，如果新月發生在十一宮，當事人跟朋友、目標或組織就會有很深刻的經驗，可能是在當月或是提早一點發生。如果你的推運新月發生在七宮，在關係上可能會有重要的事情發生，彷彿新的階段就要開始。我說過了，推運新月一定會展現出所在星座與宮位的特徵。如果你回去看自己的星盤，你可以看看當時發生了什麼事，這樣各位就明白我的意思了。

麗茲：我想加入考慮任何與推運新月有關的行星近來討論。如果觸發了本命盤的行星，特別是強硬相位，通常重點不只是生命的新階段，而是當事人生命裡也可能會有一段重要的關係產生，且帶有該相位行星的特色。我想到一個例子，我曉得推運新月不只合相這個人的上升點，同時也與他的海王星合相。他的婚姻突如其來結束，複雜的家庭忽然破裂，取而代之的是新的關係、工作劇變、全新的焦點，重點在於他的自我、需求與潛力，一直發展到隔年。

占星諮商師的職業素養

觀眾：我初到瑞士時，找了位占星師，我跟這個人的經驗很怪。他說：「嗯，因為你這裡這樣這樣，你就會有這種行為，然後你就會因為這種配置有這種經驗。」之類的。他提供了一點客觀大概也算正確的資訊，但等到解盤結束後，我覺得很困惑，感覺沒有什麼幫助。這次的經驗讓我把占星暫擺一邊。我特別想請教麗茲，進行心理占星解盤的方式。對妳而言，與個案溝通，特別是來找妳的人狀況非常差的時候，妳覺得最重要的是什麼？

麗茲：你開口時，我想到兩件事，一，我在進行任何解讀之前，都會先詢問個案為什麼想解盤，因為我的方法是想用星盤來溝通當事人當時想知道的事情，而不是根據占星理論覺得他們「應該」要知道的事。因為這個原因，我永遠都會準備好客戶的推運及行運盤，就算他們沒有要看也沒關係，我覺得曉得他們一開始為什麼會來找我非常重要。我幾乎不會跳過這個步驟，直接進行基本的解讀，並不是因為我覺得直接看不準，而是因為我更感興趣當下發生了什麼事，而本命盤可以作為洞見的根源。很多人有苦說不出，或沒有意識到他們到底為什麼想看盤，只會說：「噢，沒什麼理由，我只是好奇」或「只是想看看到底準不準」。這種「好奇」通常掩蓋了焦慮（某些個案期待占星師說他們一、兩個禮拜內就會死掉，或直說他們是很糟糕的人）。我也許會清楚看見行運冥王星正巧座落在某個重要關鍵點，而他們壓力很大，但他們也許不會想一開始就告訴我，或想在解讀進行間，慢慢信任我之後才開口。

所以，對於你的問題，我的部分答案是，我會參考個案生命當下的難題，提供相關的意見。在這種概念下，我想我的分析訓練也帶進了我的占星工作裡，因為占星是一種很專注的心理治療。每個人的語言都不一樣，我覺得用個案的語言跟他溝通也很重要。所以如果今天坐在我面前的是腳踏實地的生意人，正經歷陌生的情感危機，我就不會跟他說什麼轉世啊、靈魂演化之類的，這不是他的語言。多數人尋求指引都是因為遇到危機或走到十字路口上，而他們沒有發自內在的自信，如果一開始這種東西存在的話啦。我發現占星師手裡最有力的療癒工具就是可以用星盤客觀認定當事人做自己沒問題，個案可以信任自己，沒有必須要成為別人，進而取悅他人。星盤上的訊息並沒有包含道德批判，而我也盡量向個案反映出這種完整與中立的態度。

那些臨床上狀況很差的人，我開口也會特別謹慎，且會在相關領域用較為委婉的說法解釋，不要增加焦慮。有時，占星師必須進行手術，因為孩童問題與父母情結的真相也有療癒效果，但操作不好只會弄巧成拙，因此得非常小心。我發現那種嚴重心神不寧的個案會散發出明顯的恐懼氣息，就算他們表面上看起來控制得很好，口齒思路清晰也一樣。我會繼續跟著這種氣氛，多能找到進入他們恐懼的大門，且想辦法以實際且客觀的方式，協助他們面對焦慮。如果個案處在自鄙與恐懼之中，基本上他們完全聽不進任何建議。當然，與極度激動的人合作非常棘手，在我進行占星工作的這幾年間，我犯下幾個嚴重的過錯，但我絕對不會犯同樣的錯兩次。對某些如坐針氈的人來說，占星解讀本身是沒有用的，那我就會提議協助尋找諮商師，鼓勵個案儘快進行心理治療（因此我有很多很好的治療師可以轉介）。

我實在很難用三言兩語講完我的占星工作，但我猜我把占星看作是一種工具，而不是目標，我發現多數人之所以受苦，是因為他們對於自己內在到底是誰，毫無觀點，也沒有信心。星盤揭露出的是生命的歷程，如同一齣戲，如有完全陌生的角色上台，也許會讓當事人會覺得很詫異。所以，對我而言，占星意涵能夠有效協助個案在他們所行走的道路上，有所體認且感到更安全。要能夠捕捉到占星工作的這種精髓就是占星師自己也要經歷過心理治療，因此我跟霍華把這點列在倫敦學院文憑課程的必備條件之中。實在很難說這種行為能夠影響占星師的諮商到何種程度，但我們如果不曉得自己內在有何種經歷，我們又怎麼可能曉得別人的感受？

所有良好的深度心理訓練核心都是個人心理治療，因為傾聽的經驗，讓人能夠勇於做自己，就是這樣，我們才能學習如何聽別人說話。我因為到處說沒有經過心理治療的占星諮商師叫做失職，所以在心理占星圈不太受歡迎。不過，我會堅持這個說法，因為少了這種最精髓的經驗，我們實在無法理解他人靈魂的實像，還有他人受苦或療癒潛力的天性與根源。然後我們看盤的時候就得冒著批判的風險，這是一種靈性道德優越感，自以為知道什麼對個案「好」或「不好」。而且，如果我們沒有自行經歷過這種過程，我們無從得知真正的改變會如何發生，或能夠造成何種改變，以及最終的代價為何。

霍華：不要批判個案是很重要的，這種話說起來簡單，做起來可不容易，因為我們內在也許不喜歡他們的出身，或他們選擇的生活方式。不過呢，批判真的幫不了任何人，如果占星師批判，個案大都感覺得到。通常，帶著問題來找你解盤的人，也會激起的你的強烈情緒，或觸發你未解的衝突或張力。這只是心理占星師需要治療師、督導、同事或好朋友的其中幾個原因罷了，這些人可以跟你討論在解盤時出現的問題或疑慮（當然要保持個案的隱私），特別是在解盤之後讓你因為各種原因覺得不安的時候。就如同你在看不同人的盤時，同樣的問題一再出現，那也會成為你進一步進行自我心靈探索的動力。這是一個持續的過程，你永遠沒辦法完成對自己的努力，就跟你永遠無法停止學習如何成為一個更好的占星師一樣。

麗茲：的確是持續進行的。我在其他講座裡提過這個故事，在場也許很多人都聽過，但這件事讓我對剛剛霍華所言很有感觸。好幾年前，有位女子來找我看盤。從她出現的那一刻起，我對她就感到莫名煩躁。她在我家門前持續按了五秒的門鈴，這點讓我異常厭煩。當她開口說明她為什麼想看盤時，我只覺得更煩，因為她似乎諸事不順，而每次都是別人的錯。她真的很會抱怨，是個職業受害者。每當我想提出正向或有建設性的建議時，她都會直接唱反調，或以「對，但是……」來拒絕，過了半小時，我覺得火大又無奈。我開始想，我實在懶得幫她，因為她顯然很喜歡自己的受苦，雖然嘴上說想要幫助，但根本不想放下。

一個小時之後，我終於耗盡耐心，我跟個案很少這樣。我對她說：「噢，拜託，不要再叨叨抱怨了。妳可以做出很多正面的決定，但妳就是不想做，因為怪別人輕鬆多了。我已經受夠妳永無止境的抱怨別人有多討厭，生命對妳有多糟了。別人拒絕妳，我一點也不意外，妳是我這陣子見過最負面、最討厭的人。」結果，她期待的就是這種反應，另一個沒同理心的討厭鬼，對她的痛苦充耳不聞。她開始涕淚直流，抽噎地說：「妳聽起來跟我媽一樣。」這一刻我才冰冷驚覺：「妳聽起來才像我媽！」

我聆聽著散發出來的回聲，心想：「噢，老天，我覺得我在這裡有了問題，我最好研究一下。」我想各位明白我在說什麼。在業界，這稱作情感轉移與情感反轉移，很容易發生在占星諮商或任何進行中的心理治療中。某些占星師強烈拒絕進行治療，強調他們不「需要」。也許在他們理智穩定性及面對生命的層面來說是不用，但每個人都有盲點，我們都會把自己的問題投射到別人身上。也許多數拒絕接受心理治療的占星師跟先前我們提過的自戀問題有關，因為這種自戀的傷痕普遍存在於占星師與諮商師心底。身為占星師，我們對別人很有影響力，客戶有意識或無意識尋找的不只是解答，而是最終的救贖。面對由客戶帶出來的同樣問題實在很痛苦，因為擁有別人所沒有的知識而膨脹、優越，感覺的確好多了。不過，自戀的傷痕會替我們帶來力量，接受心理治療會揭露出我們平凡的人性，這點占星知識無法補足我們。

這個話題聊得差不多了，還有什麼問題嗎？

關於上帝之指

觀眾：可以聊聊上帝之指（Yod）或命運手指的配置嗎？

霍華：你有沒有看過以前的牛仔電影？兩名農場工人站在兩地，想要用套索圈住他們之間的小牛？那頭小牛就是上帝之指的端點，這顆行星卡在兩顆與其成一百五十度的位置，沒辦法在不考慮其他兩顆行星的象徵意涵下採取行動。整體來說，上帝之指會在生命裡造成許多摩擦與緊張，你也許會覺得這組相位配置帶來宿命感。我想到一個女性，她的金雙魚是上帝之指的端點，其他兩端是冥獅子與海天秤。她在關係裡吃盡苦頭，似乎永遠都遇到不夠欣賞她或不對的人。雖然爭執與問題不斷，她卻發現自己無法結束任何關係，彷彿是命運還是什麼力量強迫她一定要跟伴侶在一起。通常，主動結束的都是另一個人，這位小姐總是覺得憤怒、受傷，因為她在關係裡投下許多精力與時間，卻沒有得到欣賞，最後只是一場空。在這個案例裡，端點是金星，似乎承受了整組上帝之指的傷痕。不過，就跟一般五十度一樣，有時上帝之指的能量會互相結合得很好，但你必須要經歷過三方能量的組合，及產生嚴重問題的張力。因為海冥已經在天上六分許久，很容易產生上帝之指。舉例來說，當冥王星在獅子座六分位在天秤座的海王星時，雙魚座的行星就很容易出現在上帝之指裡。或是，冥處女六分海天蠍，那牡羊座行星就會加入。冥天秤六分海射手，金牛座的行星就會掉進火坑裡。還有冥天蠍六分海摩羯，雙子座行星就容易形成上帝之指。當個人行星被海王星與冥王星這兩個地獄大神用套索套住的時候，你就可以確定強大的無意識情結與強迫行為肯定會表現在那顆個人行星上，無論好壞。或是，如果你相信輪迴，你大可說端點那顆與海冥有關的行星必須要解決這兩顆外行星的業力。對了，就心理學上來說，情結是靈魂半自發的狀態，在現實客觀狀況裡接掌且獨立運作。所以一個男性可以接掌他的母親情結，扭曲他對身邊女性的觀點。或是，自卑的情節掌控了你，雖然你當時可能不適合或不必要覺得自卑。要解決根深蒂固的情節，第一步就是要曉得它存在。這樣你才會跟情結之間保持一點抽離與距離，因為情結就是需要有個「我」在裡面（一個目擊證人或觀察者），可以檢視、想辦法，找到一開始出現的根源，或瞭解情節到底是怎麼回事。倫敦心理綜合與教育信託的創辦人黛安娜・惠特莫（Diana Whitmore）女士曾說，如果你是一隻會咬人的狗，你就咬吧。不過，如果你發現部分的自己並不認同某個情節或自己的次人格，部分的你會說：「我不是咬人的狗，但我養了一隻會咬人的狗。」那你才能開始和解或解放自己緊抓著情節不放的過程，也許你最後能夠成功教會那隻狗不要咬人，雖然教根深蒂固的情節新把戲不是什麼簡單的事情。

麗茲：我想談談一百五十度的本質，因為這組相位就是上帝之指的核心。一百五十度會讓兩顆行星形成矛盾的關係。其中有足夠的吸引力，有時會引發深層的和諧，每顆行星都展現出最好的一面，但忽然間，和諧破裂，就跟關係一樣，有時感覺美好很對，忽然間，不曉得什麼原因就惡化爭執，起了衝突。擔心與緊張的階段存在，兩個人似乎怎樣都互看不順眼，但只要你開始覺得局面變得很難看，一切都會變回沒事的樣子。某些行星本質上就是呈現一百五十度，好比說獅子跟雙魚、牡羊跟處女、巨蟹跟水瓶，彼此之間有種天生的吸引力，因為雙方缺乏彼此擁有的特質，但它們永遠都不一樣（這點與四分或對分不同，這兩種相位會是同一種開創、固定或變動的性質）。這種本質上的不同有時真的很討厭。

霍華：對，我在我火星的講座上提過一百五十度。兩顆行星有時會結合得很好，例如，你金冥一百五，有時你會在理解且處理關係時，展現出深刻與智慧。不過呢，其他時候，金冥的一百五十度則會對別人造成嚴重的嫉妒、羨慕或毀滅的感覺。如同麗茲所言，一百五十度似乎會在正向表現自己與惹出一堆麻煩之間擺盪。

麗茲：一百五十度的另一個特色是，它不像四分相，沒有強大到引發具有決定性的行為（在四分相裡，你一分鐘都不能忍），但又會創造出許多摩擦，允許你反思將另一端融合進來（猶豫不決逼迫你最後必須找到妥協之道）。太多衝突與太少衝突同時存在。我猜正是因為如此，一百五十度才與疾病有關。這組相位象徵了不夠強大到引發直接作為的張力，卻又有力到足以搗亂一個人的平衡。

霍華：我記得妳曾把一百五十度比喻成背痛，沒糟糕到必須臥床、請假在家，但當你出門後，你還是會注意且感到不適。不過呢，我相信如果是容許度很緊密的一百五十度，你肯定會在生命裡很有感覺。

麗茲：一百五十度也會在星盤比對裡很有感覺，反映出拉扯、吸引與反感的特質。

霍華：同時，我會觀察天象與本命盤裡產生一百五十度的行星。在場誰有行星在雙子座十五度？現在你們正經歷冥天蠍、海摩羯與這個位置所產生的上帝之指。雙子座通常都很會跳開困難，就跟荷米斯一樣，他們能夠想辦法脫身或逃離棘手的狀況。不過，當海冥與雙子座產生一百五十度的時候，任何行星在這裡都會發現原本能夠側身閃開或逃過難題的方法不再管用，他們會被迫面對或卡在他們通常逃得掉的狀況裡。換句話說，行運冥王星與海王星用索套套住了雙子座行星所象徵的原則。

觸動中點的生命事件

觀眾：如果沒有其他問題，我有個故事想要分享。十三年前，我在騎馬時發生嚴重意外。我差點死掉，但當時的行運並沒有引發本命盤的強硬相位。我本身是火天四分相，但事發當時，沒有任何行星觸發這組四分。我只注意到推運的上升點四分土星，但我覺得這不足以解釋發生的事情。沒辦法找出這重大事件的行運描述，讓我覺得占星不是很可靠。

霍華：你看過那匹馬的盤嗎？說不定牠的盤上會有什麼線索。

觀眾：但受傷的是我，馬沒事。

麗茲：也許是那匹馬的投射。

觀眾：我想說的是，我後來買了梅蘭妮．瑞哈特的凱龍書，現在才曉得當時凱龍對分我的土星，四分我的推運上升點，讓我比較理解為什麼會發生那次事故。

霍華：對，我喜歡這個解釋，因為凱龍與馬有關，或該說至少跟半人半馬的人馬有關。我敢說當時一定啟動了你沒發現的中點（midpoints）。

麗茲：我正要提中點呢。這是另一個與事發當時，無論內在外在，都值得探討的領域。我並不覺得如萊恩霍德．艾伯丁（Reinhold Ebertin）的跟隨者所言，只要能夠捕捉中點的重點，就不用費心看星盤裡的其他東西。中點是細緻的內容，但不能取代基本的占星原則。不過，某些更有力量的中點，好比說，日月中點、金火中點，在行運或推運行星經過時都非常敏感。如果某顆本命行星座落在某個中點上（容許度是一度半），那這個中點就特別重要，而這三顆行星的能量就會同時觸發。如果兩顆行星本身已經有相位，那它們的中點也會特別有力，舉例來說，如果天王星在牡羊座十五度，四分摩羯座九度的土星，那中點就會在水瓶座二十七度左右，行運行星經過這點時就會特別敏感，因為除了中點，還會跟這兩顆行星分別形成四十五度。所以當你檢視受傷時的行運，當然也要考慮凱龍，你也該看看行運或推運的行星，特別是推運的月亮，有沒有經過重要的中點，也許是常與意外劃上等號的火天中點。

觀眾：我們聊了很多內行星與外行星之間的強硬相位，好比說金天四分，我們說，展現的方式可能是對愛不解或有所幻想。如果在星盤比對裡，一個人的外行星，就說海王星好了，跟另一個人的金星產生和諧相位，這樣會輕鬆一點嗎？

麗茲：不會，我不覺得和諧的盤際相位能夠舒緩行運四分當事人本命盤的相位。別人的海王星與你的金星四分會造成一種關係裡的神祕感，因為海王星會理想化金星，且對其有求必應，而金星會賞識且重視海王星的脆弱與浪漫。這也許意味著你的伴侶會欣賞你的感受，在困難的行運時，提供情感上的支持。不過，行運海王星四分你的金星是你自己的事，你還是必須面對跟自身價值觀及自我價值相關的難題。當然，如果在伴侶的同理心下，也許你會覺得比較好過。不過，另一方面，你的伴侶很可能會演出這顆行運的海王星，而盤際的和諧相位也許只會加重通常與海王星行運一起發生的困惑與無助。

霍華：對，我也是這麼想的。相較於跟你的金星產生強硬相位的人，與你的金星產生柔和相位的人比較能夠有機會一起處理你的金海問題。他們比較能夠理解你，且提供你對於金星的新觀點，但如同麗茲所言，這樣也不會忽然就跟魔術一樣，讓你的金星議題消失不見。

麗茲：某些人會增加我們的自信，某些人則會打壓我們的自信。這反映了兩張星盤裡盤際相位的本質。這不是兩個人是否相愛的問題，而是展現出他們之間有哪些糾葛，譬如，當一個人的土星對分你的月亮，這個人也許很愛你，但當你最需要安慰的時候，這人也許會展現出冰冷或批判的態度。當然如果我們願意深究且努力，這種問題是可以改善的。況且，比對盤裡的相位不見得會直接在某種行運下就影響你的本命盤，而只是指出兩個人性格間的和諧或衝突。不過，兩張星盤裡非常緊密的相位，同一個行運通常會啟動兩人的行星，而個人的挑戰也會升等為關係裡的挑戰。如果你的金星在金牛座十六度，三分某人處女座十六度的海王星，當行運海王星抵達水瓶座十六度時，就會跟你的金星四分，同時與另一人的海王星形成一百五十度。

霍華：這幾年來，我注意到一點，如果你本身有困難相位，好比說日木四分或金海四分，你可以從同樣行星組合，但相位是三分或六分的人身上學習。火木三分的人通常天生就較容易主張自我，能夠成為火木四分者的榜樣或老師。同理，三分或六分相的人在認識同樣行星組合，但形成四分或對分相的人之後，也要心懷感激地欣賞這組相位在你身上的展現。

麗茲：我想我們都有這種習性，會受到同樣或類似色彩行星組合的人吸引。如果你自己有金海相位，你天生就會喜歡其他金海相位者，或金星在雙魚、金星在十二宮的人。星盤比對上也有同樣的模式，就算兩顆本命盤行星並沒有實際產生盤際相位也一樣。如果你有日土相位，你很容易受到有同樣相位的人吸引，或日摩羯的人，因為這算是互融的關係，你們都跟生命裡同樣的基礎議題搏鬥，且分享同樣的內在風景。

觀眾：推運的月亮會影響星盤比對嗎？

麗茲：很明顯喔。我想各位都看過威爾斯王妃與親王的盤，他們結婚時，查爾斯王子的推運月亮接近了黛安娜的太陽。這是很典型的案例。當關係形成後，我們常常會看見一張星盤裡一顆或多顆行運行星或角度會碰觸到另一人的本命盤或推運行星及角度。我們對另一人的契合度並不只仰賴本命盤的配置，也要考慮推運，因為推運是展現我們當下自己的方式。通常，推運月亮會在另一人的星盤上形成重要的相位。

關係的狀態一直在變，這點可以從組合中點盤的動態看出，也能從兩人之間的行運及本命配置觀察。如果你愛上某人的時候，你的推運月亮合相他的金星，三個月後，當你的推運月亮走到他的土星對面時，你就會覺得很不舒服。然後你就會有一個月的時間到處嘀咕說：「但他變了！他之前那麼討喜，現在冰冷又愛批判！」如果你坐穩，或離開一個月，你就會發現暫時的情緒狀態過去了。而你推運月亮經過別人星盤的過程則反映出你緩慢認識對方的歷程，這在任何關係裡都是不可或缺的發展。有時，這些推運的月亮相位，好比說你的推運月亮四分某人的天王星，通常會伴隨一段時間的危機或分手，但在這種時間，大多會有強大的因素伴隨推運月亮出現。

觀眾：剛剛說這點也能運用在組合中點盤上，中點盤也可以看推運嗎？

麗茲：當然。你也可以看行經組合中點盤的行運，甚至算出行運經過的中點，雖然坐在那裡算中點盤的中點感覺好像有點怪。不過呢，這個很好用。繪製組合中點盤的推運盤很累（除非你用電腦），但原則很簡單。組合中點盤就是一連串的中點，兩個人的太陽、月亮等等，每顆行星的中點，包括上升與宮位起始點。如果你用同樣的道理運用在兩人的推運盤上，瞧瞧，你這不就有推運的組合中點盤了嗎？這就是兩個人一連串的推運中點，包括推運太陽、推運月亮等等。你會發現這張推運中點盤的月亮速度跟兩人個別的推運月亮速度差不多。如果你真的很執著，你不只可以看這張組合中點推運盤對組合中點盤有什麼影響，更能看它對個人出生盤及推運盤的影響。你也可以觀察你的推運月亮對組合中點盤的作用力。問題在於，繼續看下去，你就沒時間經營關係了。不過，如果關係遇到瓶頸，這個方法的確很有幫助，因為它可以提供深層的洞見，協助當事人以更好的方式處理問題。

霍華：各位曉得麗茲正在忙著研究中點盤嗎？她準備要設計一個程式，教電腦解讀中點盤，以麗茲的方式解讀。電腦都要發瘋了。

麗茲：我先發瘋。

霍華：如果妳要教電腦以妳的方式解中點盤，妳肯定要先透徹瞭解中點盤。我發現我從教學中學到很多，但我在寫書的時候更有收穫。

麗茲：我的確也學到不少。我相信深入探索一個主題的方法就是記得該怎麼溝通交流你學到的東西。這樣能夠刺激腦袋，且讓人更仔細地以系統闡述這些知識。

霍華： 然後，在過程裡，你就能察覺到你還不懂的事情。

太陽、月亮與上升星座

觀眾： 麗茲，可以請妳談談用上升整合太陽跟月亮的方法嗎？

麗茲： 好的。我發現上升在星盤裡是一個很複雜也深刻的點，通常跟我們所謂的「命運」有直接關聯。蘇格拉底認為每個人都有靈（daimon，按：或稱「代蒙」），有點類似命運的精靈，會擬人化一個人在生命裡的任務。上升點就像這個靈。其所代表的價值並不一定都跟日月一樣，是「我的」。不過，生命似乎會要求我們發展出上升點的特質，手段就是用環境的議題逼迫我們面對，進而發展出那些特質。星盤裡的東邊交點掌管實際的出生與我們在離開子宮時的原型模式。這是我們第一次窺視到「外面」有什麼，我們必須想辦法學習如何整合這種經驗，因為我們一再遇見這樣的經驗，一開始是外界經驗，最後整合到內在。

譬如，我發現摩羯座上升，或土星合相上升點的人，通常會讓媽媽難產，這種限制或阻礙讓他們進在入生命時相當辛苦，且常反映出與母親之間的首次連結十分困難，或限制重重，因為她可能嗑藥、生病、憂鬱，也許是孩子身體有狀況，也許必須待在保溫箱裡。這是典型的土星經驗，逐出伊甸園而進入冰冷、堅硬的凡人世界，過程痛苦不已，同時也深刻反映出當事人面對環境及後續人生的基礎態度。年輕時，通常當事人會感覺到外在世界的壓迫，無法輕易信任他人，每次努力表達自我，都會預期接下來將崎嶇不順。不過，當然啦，現實是我們自己創造的，最終摩羯座上升會學習到土星原型的心理層面，也就是自立自強、堅毅、實事求是，且有能力獨立，這些特質需要內在的發展，這樣當事人才不會一直於外在世界面對負面的冰冷臉孔。上升點所帶來的各種過程會動員我們內在的所有資源，也包括最重要的太陽與月亮。上升最妙的就是能夠結合這兩顆發光體的特質，因為我們需要這兩者，才能展現出自己的獨特及健康的本能，面對上升所象徵的挑戰。我們似乎有一輩子的時間朝上升前進，如果我們能夠注意到上升星座所代表的原型特質，且願意包含這種特質進入我們的價值系統，似乎對於整合整體人格具有重要影響。我發現對占星稍有涉略的人都不喜歡他們的上升星座，他們會理論，也許是出生時間錯了，他們會說：「噢，我怎麼可能上升處女！」然後會找理由說自己應該是上升獅子或天秤。這點太常見了，我因此認為，上升的深刻意涵讓人難以面對及消化，但較為膚淺的層面可能比較好接受吧。

霍華：我研究占星長達二十年，我花了十五年才開始捕捉到上升的意涵。上升星座是突破黑暗的星座，如同你從幽暗、隱匿、難分彼此的母親子宮裡出來一樣。反過來說，下降點展現出來的是你出生後就消失或沒注意到的東西，因此通常被描述為是隱藏的自我，你不肯承認、卻在別人身上看到的陰影特質。上升星座的本質會尋找「化身」，且透過出生那一刻開始培養。我會認為上升是前往太陽的道路。藉由發展你的上升星座特質，你鋪起的是成長為太陽星座的道路。譬如說，你是日牡羊，上升在摩羯，學習紀律與結構就是解開牡羊座相關力量及領導特質的關鍵。如果你日雙魚，上升天秤，經營關係，且在不同靈魂面向達成更好的平衡，能夠讓你表達出雙魚的療癒、撫慰、安慰、鼓舞他人特質。上升同時也展現出我們對於起始原型能量的關係。上升星座不只是描繪出一個人實際出生時的狀況，同時也描繪出一個人如何開始，或如何進入新的成長階段。舉例來說，摩羯座上升或土星在上升點的人也許出生過程緩慢冗長，跳脫出來看，你也許在之後展開生命新篇章的轉戾點及過程裡也會感到猶豫或焦慮。

觀眾：我的上升在射手座零度，我一直有種自己憋到天蠍座結束才出生的感覺。我到哪裡都會遲到。

麗茲：許多人相信出生時間是智慧的選擇（靈魂之類的東西選的）。對於這種話題，我寧可實際一點。也許你的靈魂想：「噢，老天，還不能出去，我值得上升射手，因為我上輩子是天蠍座，我已經受夠了。」有些個案會問我，如果他們提早引產，或剖腹生產，也就是代表他們的上升「錯了」，因為打亂了原本「自然」的出生時間。不過，如果我們相信靈魂是睿智且有力量精確選擇出生時間的，讓母親按照時程來生產，那靈魂當然也能配合醫生引產的計畫出生。

另一方面，如果我們相信靈魂，那這根本就不該構成問題，因為你所得到的出生時間就是你應該出世的時間。不管你是被拖出來、擠出來、剖腹出來，或從容自己滑出來，都沒差。我對這點實在沒什麼意見，無論是真是假，無論當事人是如何出生，最後我只會討論眼前這張星盤。不過呢，我注意到任何星座的零度都有一種「謝天謝地，我辦到了！」的感覺，彷彿是驚險逃脫上一個星座一樣，反映出一股急切的新能量，通常會凸顯該星座的特質。星座的二十九度也有特有的「奮力一搏」特色，通常會讓當事人帶有強烈的星座特質。所以我實在沒辦法去想什麼星座邊界混合兩種能量的說法，很多人都信這一套，但我在許多個案身上觀察過很明顯的零度與二十九度特質。

觀眾：如果你看到的星盤上升點在第一度或最後一度，你會試圖校正星盤，確保上升點無誤嗎？

麗茲：我通常不做校正，除非行運或推運反映出非常明顯、不會錯過的事件。不過呢，如剛剛所說，任何星座的第一度跟最後一度都很明顯，打從個案一進門就觀察的出來，我通常就會信任我的直覺。我相信如果當事人對自己的生命有足夠的細節紀錄，而占星師擅長校正，那星盤校正的確是確定出生時間的好方法。不過，校正也會惡整我們，因為行運跟推運上有這麼多符合所謂的事件的暗示。同時，實際的事件與事件真的影響到當事人心理之間通常存在時間差，而強大緊密的相位通常影響到的是心理層面。最後，我們又回到容許度的話題，重量級行星在上升點的行動非常複雜，不只因為它會逆行，同時也會受到其他輕量級行星的行運引動（好比說火星或月亮）。如果個案對出生時間不太確定，我寧可不要看上升，就用限制重重的無時間星盤來看也沒關係，反正我不會去猜不存在的占星要件有什麼意涵。

雙胞胎的與人生際遇

觀眾：我想請教雙胞胎的問題。通常雙胞胎的出生時間都差不了幾分鐘，但他們似乎個性大不相同。

麗茲：我覺得同卵雙胞胎之間有強烈的心理挑戰，因為我們每個人都想界定且表達出自己作為獨立個體的獨特自我，如果你跟一起長大的人具有類似的基本特質，那你們要活出自我可就難了。我注意到，雙胞胎為了要打造出自我的定義，他們會「平分」星盤上的元件。其中一人可能會無意識成為金摩羯三分土金牛跟處女座上升點，另一人則扮演起火天合相在牡羊。雙胞胎通常會扮演起彼此的陰影，這樣才能有效與對方展現出不同的樣貌。他們長大分開後，才會開始發展得比較完整立體。當然，人很神祕，基礎的本質無法如實且完全呈現在出生盤上。畢竟，你的占星「雙胞胎」可能是一隻跟你同一時間出生的雜，但我們稱為意識的特質跟謎一樣，使用了占星的基本要素，將這些東西轉化成非常個人的內涵。這通常稱為神祕特質，也許可以稱為靈魂、自我，愛怎麼稱呼都隨你，就是這股力量在星盤上作用，而不是受到星盤牽制，這點也能運用在同卵雙胞胎身上。

霍華： 對，這有點像情緒分工，我在金星講座時提過自由與親密的兩難。美國攝影師黛安・阿布絲（Diane Arbus）進行了一系列很有意思的雙胞胎照片研究，的確就捕捉到剛剛麗茲所講的特色，在她的照片裡，其中一名雙胞胎會燦爛微笑，另一人則陰鬱冥思。我會鼓勵各位看看她的展覽，或買她的攝影集來瞧瞧。

麗茲： 我總覺得父母讓同卵雙胞胎做一樣的打扮實在很不好，當然父母買衣服會輕鬆點，但實在沒辦法讓孩子定義出自己的獨特性。

霍華： 在《占星學案例》一書中，作者列出「時間雙胞胎」的研究，時間雙胞胎就是兩個同時同地出生的人，這種人通常在生命歷程及外貌上會有非常類似的狀況[3]。有個名叫山繆・翰明（Samuel Hemming）的人與英國國王喬治三世同天同時生日。他們長得很像，除了階級不同外，生命裡的階段都有所呼應。喬治三世登基那天，翰明開了自己的五金

3 原註：約翰・安東尼・偉斯特（John Anthony West）與揚・傑哈・同德（Jan Gerhard Toonder）合著，《占星學案例》（*The Case for Astrology*），英文版一九七〇年由 Penguin 出版，附錄二，第兩百八十二到兩百八十四頁。

行。他們在同天結婚，孩子的數量與性別都一模一樣，他們生過同樣的病，出過同樣的意外，還在同一天過世。書裡還提到義大利國王翁貝托一世陰錯陽差認識了餐廳老闆，結果這人就是他的時間雙胞胎，兩人同天同時在同一個地區出生。他們的妻兒名字都一樣。餐廳老闆在清槍時不小心射死自己，同一天，國王遭到刺客槍殺身亡。還有很多類似的案例，肯定不只是巧合。

觀眾：時間差不多了，我想感謝兩位開設這系列講座，我獲益良多。

霍華：謝謝你。我也很享受。

麗茲：我也是。我想感謝這個禮拜裡各位的熱情與興趣。

霍華：我跟麗茲還要感謝本週講座的推動者。首先是蓋塔，負責錄音，還是很有趣的司機。然後是 Astrodienst 網站的祕書薇樂妮，少了她們，講座不會成功。當然還有是 Astrodienst 的創辦人、大家長阿洛伊斯．川德（Alois Treindl），他也非常辛苦策劃這次的活動。

【附錄】

延伸閱讀

＊《人際關係占星學：從星盤看見愛情、性與人際間的契合度》（2018），史蒂芬·阿若優（Stephen Arroyo），心靈工坊。

＊《火星四重奏：面對慾望與衝突的試煉》（2017），琳恩·貝兒（Lynn Bell）、達比·卡斯提拉（Darby Costello）、麗茲·格林（Liz Greene）、梅蘭妮·瑞哈特（Melanie Reinhart），心靈工坊。

＊《海王星：生命是一場追尋救贖的旅程》（2015），麗茲·格林（Liz Greene），心靈工坊。

＊《家族占星》（2013），琳恩·貝兒（Lynn Bell），心靈工坊。

＊《凱龍星：靈魂的創傷與療癒》（2011），梅蘭妮·瑞哈特（Melanie Reinhart），心靈工坊。

＊《土星：從新觀點看老惡魔》（2011），麗茲·格林（Liz Greene），心靈工坊。

＊《占星·業力與轉化：從星盤看你今生的成長功課》（2007），史蒂芬·阿若優（Stephen Arroyo），心靈工坊。

* 《占星、心理學與四元素：占星諮商的能量途徑》（2008），史蒂芬・阿若優（Stephen Arroyo），心靈工坊。
* 《演化占星學入門：從冥王星看你的業力使命》（2019），蒂瓦・格林（Deva Green），積木。
* 《行運占星全書：我的人生運勢週期表》（2017），愛波・艾略特・肯特（April Elliott Kent），橡實文化。
* 《那些神話教會我的人生：從眾神、英雄的故事思索生命難題的意義與解答》（2017），麗茲・格林（Liz Greene）、茱麗葉・沙曼—伯克（Juliet Sharman-Burke），商周。
* 《幸福童年的祕密》（2014），愛麗絲・米勒（Alice Miller），心靈工坊。
* 《變異三王星：天王星、海王星、冥王星的行運、苦痛、與轉機》（2013），霍華・薩司波塔斯（Howard Sasportas），春光。
* 《占星十二宮位研究》（2010），霍華・薩司波塔斯（Howard Sasportas），積木。
* 《占星相位研究》（2010），蘇・湯普金（Sue Tompkins），積木。
* 《當代占星研究》（2009），蘇・湯普金（Sue Tompkins），積木。
* 《遊戲與現實》（2009），唐諾・溫尼考特（Donald Winnicott），心靈工坊。

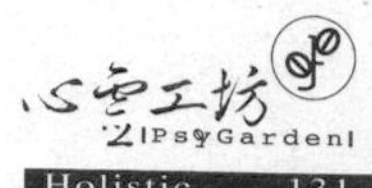

Holistic 131

內行星：從水星、金星、火星看內在真實

The Inner Planets: Building Blocks of Personal Reality

麗茲・格林（Liz Greene）、霍華・薩司波塔斯（Howard Sasportas）──著
愛卡 Icka──審閱　楊沐希──譯

出版者—心靈工坊文化事業股份有限公司
發行人—王浩威　總編輯—徐嘉俊
執行編輯—趙士尊　封面設計—鄭宇斌　內文排版—李宜芝
通訊地址—10684台北市大安區信義路四段53巷8號2樓
郵政劃撥—19546215　戶名—心靈工坊文化事業股份有限公司
電話—02）2702-9186　傳真—02）2702-9286
Email—service@psygarden.com.tw　網址—www.psygarden.com.tw

製版・印刷—彩峰造藝印像股份有限公司
總經銷—大和書報圖書股份有限公司
電話—02）8990-2588　傳真—02）2290-1658
通訊地址—248新北市新莊區五工五路二號
初版一刷—2019年3月　初版三刷—2022年3月
ISBN—978-986-357-146-9　定價—600元

國家圖書館出版品預行編目資料

內行星：從水星、金星、火星看內在真實 / 麗茲・格林 （Liz Greene）、霍華・薩司波塔斯 （Howard Sasportas）著；楊沐希譯. -- 初版. -- 臺北市：心靈工坊文化, 2019.03
面；　公分

譯自 :The Inner Planets: Building Blocks of Personal Reality

ISBN 978-986-357-146-9(平裝)

1.占星術

292.22　　108003774